中華書局

中國禁毒文物

林建強 編著

凱風自南，吹彼棘心。
棘心夭夭，母氏劬勞。

獻給我敬愛的母親

祝賀警察歷史收藏學會十周年
百年中國禁毒文物展覽開幕紀念
趙啓明
趙檣

中國錢幣雕刻家趙啟明、中國高級工藝美術師趙檣父子，於2016年致送給本書編著林建強，以恭賀警察歷史收藏學會創會十周年暨「中國禁毒文物展覽」開幕的畫作。

序 1

趙志飛

全國公安文學藝術聯合會警事文物收藏專業委員會副主席。
曾任湖北省公安廳副廳長，湖北警官學院黨委書記，一級警監，教授

十年前，緣於警察歷史研究的同好，我和香港警察林建強先生相識。

2005年6月6日，是清末重臣、湖廣總督張之洞創建中國近代史上最早以「警察」命名的警察機構—武昌警察總局103周年紀念日（當年是光緒二十八年五月初一），這一天，我在湖北警官學院發起成立了中國警察史研究所，並籌備建立湖北警察史博物館。

時任香港警務處偵緝警署警長的建強先生，通過媒體知道這一消息，主動與我們聯繫，他個人收藏有一批與湖北有關的早期警史文物，願意和我們進行交流聯展，共襄警史研究之舉。這令正在多方搜集警史文物的我們喜出望外。於是，經我們共同努力，在有關方面支援下，2006年6月，我們在江城武漢聯合舉辦了《首屆鄂港警史藏品聯展》。《聯展》進行了一個星期，警內外參觀者絡繹不絕。建強先生攜帶百餘件文物藏品與會，展品中有很多非常罕見而極富證物價值的中國近代警察歷史文物，對我們正在進行的張之洞建警研究和湖北警察史研究的幫助極大。

當年，經建強先生在香港創建的「警察歷史收藏學會」的邀請，我們也派員赴香港進行了為期一周的《中國警察歷史文物藏品展》，在香港引起很大關注，好幾家香港媒體都深度報導了這次展覽。

警史文物的連續展出，不僅交流了文物資訊，佐助了警史研究，更重要的是，喚醒並不斷激發了人們搜集、保護、運用警史文物的意識和熱情，而依託文物載體的警察歷史研究工作也因此如星星之火般蔓延發展。

隨後幾年，我們的《鄂港警史藏品聯展》，發展成《全國警史文物邀請展》；我們學院的警察史研究所年會，發展成「全國警史理論研討會」；我們本是省域性的警史文物收藏和研究工作，發展成了一大批全國警內外警史文物收藏和警史研究愛好者的共同盛舉。

隨着這一活動的深入和發展，順應大家的呼聲，全國公安文學藝術聯合會主席祝春林先生率員親自考察調研後，決定依託湖北警官學院，于2009年成立全國公安文學藝術聯合會警事文物收藏專業委員會（全國公安收藏家協會）。

全國公安文聯警事文物收藏專業委員會大旗一舉，全國警史文物收藏和警史研究領域內應者如雲，如魚得水，上下同心，眾志成城，工作如火如荼般開展，連續五年的年會和文物大聯展、巡迴展、專題展、個人展，大大推進了警事文物的收、藏、管、用工作，據不完全統計，在各地公安機關高度重視和會員們的努力下，全國各級警察博物館已由五年前的十數家，發展成目前的140多家，館藏文物數十萬件，一大批重量極警史文物得以搶救性的收藏和保護，愛警先知警，從警必懂警，對外樹形象，對內鼓士氣，警察博物館在警內外的宣傳激發功能得到極大發揮。一個更加蓬蓬勃勃的警史文物收藏和警史研究工作正方興未艾，前景無量。

這幾年中，剛從警隊退役後的建強先生頻繁往來於港澳和內地，幾乎一次不漏的出席我們警事文物專業委員會的年會、展覽會和研討會，登壇演講，發表論文，以極大的熱情和內地同好們交流，在他身邊，聚集了一批為他的精神、學識和創舉所感佩的粉絲，建強先生對推動、促進中國警史文物收藏和警史研究，開了先聲，當了先鋒，功不可沒。

文物見證歷史，文物更鑒證歷史。建強先生收藏警史文物具有極大的精選性和指向性，必須是在見證和鑒證警察歷史上有重要價值的文物。因此，他拿出的每件警事文物都能使人有所思考，有所領悟。

本世紀以來，他又將收藏指向定位在「禁毒文物」這一重大警事題材上。並於2012年首次在香港舉辦《中國近代禁毒文物展覽》，這是香港歷史上首次專題性展出中國禁毒歷史文物的活動。他接着將禁毒宣傳引入澳門、珠海、廣州，都引起巨大的社會反響。四地禁毒宣傳的成功，極大鼓舞了建強先生，他決定將自己的「中國近代禁毒文物」收藏品專集彙編成冊，讓豐富翔實的文物借助紙媒的平面載體，更大範圍地宣傳毒品的危害，揭露向中國輸入毒品者的罪惡，力陳國人深受毒品之害的慘痛，展示中國百多年來的禁毒曲折歷程。通過活生生、陰森森、淚漣漣、血淋淋的史實和文物，讓人們尤其是青少年認清毒害，遠離毒品，全民共討之，全國共誅之。

建強先生的警事文物收藏和研究的熱情，源於他34年的警察情結，源於他34年警察生涯培養的正能量，更源於他34年警察使命深入血脈骨髓而滋長的社會責任感。

他這樣回答人們對他對收藏、研究警事文物的好奇：「因為我是警察，特別會懷有一份的警察情結，而這份情結特別驅使我嚮往警察文化，也影響到我日後投入對收集警察歷史文物的熱忱，再發展成為開拓警史文化的使命，也促使我在警隊退役之後，熱切推行以建設文化禁毒和建立禁毒文化的路向。」

我對建強先生的回答欣欣擊掌，深以為然！

作為祖國內地的警察同行和警史文物收藏與研究的同好，我在衷心祝賀建強先生的《中國禁毒文物》出版問世同時，更衷心祝願建強先生的收藏警察文物、研究警察歷史、弘揚警察文化的後警察人生，走向新的高度，迎來新的輝煌！

不足為序，且為賀。

2016年4月12日於武漢

序2

汪志剛

中國博物館協會 理事
上海公安博物館 館長

欣聞香港中華書局即將出版由林建強先生以他個人的中國禁毒歷史文物專題藏集為藍本所編著的《中國禁毒文物》畫冊，以禁毒文化的形式在艱難無比的禁毒領域裏另闢蹊徑，以文化教化的方式喚起民眾對毒品險惡之認識，回歸「遠離毒品，珍惜生命」之本源，實在是萬善之舉，功德無量。在畫冊即將付梓之際，林建強先生約我為此書作序，我欣然應允。

毒品的危害是個世界性的問題，儘管全世界都已不同程度地認識到毒品的危害，並與之作不懈的鬥爭。但毒品的豐厚利潤，驅使着毒品製作、運輸、販賣者們冒着殺頭的風險前仆後繼。同時，毒品的誘惑又吸引着癮君子們不顧人格廉恥，瘋狂追尋。於是，禁毒鬥爭就像拉鋸戰一樣綿延不斷、經久不息。近代中國的禁毒史，不乏充滿民族氣節、置自身的榮辱安危於不顧的有識之士。但制度上的缺陷、官僚既得利益集團對毒品的放任甚至直接參與謀利，就使得這種禁毒鬥爭荒誕不經。新中國的成立，奇跡般地使得毒品在中華大地上銷聲匿跡，幾十年中，幾乎聞所未聞。但近些年來，毒品不僅死灰復燃，且有愈演愈烈之勢。林建強先生以一己之力擔當民族大任，力推文化禁毒宣傳，實在是難能可貴。

我因為警察歷史、警察文物和警察博物館與林建強先生交集十年，我很佩服林建強先生那份生性的睿智和執着，佩服他做事的那份毅力和定力。他做警察，可以把警察做的那麼的專業，那麼的孔武有力，威震一方；他收藏警察文化，也是做的那麼的專業，那麼的有聲有色，卓有成效。如果説一個人一生能夠做成一件事，那就很是可以了；如果做成二件事，那就非常不簡單了。林建強先生就是後一種人。

林建強先生原是香港警務處的一名警察，從警校畢業後的絕大部分時間裏，一直從事刑事偵查，參與偵破了無數起兇殺、搶劫、強姦、販毒、偽鈔、綁架、三合會和「殺警」等重大要案。林建強先生不僅僅是要做好一名警察，他還是一位從事犯罪學研究的專家，他以世界華人幫會作為專題研究方向，創立了「世界華人幫會研究學會」，推動了對華人幫派、黑社會犯罪以及有組織犯罪的研究。由於他的忠誠敬業、勤奮努力、機敏果斷，由於他的敬畏法紀、不徇私情、甘願奉獻，從警34年裏，屢建功勳，榮獲的獎項不計其數，在其行將服役期滿之際，又榮獲了香港特別行政區授予的「警察榮譽獎章」勳獎，我作為一名警察亦是與有榮焉。

林建強先生同時也是一位警察歷史文物收藏愛好者，儘管是業餘的，但做的非常專業。2006年，他創立了「警察歷史收藏學會」。從建立之初一路走來，孜孜不倦徜徉於警察歷史文物的尋覓收藏之中。聚沙成塔、集腋成裘，他的藏品愈來愈多、規模愈來愈大、影響愈來愈遠、成果愈來愈豐，十年磨一劍，已經形成了非常可觀的規模效應，完全可以比肩大多數官辦的警察博物館。他創立的警察歷史收藏學會也從最初的幾位志同道合的朋友，發展到如今擁有數以百計之會員，作為行業領域的文化翹楚，彰顯了警察歷史的淵源厚重和警察職業的價值取向，具有鮮明行業特徵和職業特點。

林建強先生不僅僅是一個收藏愛好者，他已經將收藏愛好上升到學術研究領域，並創立了好幾個極具個性化的專題，在香港、內地多所高校擔任客座教授，把自己的心得感悟通過這個平台讓更多的人分享。

林建強先生還是一個具有強烈的社會責任感的人，他從警隊退役後又全身心投入到香港獅子會禁毒先鋒隊，擔任參贊兼總教官。組織訓練香港的青少年學生，以豐富多彩、寓教於樂的形式，在青少年中展開禁毒宣傳、教育、培訓。

這次中華書局為林建強先生編撰出版的中國禁毒歷史文物畫冊，僅僅是他所有收藏品的其中一個專題。這個專題彙集了各個時期珍貴的官方文稿、文獻、證書、證章、報刊、照片、票據等等歷史實物，展現了晚清、北洋、民國及中華人民共和國成立後，中國一個半世紀以來的禁毒歷程。作為官方打擊毒品犯罪、推行戒除毒癮以及對抗毒品禍害宣傳的歷史足跡。這些不可多得的珍貴歷史文物，所有徵集費用都是林建強先生日常節儉所得，他這是在以一己之力推行文化禁毒宣傳，是一件對社會負責，功德無量的好事情。

我相信香港中華書局出版這本由林建強先生編撰的《中國禁毒文物》畫冊，既是對林建強先生在禁毒這個專業領域作出貢獻的肯定，也是對其今後用畢生精力參與警察歷史文化傳播的期許，以使更多的人能從他苦心孤詣的行旅中獲得教益。

一個人只要做出一點努力並為社會所認可所接受，其善莫大焉！

是為序。

2016年5月上海

序3

區志堅

現任香港樹仁大學歷史系助理教授，教科書編著者，
從事歷史教育的教育工作。

談及中國歷史，必然注意鴉片戰爭的課題，很多學者喜以第一次鴉片戰爭為「近代中國」（modern China）的開端，尤憶起昔日在中學讀世界歷史科時，世史科的教材多表述1840至1842年中英戰爭為「中英貿易之戰」、「中英文化之戰」，導火線為「鴉片」問題，而中國歷史科的教材，多述是次中英紛爭為「鴉片戰爭」。香港歷史發展與鴉片戰爭甚有關，沒有鴉片戰爭，沒有香港淪為英國的殖民地；沒有鴉片戰爭，也沒有出現1997年回歸中國的問題，而鴉片戰爭當然與鴉片有關。鴉片為一種毒品，對近代中國國民健康、經濟破壞、社會治安等為禍甚大，一些海外人士表述中國人為「東亞病夫」，此觀點與國人吸食鴉片導政國民身體瘦弱甚有關係。由是中國政府官、民合力嚴厲發動禁毒運動，打擊毒品在市面上販賣，阻止了毒品進入國境，盡力禁止毒品的來源。鴉片毒品禍害也不只是為禍近現代的中國，乃是危害整個世界各民族健康，一些毒販更藉販賣毒品，所得的非法利益，從事其他破壞社會治安及法紀的活動。歷年來，中國內地及香港特區政府除了嚴法執行打擊販毒的行動外，更致力從基礎知識上，推動教育，藉教育及傳播的媒體，從青少年心智教育上起步，把毒品為禍的知識，廣傳民間，培養國民了解禁毒及毒品為禍的訊息。

從今天的教育知識發展而言，為提升學生注意學習的興趣，施教者尤注意適當地運用媒體，加強傳播「禁毒」及毒品為禍的訊息，如從生活中學習，注重學生接觸物件及角色扮演，尤重視以文物展示、圖片教學，增加學生互動，左圖右文或右圖左文，以視覺教學成為推動歷史文化知識的重要教學活動。警察歷史收藏學會創會會長林建強PMSM先生，更多次公開展覽他的中國警察歷史文物個人專藏，與眾分享。尤其他的「中國禁毒文物」專集，更在港、澳以及內地多個省

市作出巡迴展覽，使更多群眾認識我國自清代至今，官方及民間禁毒的努力。近年，林先生更把多年收藏的珍貴實物、文獻及照片等歷史舊物，編寫成文物圖冊，予以出版，既保存歷史文物，又使更多群眾知識禁毒的重要。全書更收集了鴉片貿易和經濟、民間吸用鴉片毒品工具圖照以及歷史上的禁毒教育和宣傳等等項目，結合編寫各別專題的史事，使讀者能得以閱圖讀史，得知鴉片對國民為禍的深遠！還有，作者曾任職香港警察刑偵人員，又從事犯罪學研究，理論及實踐並重，引證所學。因為參與現實的警務工作，是次作者撰寫的文字，為讀者呈現一幅甚具説服力的圖像。深信作者林建強先生往後更精益求精，再不斷搜羅收集更多未發現的禁毒文物，再把其珍貴的藏品全部呈現給讀者，我們期待作者繼續不斷更新這冊《中國禁毒文物》，繼以再版、第三版印刷，承前繼後，為我們的百年禁毒歷史新曾未被發掘在歷史暗角的老舊文物和資料，嘉惠教育及學術界。是為之序。

2016年5月8日

序4

鄧家宙

香港史學會總監

許慎的《説文解字》記載：「毒。厚也。害人之艸，往往而生。」意指有害身心神智的植物，後世引伸為「能讓人成癮並危害健康甚或生命的麻醉品」，由於毒性影響巨大，故稱其「厚」。在《段注》中另有解説：「毒兼善惡之辭。猶祥兼吉凶、臭兼香臭也。」查該等毒物本有醫療功效（善），雖有助病者減輕苦楚，卻帶有迷亂神智、扭曲生理機能的副作用（惡），倘被濫用會對身心造成不可彌補的傷害，是以古今中外皆列為毒品，嚴厲禁制。

普遍認為，魏晉年間興起服食的「五石散」應是我國最早的毒品成品。由於「藥散」內含麻醉成份能使服食者產生迷幻感覺，加上前人對毒性禍害認識不足，往往用之煉製仙丹（實際是毒品），託稱有益壽成仙的宗教神效，頗能吸引皇官貴胄濫用服食。自魏晉至滿清各朝，部份君主服用仙丹，藉迷幻感覺來逃避現實政治壓力，對個人生理固然傷害。而君主沉迷服丹，已無力政事，導致國權旁落，政局不穩，禍延社稷百姓，其例屢見不鮮。

毒品於我國近代歷史進程中，亦有極為最重要的位置。十九世紀初，英入向中國傾銷鴉片，嚴重破壞民生健康與社會秩序，遂有道光皇帝下令禁煙，中英兩國由貿易糾紛逐漸提至軍事衝突，爆發鴉片戰爭。最終，清廷戰敗，被逼簽訂了首條「不平等條約」，不但喪失國權利益與民族尊嚴，同時暴露數千年帝制的專橫腐敗與無能，為列強來華侵奪利益打開缺口，綿延逾百年的社會動盪亦由此而起。可見毒品禍害之大，超乎想像。

中華民族因毒品付上沉痛而巨大的代價，國人固應深刻認識歷史，汲取教訓。反過來説，觀察政府在禁毒政策的決心和執行水平：包括法律懲處標準、掃毒緝查效率、宣傳教育等措施，是衡量國家是否達至「強民富國」的關鍵指標之一。因此認識中國禁毒發展史，就是了解中國邁向民族復興的重要切入點。

林建強會長於香港警隊服務三十四年，歷任情報組、重案組、有組織罪案及三合會調查科等偵緝部門，致力打擊罪案，曾偵辦多項重要的刑事案件，榮休前累升至警署警長，是資深且優秀的公職人員。工餘時間，林會長嗜愛研究警察歷史及收藏相關文物，2006年創辦「警察歷史收藏學會」，致力推廣警察文化與交流，曾舉辦多場專題展覽，相關藏品之豐富與稀有，敢稱是全港之最，亦為全國之名家；此外，為專門研究華人犯罪行為組織與關係，另創立「世界華人幫會研究學會」，並發表多篇學術文章，均是第一流的專業論文。

林會長自警隊榮休以後，未曾停下腳步，旋即響應擔任「獅子會禁毒先鋒隊」的參贊兼總教官，以數十年的警政經驗向莘莘學子灌輸禁毒知識，培養青少年投入抗毒使命。林會長由工作而愛嗜、收藏，繼之研究而推廣，這份情感與專業精神是值得稱頌與敬佩的。

林會長集資深偵緝人員、收藏家、學者與禁毒教官於一身，在禁毒專題方面，絕對是本港首屈一指的專家，現在更從數以千計的藏品中挑選相關珍品編輯成《中國禁毒文物》。全書分六個章節，按類刊錄逾二百項文物，涵蓋乾隆至上世紀六十年代近三百年間，中、台、港、澳地區的毒品流通與禁毒情況。適值今年是英國從鴉片戰爭之中登佔港島175週年，透過本書的珍貴文物重溫毒品與中國近代史以至香港史的緊密關係，饒富意義。

當此警察歷史收藏學會十週年會慶之際，林會長編刊本書並叮囑為之序，今勉力綴說，忝作補充為之祝賀。

2016年4月

寫在前面

毒品之於近代中國，弱國病民，甚至令家亡國破，禍延甚廣極大。毒品除毒害人民健康和損害經濟民生之外，更由於國民奮起對抗毒品禍害、打擊不道德的鴉片貿易，而引發侵略性的鴉片戰爭，以致中國戰敗割地賠款、喪權辱國。

回顧中國近代歷史，從清朝中葉以來到民國以及共和國的成立，雖然政權幾經迭變，百多年來一直傳承禁毒運動的薪火，警醒毒品的無窮禍害。中國在世界禁毒歷史上的先驅行動，無論在力挽民族國運，抑或在世界抗毒洪流之中，都貢獻了很大的力量，同時付出了很沉重的代價。

禁毒工作是長遠的，中國的禁毒工作有着二百多年的歷史文化傳承。而禁毒的文物，便是歷史的載體和見證。因為我是一個警察文物收藏家，在我收藏的文物專集之中，包含一個中國禁毒歷史文物的特藏。為了讓文物見證歷史，我從2012年開始，運用我的中國禁毒歷史文物特藏，建設禁毒文化，推動文化禁毒的工作，為社會的禁毒任務起着宣傳和教育的作用。因為我以前是當警察的，特別懷有一份警察情結，這份情結驅使我嚮往警察文化，也影響到我日後投入收集警察歷史文物的熱忱，再發展成為開拓警史文化的使命，也促使我在警隊退役之後，熱切推行以建設文化禁毒和建立禁毒文化的路向。

收藏本來是一個嗜好，將文物收藏嗜好轉化為保育文物、發揚文化、共創知識，達致學術研究的層次，是我要踐行的價值觀。在開拓和踐行達致學術層次的過程，是要發揮多機構、跨界別、多功能的合作，爭取認同我們的理念，達成相互合作、交流、發展以及得到共贏的成果。因此，我在2006年在香港創立「警察歷史收藏學會」，今年剛好是創會的十周年。它紀錄了我由一份警察的情意化為推動建設警察文化，將警史收藏的嗜好再提升至學術研究領域的心路歷程。路是漫長的，而我願意擔負這些披荊斬棘的艱巨工作，用至深之「警」情來努力耕耘，盡其在我。我欣然在弘揚警察文化以及宣揚禁毒文化的辛勤工作中，得到眾多的同仁、機構和組織的支持、認同和激勵。

收藏不是孤芳自賞的，而是要公諸於世；我們的展現，就是一個流動的博物館。我引用國際博物館在哥本哈根會議所訂出博物館的定義：「展出、公諸於眾，提供學習、教育及欣賞的機會。」因此，我推動的禁毒文物展覽於2012年2月啟航了，當時我與「獅子會禁毒先鋒隊」合作，並得到香港特區政府保安局禁毒處的支持，在香港的「賽馬會藥物資訊天地」舉辦一個名為《中國近代禁毒文物展覽》的展覽活動，公開展出我的中國禁毒歷史文物特藏，讓大眾認識我國自清代以來到民國肇建、再到解放前後的悠長禁毒歷史。這是作為我推動文化禁毒和建設禁毒文化的第一步，亦是香港歷史上第一次專題性展出中國禁毒歷史文物的活動。之後，我們在這一年內，分別在香港十個不同的地區巡迴展出這批禁毒文物，以讓更多市民參觀，造成廣泛的禁毒宣傳效應。

為開展和擴大文化禁毒的效應，我緊接着在2013年衝出了香港，在這年的「6•26國際禁毒日」期間，在廣州市白雲區舉辦為期五天的《百年中國禁毒文物展暨白雲區禁毒成果展》的禁毒展覽，這次活動是我與廣州市禁毒委員會、廣州白雲區政協以及白雲區禁毒辦公室聯合舉辦。在第一次衝出香港之後，我在過去的2014年的「6•26國際禁毒日」在澳門與澳門警察協會聯手合作，以及於2015年「6•26國際禁毒日」在珠海特區與珠海市禁毒委員會攜手舉辦有關的禁毒文物展覽，達致在廣泛地區以及廣為人知的禁毒教育和宣傳效果，希望喚醒大家對打擊毒品禍害的關注。

在今年警察歷史收藏學會創立十周年紀念之際，欣然得到中華書局的支持，將我收藏的中國禁毒歷史文物的特藏作為藍本，編寫和輯印成這本圖冊，得在建設文化禁毒和建立禁毒文化的路上繼往開來，盡其在我的為社會發出正能量作出貢獻。亦是我這多年來漫長的收藏之路，對中國禁毒專題文物的一沙一石之收集，一涓一滴的收藏，並且對這一些舊物斧鑿刨根的研究和整理的工作上的一份激勵，並與大家分享。

這冊圖集之成書是運用各個時期的珍罕官方文告、公私文獻、證書令狀、證章、舊報刊、老照片、老明信片、舊票據和公私書刊等的歷史實物，作出概略的編寫排列，從而展現中國自清朝中葉以至清末、北洋政府和國民政府的民國時期、日本侵華時期的各個敵偽政權，以及中華人民共和國成立前後時期，這百多年來所實施的禁毒政策、打擊毒品的執法、推行戒除毒品癮癖的措施，以及對抗毒品禍害的宣傳等的歷史足跡，祈望我們得以從中深刻反思歷史的教訓。今年，是香港被英國人佔領的175周年，我們亦要思考在鴉片戰爭戰敗的原因。

在這本畫冊中，我根據所收集得的歷史文物，揭櫫百多年來毒品經濟在中國的禍害，從片鱗碎甲的歷史物證，反映以英國人為先導的不道德鴉片貿易，以至中國本土鴉片的罪惡產銷，甚而日本侵華時期的鴉片戰略等的罪惡經濟歷史。在畫冊中，我亦以所收集得的吸用鴉片毒品工具，給讀者展現中國百年來的「鴉片文化」，從這些平實無奇的工具器皿，或荀麗多彩的「鴉片工藝」，儆省毒品的幻象背後之無窮禍殃。

今天來説，毒品問題是隨着社會及科技高速發展而日新月異，毒品種類之繁多雖然是百怪千奇，但新型毒品的禍害依然是令人死路一條。今天，毒品的氾濫已是跨越國界、流通各地，甚而響起了吸毒者低齡化的警鐘；因此，對遏止毒品的戰鬥已經不是家門掃雪的工作，是進行多機構、跨界別、多功能的互相合作，是世界各國攜手的運動。

最後，我感激眾多支持我的同仁和機構，得以實現我從文物收藏結合警史研究的願景，從而增強我對中國禁毒文物的收集、保育、活化的信心，將本來沉沒在歷史角落的禁毒文物，再次展現它們本來所承載的歷史任務，細説出中國禁毒迂回曲折發展的道路。

林建強 PMSM

警察歷史收藏學會創會會長

2016年6 • 26國際禁毒日

林建強 PMSM 簡介：

警察歷史文物收藏名家。於2006年在香港創立「警察歷史收藏學會」，十多年來一直推廣收集警史文物結合警察史學研究，並多次舉辦中國警察史、禁毒史之文物展覽和主持有關警察史學講座。於2006年榮獲「湖北警官學院」聘任為客座教授以及「湖北警官學院」中國警察史研究所顧問。並於2015年，以「中國禁毒文物」藏品專集，參與由湖北警察史博物館舉辦的「全國十大警察歷史文物收藏名家展」，獲頒「全國十大警察歷史文物收藏名家」榮譽稱號。

林建強亦從事犯罪學研究，以世界華人幫會作專題研究方向，創立「世界華人幫會研究學會」，推動對華人幫會、黑社會犯罪及有組織犯罪的研究。針對警察史學及犯罪學研究，林建強曾發表多篇有關文章，亦多次獲邀參與國際學術研討會，並多次主講講座。曾獲廣播電臺、電視、報章、雜誌等媒體訪問。

林建強是香港警務處之退役偵緝警署警長，具有刑事司法理學學士學歷。警察專業方面，先後畢業於「皇家香港警察隊」之警察訓練學校（今香港警察學院）、偵緝訓練學校以及中國人民公安大學香港警察研修課程。

林建強從警34年，見證1997年香港警察從「皇家香港警察隊」轉變為主權回歸後的「香港警察隊」之歷史轉折時刻。在警校畢業後的警隊生涯，除首兩年駐守軍裝部巡邏小隊之外，其後的三十多年是長期於刑事偵緝單位工作，先後駐守行動組、總區情報組、區重案組、總區重案組以及警察總部有組織罪案及三合會調查科。曾經處理繁多刑案，積極搜集刑事情報以及充份利用線人，亦參與多宗的臥底偵查行動，於打擊罪案工作中克盡職守，勞績卓著。當中，曾經參與偵破多宗的械劫案、兇殺、強姦、販毒、偽鈔、綁架、三合會和「殺警」等重大要案，並且參與香港多宗的重大火災的特別調查。

在香港警隊服務期間，林建強先後獲得不同指揮層次給予的百餘次嘉許和多次法庭嘉獎。亦先後獲頒給8項「指揮官嘉獎狀」、殖民地警察長期服務獎章、香港警察長期服務獎章及加敘第一、第二及第三勳扣。於2009年，更榮獲香港特別行政區政府頒授「警察榮譽獎章」（PMSM）之勳獎。

林建強現時擔任以下範疇的職務及下述機構的榮譽職務：

警察歷史收藏學會創會會長
世界華人幫會研究學會創會會長
林建強禁毒基金會會長
湖北警官學院客座教授
湖北警官學院中國警察史研究所顧問
全國公安文學藝術聯合會特邀理事
香港警察—公安大學校友會榮譽顧問
澳門警察協會顧問
澳門海關人員協會學術顧問
國際筆會香港中國筆會榮譽顧問
廣東省收藏家協會軍品專業委員會顧問
貴州省經濟文化促進會收藏文化專業委員會顧問
大中華香港收藏家協會會務顧問
獅子會禁毒先鋒隊參贊兼總教官
hkbc.tv網路電視節目—「林Sir警視世界」主持人
世界林氏文化協會主席

目　錄

第一章
百年中國禁制毒品禁令和政策

中國百年以來，制定禁毒政策和法律，都是為着構建一個完整、嚴密的禁毒權力，有效地控制毒品。禁毒即為禁種、禁製、禁運、禁賣及禁吸。

中國早於清代雍正七年（1729年）已經頒佈了世界上「第一條」禁毒法令，禁制販運鴉片和不得私設煙館。後來清代的各個皇朝，均陸續制定律例和政策對付日益氾濫的鴉片毒品問題。

19世紀30年代，以英國為首的西方商人向中國大量走私販運鴉片，致令中國經濟受損，病國弱民。而中國的奮起禁毒，更引發英國對華發動鴉片戰爭，中國慘敗之後，割地賠款求和，喪權辱國。

歷史上，中國在禁制鴉片毒品最大的挫折，是於第二次鴉片戰爭戰敗之後，清廷分別與英、法、美訂立《通商章程善後條約》，標誌着外國對華鴉片貿易的合法化。當時，外洋來華的鴉片稱為「洋藥」，而清政府對內亦開放煙禁，並准許民眾種植鴉片，以稱為「土藥」的土產鴉片對抗進口的洋鴉片，這種寓禁於徵的政策至少還能挽回經濟上的利權。

清朝末年，清廷開始施行新政，並於1906年提出「十年禁煙計劃」，之後陸續頒佈多項禁煙章程和刑律，展開了中國的第二次禁煙運動。最為重要的是，中國於1909年參與在上海召開的國際禁煙會議，並形成了禁毒的決議案，成功爭取國際社會對中國禁毒的支持。

1911年推翻滿清後成立的中華民國政府繼續推行禁煙政策，最重要的是繼續傳承前清的國際禁煙會議成果，並於1912年簽署國際禁毒公約《海牙禁煙公約》。民初的北洋政府時期，陸續推行對鴉片的禁種、禁運、禁售和禁吸四個層面的政令。

中國國民黨於北伐後成立的國民政府仍然重視禁煙立法。於1935年更推出「六年禁煙計劃」。當時，對新出現的毒品如嗎啡、海洛因、紅丸、可卡因等毒品限禁最為嚴厲，規定吸食烈性毒品者必須在年內自動投戒，違令者送戒毒所，如年後仍有吸毒將處 5 年以上徒刑；另對製造、運輸、販賣毒品者處死。但是，由於外患、內戰、政府腐敗等原因，毒品問題仍然嚴重。

1949年成立的中華人民共和國政府，隨即於1950年初發佈新中國的第一條禁毒法令——《嚴禁鴉片煙毒的通令》，要求各級人民政府設立「禁煙禁毒委員會」，由民政、公安部門及各人民團體派員組成，以從組織上保證禁毒工作的進行。通令還規定了禁毒的政策和措施，指出對製造、販運、銷售煙毒的毒販和眾多吸食者，採取區別對待的政策，並且要求各級政府嚴厲查禁種植罌粟。

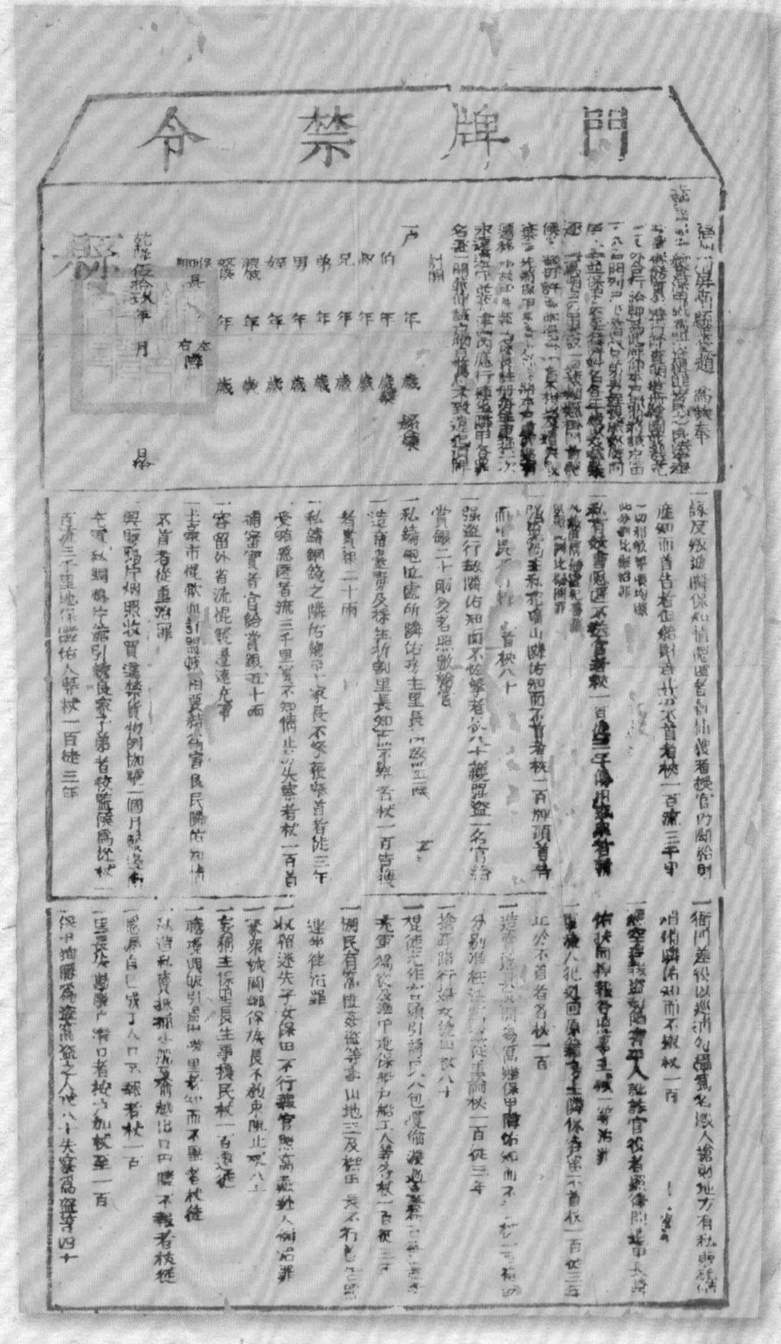

門牌禁令

清朝乾隆五十九年（1794年）

福建省福州府屏南縣正堂木刻印版的紙質《門牌禁令》除反映中國古代地方基層縣政對戶籍及治安管理的發展之外，更刊載了二十五條的《大清律例》條文。

當中一項條文是關於禁售鴉片、私營煙館的懲治則例，這則例早於雍正皇朝期間頒行，可説是世界上最早頒佈的禁毒法例禁令。

該法令明確規定：興販鴉片者，照收買違禁貨物例，枷號一個月，發邊南充軍，私開鴉片煙館引誘良家子弟者，絞監候；為從，杖一百，流三千里；地保、鄰佑人等，杖一百，徒三年。

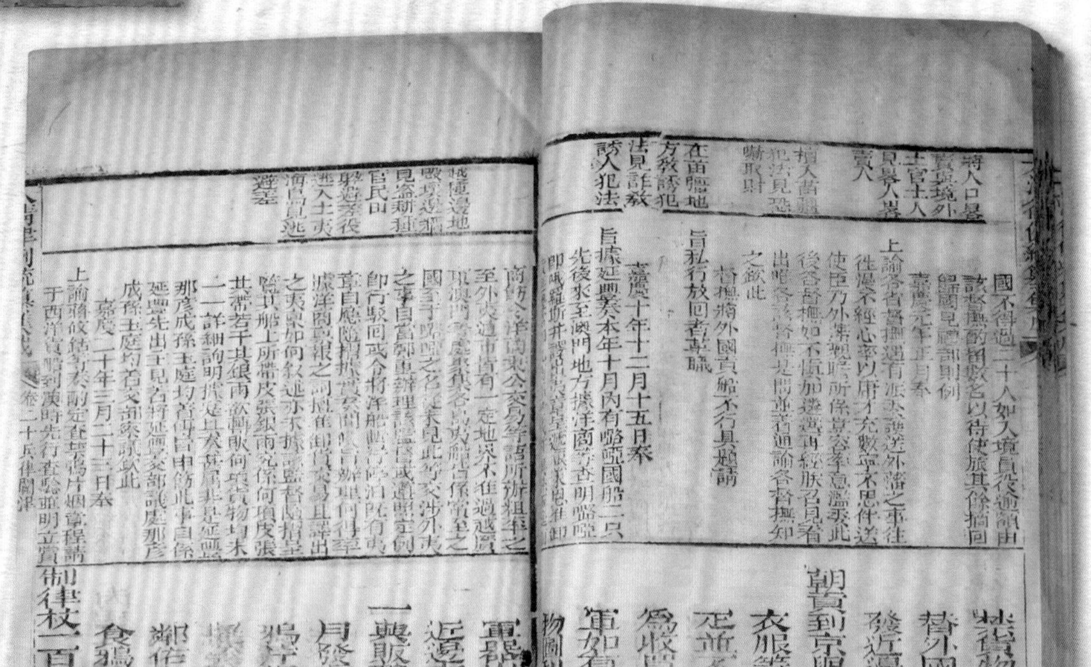

大清律例
新增統纂集成

道光初年修改本　卷二十　兵律關津

《大清律例》有關禁制鴉片的條文是載於卷二十「兵律關津」私出外境及違禁下海項。興販鴉片者及私開鴉片煙館引誘良家子弟條文，於雍正七年開始，當時尚未有吸食的罪名。其後於嘉慶、道光年間定有軍民人等及職官購買吸食之罪；又定有栽種罌粟收漿及購買煙土煎熬，照賭博治罪，屬於漸次加重。

虎門銷煙圖

**日本浮世繪師橋本貞秀繪畫
載於日本嘉永二年（1849年）《海外新話．卷二》**

19世紀30年代，道光皇帝欽命林則徐為「欽差大臣奉旨查辦廣東海口事務大臣節制水陸各營總督部堂」到廣東查禁鴉片煙毒。

1839年6月3日，林則徐將從英國商人收繳的鴉片連同從民間收繳的煙膏及煙具，在東莞虎門銷毀，共歷時23天。

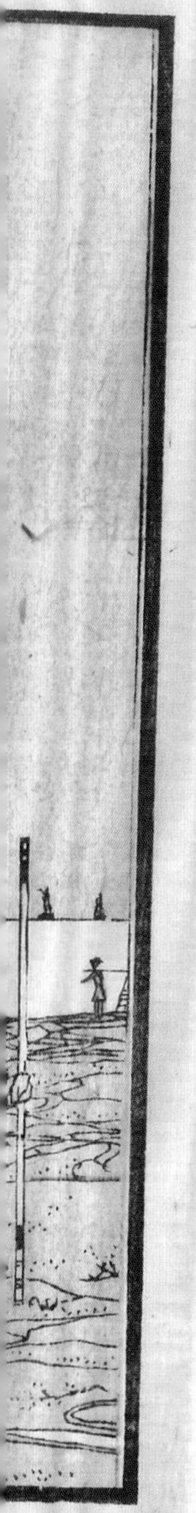

英國皇家鴉片委員會

OPIUM GROWING AND THE OPIUM COMMISSION

We publish to-day a portrait group of the members of the Royal Commission on Opium, who stated, it will be remembered, some time since, under the presidency of Lord Brassey, to make a tour through India and collect evidence as to the effect, injurious or otherwise, on India and its population of the opium traffic. Having completed their labours as far as India is concerned, the members of the Commission are now *en route* for home, and Lord Brassey, who is returning in the *Sunbeam*, expects to arrive early this month. The members themselves seem to have had little opportunity for enjoying the trip; nor can this be wondered at by any one who has glanced at the vast amount of evidence for and against which has been heard. Dr. Cuthbert Wyman, though doctor to the *Sunbeam* and to the Commission, to whom we are indebted for the portrait group, says that to any one not directly engaged in taking evidence it was most delightful, and the health of the party throughout was excellent, a strong testimony to the healthfulness of the Indian climate. The evidence so far tendered is very diverse, including that of many English officials and natives who condemned vigorously the "meddlesome philanthropy" which prompts interference, declaring that the political consequences of such interference would be disastrous; maintaining, in fact, that the anti-opium agitators are unconsciously working for the moral abasement rather than for the benefit of India. An interesting opinion was given by the Hon. T. D. Mackenzie, Commissioner of Customs, who said that if the resolution of the House of Commons were acted upon the result would be to compel people to resort to alcohol or other pernicious drugs, and it would produce a general discontent, which would culminate in a rising, compared with which the Mutiny of 1857 would be mere child's play. On the other side, though, there is the strong missionary interest, and many stories, such as told by Mr. Home, secretary to the Bombay Anti-Opium Alliance, who stated that he had visited an opium den where a smoker voluntarily stated that he had sold his wife for twenty rupees to enable him to procure opium. Still, one need not go to India for parallel instances: if he had not sold her for opium he would probably have done so for alcohol.

One of the places visited by the Royal Commission on Opium was the Patna Opium Factory, of which we publish a few illustrations showing different processes in the manufacture of the drug. The first represents the process of manufacture of Abbrari opium, or opium used for the excise requirements of local administrations in British India. The opium is continually stirred in the sun until it attains the caking consistence of 90 degrees, when it is made up into cakes of about 2 lbs. weight, and issued for use as required in chests of sixty cakes each. In the next picture is shown the packing of the chests of opium prepared for despatch to China. Forty cakes are packed in each chest in two layers of twenty cakes each, as follows:—A layer of trash is first spread over the bottom of the chest, over which is adjusted a compartment frame to hold twenty cakes, over which a second basketful of trash is thrown, which is firmly pressed down round each cake with the finger-tips. A bamboo mat is then placed in the chest, over which another compartment frame is adjusted for the upper layer of twenty cakes, more trash is then put in and pressed firmly in, and the chest is nailed down. The scene at the trash department shows the sifting and winnowing of the trash used for packing the cakes. The trash consisting of parts of the poppy plant, such as broken stalks, leaves, and dried capsule heads, thereby preventing any other foreign matter coming into contact and spoiling the aroma of the drug. In the last picture is seen the method of storing cakes after manufacture. The cakes are placed in earthenware cups on racks extending from floor to ceiling in large "machans," or warehouses, on each rack being noted the consistence and date of manufacture of the cakes it contains. The cakes until they are packed are constantly turned in their cups in order to allow the shells to dry evenly.—Our illustrations of the opium factory are from photographs taken by Mr. L. S. Graham, the assistant superintendent of the factory at Gulgarbagh, Patna, Bengal.

Mr. Fanshawe Mr. Mowbray, M.P. Sir James Lyall Lord Brassey (President) Mr. Pease Mr. Haridas Veharidas
Sir W. Roberts H.H. the Maharajah of Darbhangah Mr. Wilson, M.P.

THE MEMBERS OF THE ROYAL COMMISSION ON OPIUM NOW RETURNING FROM INDIA

THE PREPARATION OF OPIUM FOR THE MARKET: SCENES AT AN OPIUM FACTORY

英國對「鴉片」不道德貿易的爭辯

1894年4月7日英國*The Graphic*畫報報導英國皇家鴉片委員會（Royal Commission on Opium）成員以及英屬印度「鴉片廠」生產、包裝和付運中國市場之過程

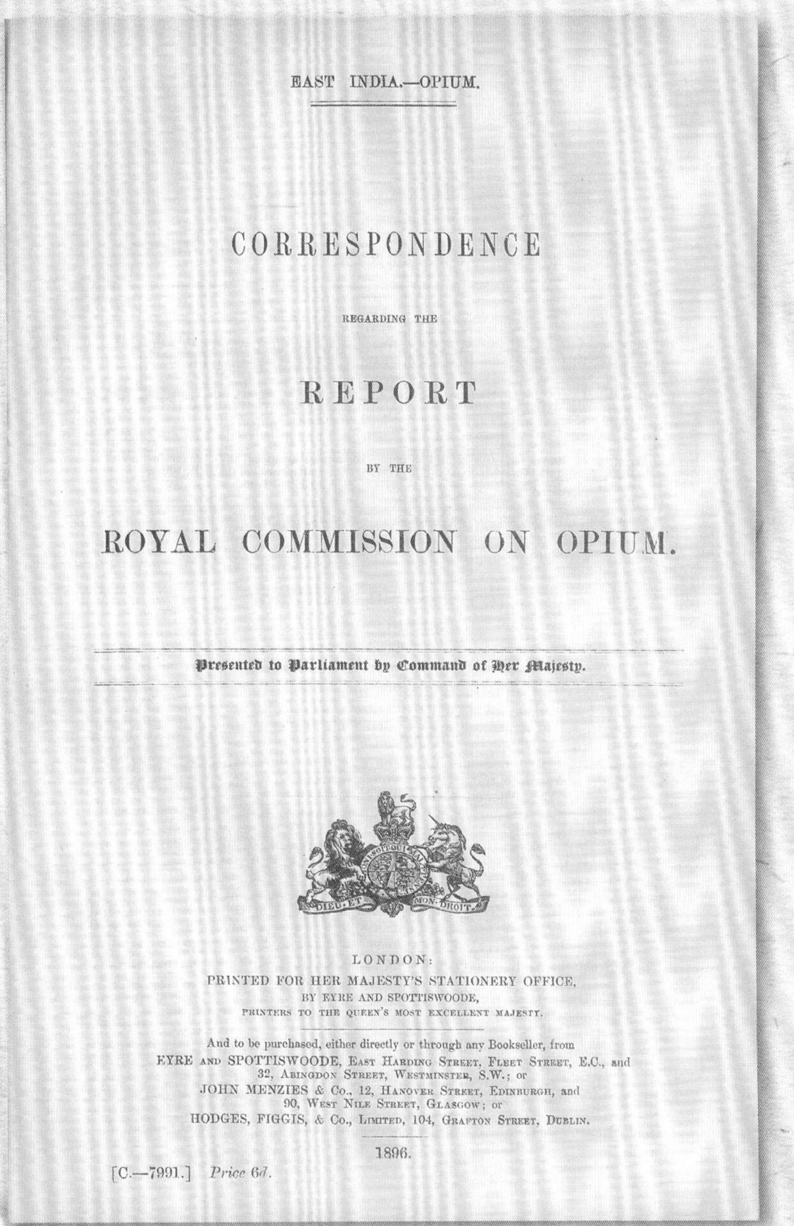

EAST INDIA.—OPIUM.

CORRESPONDENCE

REGARDING THE

REPORT

BY THE

ROYAL COMMISSION ON OPIUM.

Presented to Parliament by Command of Her Majesty.

DIEU ET MON DROIT

LONDON:
PRINTED FOR HER MAJESTY'S STATIONERY OFFICE,
BY EYRE AND SPOTTISWOODE,
PRINTERS TO THE QUEEN'S MOST EXCELLENT MAJESTY.

And to be purchased, either directly or through any Bookseller, from
EYRE AND SPOTTISWOODE, EAST HARDING STREET, FLEET STREET, E.C., and
32, ABINGDON STREET, WESTMINSTER, S.W.; or
JOHN MENZIES & Co., 12, HANOVER STREET, EDINBURGH, and
90, WEST NILE STREET, GLASGOW; or
HODGES, FIGGIS, & Co., LIMITED, 104, GRAFTON STREET, DUBLIN.

1896.

[C.—7991.] Price 6d.

一八九六年英國皇家鴉片委員會東印度鴉片調查報告通訊摘要

英國「皇家鴉片委員會」，由英國政府於1893年組成。基於英國本土一些反對鴉片人士批評英國的不道德鴉片貿易，以及譴責當時英屬印度政府依靠向中國販賣鴉片賺取收入的行為，在種種壓力之下由英國政府組成委員會，調查當時英屬印度鴉片貿易對亞洲的影響。

「皇家鴉片委員會」其後對鴉片生產和貿易的調查結論，遭到本土反鴉片的改革者嚴厲批評，認為委員會的人員偏向維護英屬印度政府的經濟利益，掩蓋印度的鴉片問題並力圖維持現狀，因而未能促使印度減少對中國的鴉片販運。有的報告還辯稱，中國對鴉片問題的爭議並不是影響吸食者的健康問題，僅是在商業上的關注。

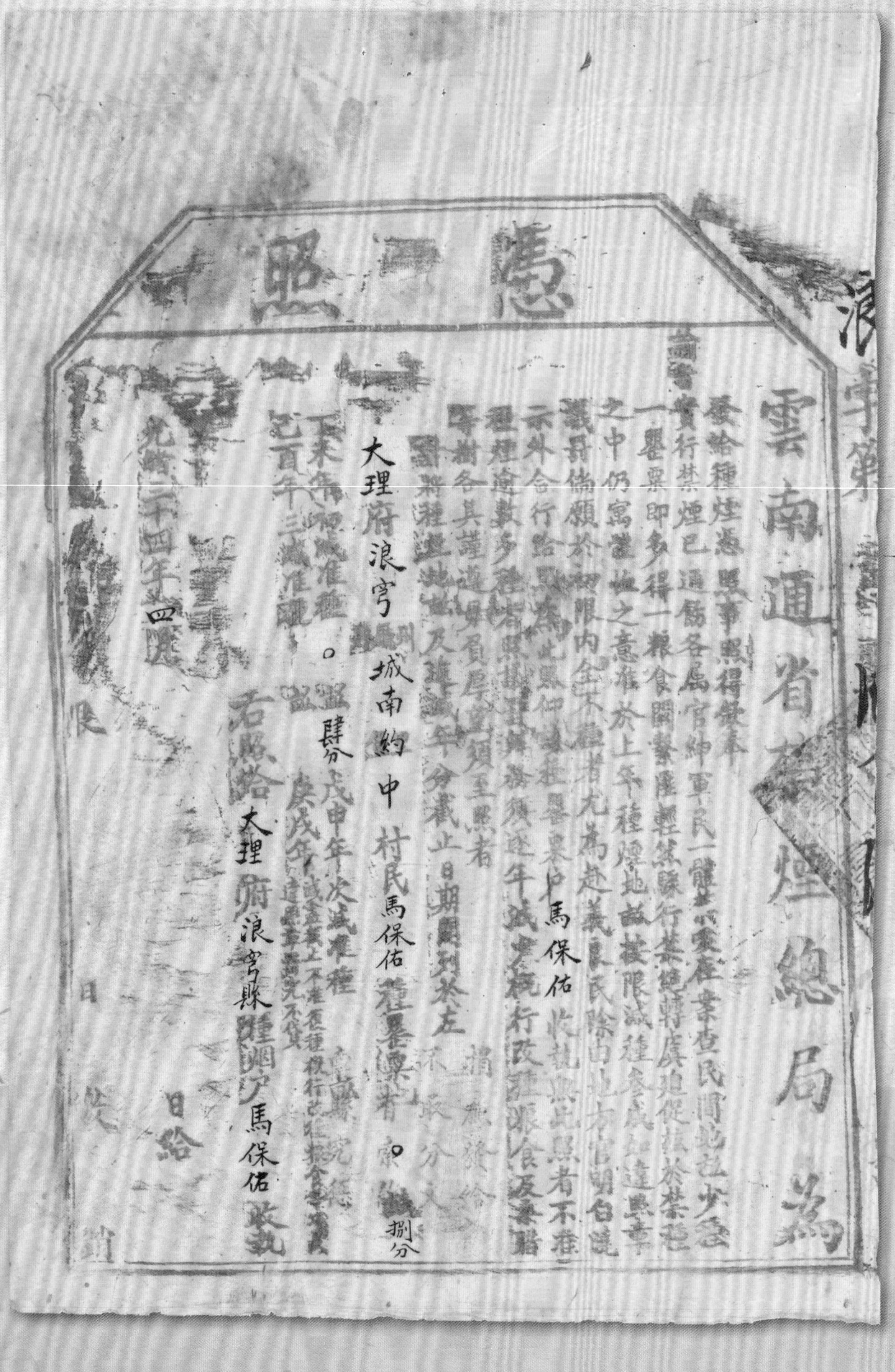

憑照

雲南通省禁煙總局 為

發給種煙憑照事照得欽奉

諭旨實行禁煙已通飭各屬官紳軍民一體[illegible]在案查民間地[illegible]

一罌粟即多得一糧食關繫匪輕[illegible]縣行禁[illegible]轉虞[illegible]促[illegible]於禁種

之中仍寓體恤之意准於上年種煙地畝按限減種[illegible]

議尋備願於初限內全不種者尤為趁義良民除由地方官剴切曉

示外合行給照為此照仰[illegible]種罌粟戶馬保佑收執照此照者不得

種煙畝數多種[illegible]務須逐年減[illegible]

等[illegible]各具[illegible]至照者

[illegible]將種[illegible]及遞減年分截止日期開列於左

大理府浪穹縣城南約中 村民馬保佑 種罌粟 畝 捌分

[illegible] 肆分 戊申年[illegible]

[illegible] 庚戌年[illegible]

右照給 大理府浪穹縣種煙戶馬保佑 收執

光緒三十四年 四 月 日給

[illegible] 限 日 繳

雲南通省禁煙總局憑照

清末光緒三十四年（1908年）「雲南通省禁煙總局憑照」

清廷於1906年推行「禁煙運動」之文獻。這「雲南通省禁煙總局憑照」是發給雲南省大理府浪穹縣之「種煙戶」農民憑照，由政府諭告已實行禁煙，述説各官紳軍民一體禁吸煙毒。而憑照主題是通令民間的「種煙戶」依所列限期減少種植罌粟鴉片，改種糧食及桑臘等樹，曉諭大眾成為良民共同赴義。

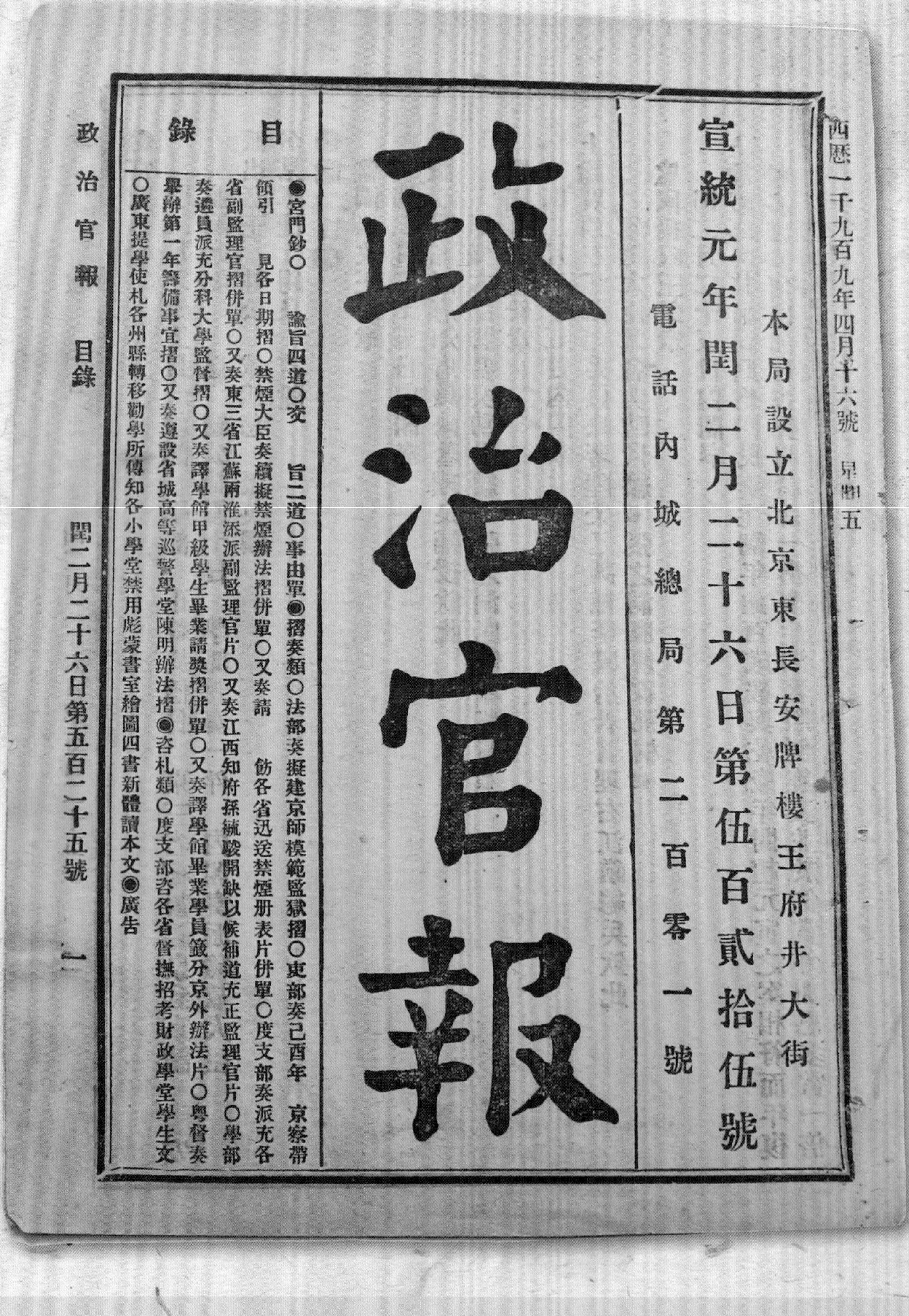

西歷一千九百九年四月十六號 星期五

宣統元年閏二月二十六日第伍百貳拾伍號

本局設立北京東長安牌樓王府井大街

電話內城總局第二百零一號

政治官報

目錄

◉宮門鈔○ 諭旨四道○交 旨二道○事由單◉摺奏類○法部奏擬建京師模範監獄摺○吏部奏己酉年 京察帶領引 見各日期摺○禁煙大臣奏續擬禁煙辦法摺併單○又奏請 飭各省迅送禁煙冊表片併單○度支部奏派充各省副監理官摺併單○又奏東三省江蘇兩淮添派副監理官片○又奏江西知府孫毓駿開缺以候補道充正監理官片○學部奏遴員派充分科大學監督摺○又奏譯學館甲級學生畢業請獎摺併單○又奏譯學館畢業學員籤分京外辦法片○粵督奏舉辦第一年籌備事宜摺○又奏遵設省城高等巡警學堂陳明辦法摺◉咨札類○度支部咨各省督撫招考財政學堂學生文○廣東提學使札各州縣轉移勸學所傳知各小學堂禁用彪蒙書室繪圖四書新體讀本文◉廣告

政治官報 目錄 閏二月二十六日第五百二十五號 一

宣統政治官報

1909年4月16日《政治官報》

清末宣統元年（1909年）禁煙大臣奏續擬禁煙辦法。

奏爲續擬禁煙辦法以期畫一而免玩延謹遵　諭覆陳恭摺仰祈　聖鑒事宣統元年
二月二十四日內閣奉　上諭禁煙一事乃今日自强實政敎養大端朝廷求治維殷既憤
國民積弱之難振復慮友邦期望之難副言念及此宵旰憂焦特此再行申諭禁吸一事文武
職官責之禁煙大臣及京外各衙門長官務須認眞糾察不得徇情避怨京外各衙門接奉此
旨後各將該衙門如何辦法自行切實覆奏等因欽此臣等自上年三月初七日奉　派
辦理禁煙事務比卽遵擬章程奏請通行京外各衙門由各該長官查明所屬人員曾否吸煙
已否戒斷有無諱飾分別取結送驗塡表列册咨送核辦迄今將屆一年在外各省咨到表册
大率只塡送在省差缺人員其餘候補及省外實任各官多未之及在京各衙門雖經塡具表
册咨請送驗到所由所陸續調驗先後共計五百數十員臣等督飭提調委員於調驗各員晝
夜分班時刻留心查察其有飾匿等弊及戒除未淨者迭經奏叅及咨回各該衙門核懲在案
非不極意認眞然採諸衆論各衙門送驗多係衰冗閒員其工於奔競現領優差者或不無容
隱卽調驗以後仍復吸食亦時有所聞似此情形安望依限禁絕臣等迭奉　嚴諭焦悚曷
勝惟是耳目難周訪查何能徧及茲特續商辦法詳擬章程但有職銜推類以歸畫一既稱戒
斷舊染毋許復萌當事果糾察認眞痼習自當漸減應請　飭下京外文武各衙門切實施
行相助爲理庶廓清有日藉慰　宸廑所有臣等續擬禁煙辦法章程除另繕清單外謹恭
摺覆陳伏乞　皇上聖鑒訓示謹　奏宣統元年閏二月二十四日奉　旨已錄
謹將續擬禁煙辦法十條繕具清單恭呈　御覽　一禁煙一事自光緒三十二年八月奉　諭飭禁
迄今已閱數年文武各員如果稍知自愛應卽懍遵功令早已戒除直至今日查驗仍復故態依然則其怙終

中國鴉片禁令

光緒三十二年中國禁煙運動
1906年12月2日
荷蘭 *BIJVOEGSEL van De Amsterdammer* 木刻版畫

版畫以正面形象刻畫清廷的第二次「禁毒運動」，版畫描繪中國人大義凜然舉起大刀砍殺代表鴉片煙毒的惡龍，並且繪出西方列強因中國這次的禁煙政策而表現驚訝，這是極為罕見的描繪，因為在當時的西方畫報大多將中國人描繪成醜化的形象。

清末「禁煙運動」從1906年（光緒三十二年）9月開始直至清朝滅亡，歷時五年。在這場運動中，滿清政府通過外交談判，和英國締結了兩個重要的條約：《中英十年禁煙條約》和《中英禁煙條件》，規定英國政府以每年遞減十分之一的比例，十年後完全停止向中國輸入印度鴉片。

清政府在1906年9月20日頒佈禁煙諭令，歷數鴉片之害，「着定限十年以內，將洋土藥之害，一律革除淨盡」，由此拉開清末禁煙運動的序幕。

1906年11月30日，更擬定《禁煙章程》十條，從禁吸、禁種和禁運等各個方面作了規定，涵蓋這次禁煙運動的主要內容，還具體要求各地以牌照作為購買鴉片的憑證，呼籲各地紳商成立戒煙會以助禁煙運動。

Het Opium-verbod in China.
BIJVOEGSEL van De Amsterdammer, Weekblad voor Nederland van 2 December 1906.
OPIUM
Joh Braakensiek
Amst. Boek- en Steendrukkerij, v/h. Ellerman, Harms & Co.
JOHN BULL: Zoo'n heiden.... als drakendooder!.... Dat zal ik in mijn portemonnaie voelen!....
NEDERLANDSCHE MAAGD (tot Marianne): En dat die kerel ons een voorbeeld moet geven....

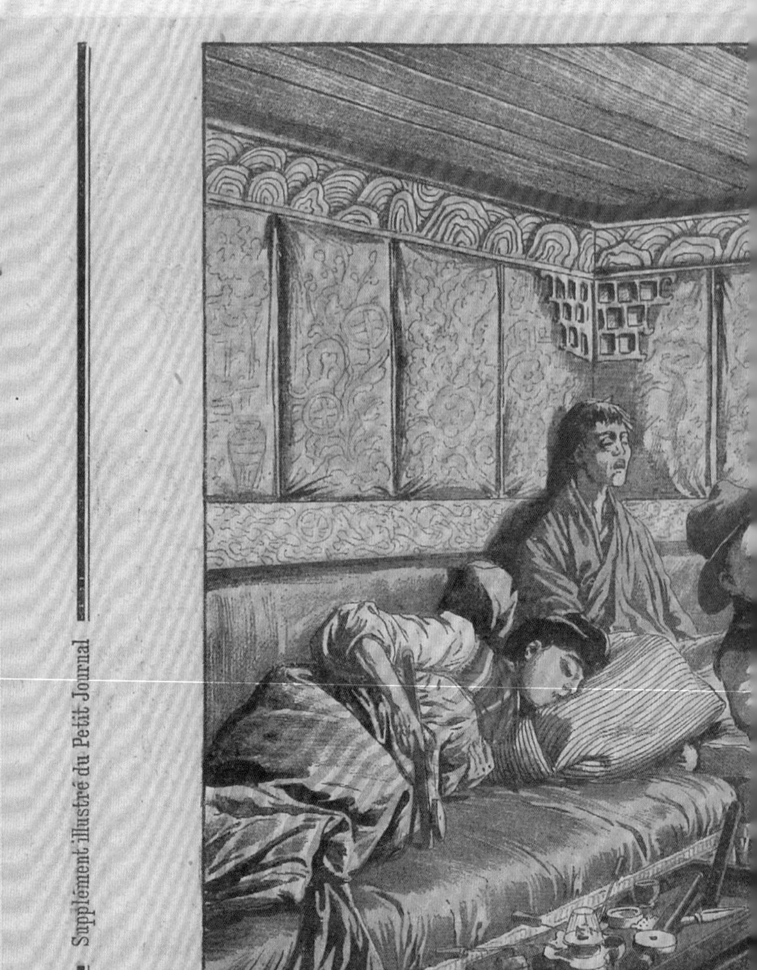

上海官差在華界鴉片煙館掃毒

1906年10月21日法國畫報 *Le Petit Journal*

清政府於1906年（光緒三十二年）9月頒佈新禁煙諭令後，一隊上海官差在華界的鴉片煙館掃毒時遇到抗拒，而處所內另兩名煙民因受到煙毒的影響，對眼前發生的激烈反抗表現出無動於衷。

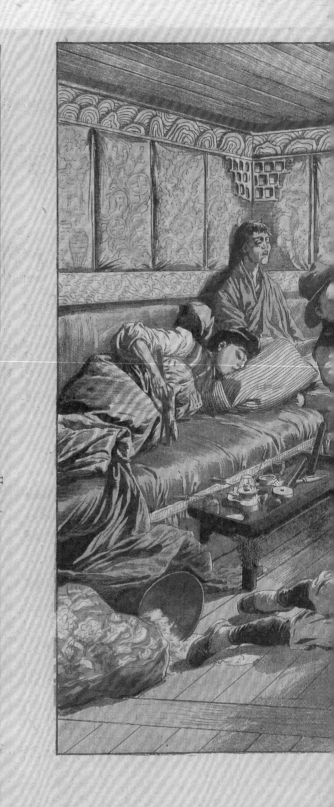

A SHANGHAI

pture du brigand Vahkader, qui terrorisait la région

Groupes d'habitants de Fou-Tchéou convoqués pour assister à l'incinération en grande pompe du matériel des fumeurs d'opium.

LA GUERRE A L'OPIUM EN CHINE

Au moment où l'introduction sournoise en Europe de l'usage de l'opium, pratiqué hors du domaine limité de la thérapeutique, menace les Occidentaux d'un véritable fléau ; où, en France, des perquisitions opérées à Paris, dans nos ports de mer surtout, à Toulon, tout récemment encore, ont révélé l'existence de trop nombreuses « fumeries » clandestines, dont la fréquentation est si funeste à nos marins, il est curieux de constater l'exemple salutaire que donne la Chine, réputée jusqu'à présent comme le pays par excellence des fumeurs d'opium.

Depuis trois ou quatre ans, en effet, il se poursuit, dans le Céleste-Empire, contre un mal invétéré chez ses sujets, une campagne très active. Le gouvernement impérial en a pris officiellement l'initiative et la direction ; il a sollicité l'assistance des puissances étrangères pour l'œuvre régénératrice qu'il a entreprise. L'Angleterre, principale importatrice de la drogue malfaisante et qui, on le sait, engagea une lutte armée avec la Chine pour lui imposer l'opium indien, a consenti elle-même à réduire progressivement son importation, jusqu'à extinction complète, à la condition que le gouvernement chinois, de son côté, assure par des mesures efficaces la suppression de la production indigène. Une conférence internationale doit se réunir prochainement à Shanghaï afin de régler la question au point de vue de ses conséquences intérieures et extérieures.

En attendant, la campagne est menée énergiquement dans les provinces placées sous l'administration de fonctionnaires zélés et soucieux de l'avenir de leur pays.

Des associations particulières, des ligues se sont fondées, apportant leur concours à l'administration. Les planteurs de pavots sont étroitement surveillés ; les mandarins, impitoyablement traqués, encourent la destitution s'ils ne se corrigent pas de leur mauvaise habitude, et déjà plusieurs d'entre eux ont été frappés. Un tel bouleversement dans les mœurs chinoises n'est pas, d'ailleurs, sans faire des victimes : parmi les fumeurs endurcis qui, de bonne volonté, s'efforcent de se soustraire à leur passion, il n'est pas rare d'enregistrer des cas de mort ; le poison leur était devenu indispensable et ils payent de leur vie leur soumission aux ordres de l'empereur : la Chine a ainsi perdu quelques-uns de ses plus vieux serviteurs.

Dans la province du Fou-Kien, l'administration et les sociétés apportent à l'exercice de leur apostolat une ténacité toute particulière. Des cérémonies ont été organisées pour frapper l'imagination populaire : les pipes et les ustensiles saisis chez les fumeurs ou abandonnés par eux sont brûlés en grande pompe sur les places publiques en présence de la foule assemblée.

A FOU-TCHÉOU. — Un autodafé de pipes et d'ustensiles saisis chez des fumeurs d'opium.

清末明信片：「禁煙運動」期間上海官差掃蕩鴉片煙館

福州禁毒活動

1909年（宣統元年）4月3日法國畫報*L'ILLUSTRATION*

福建省福州的民眾參加慶祝實行禁煙集會，在活動中舉行焚毀鴉片煙毒和吸毒器具。

Opium Pipes Burning, Shanghai.

清末明信片：「禁煙運動」期間上海焚毀吸食鴉片器具

警察拘捕吸食鴉片煙男子

「禁煙運動」期間警察拘捕吸食鴉片煙男子的新聞繪畫
刊於宣統元年（1909年）天津《醒華日報》

警察根據天津南市一所妓院的妓女舉報，拘捕一名吸食鴉片煙毒的男子，手上拿着吸食鴉片的煙槍和煙具，押送警察局後罰大洋三十元以示警戒。畫上有「煙魅可憐」字樣。

蒙化縣保示

鴉片一物弱國病民本屆禁革雷厲風行
官紳查剷不留一莖專候英員會同勘明
會勘以後禁令相仍猶恐奸民故態復生
偷種秋煙妄冀收成特先示禁免害國人
並諭保董稽查認真再三告誡其各凜遵

民國六年二月廿

雲南蒙化縣禁毒諭示

中華民國六年（一九一七年）

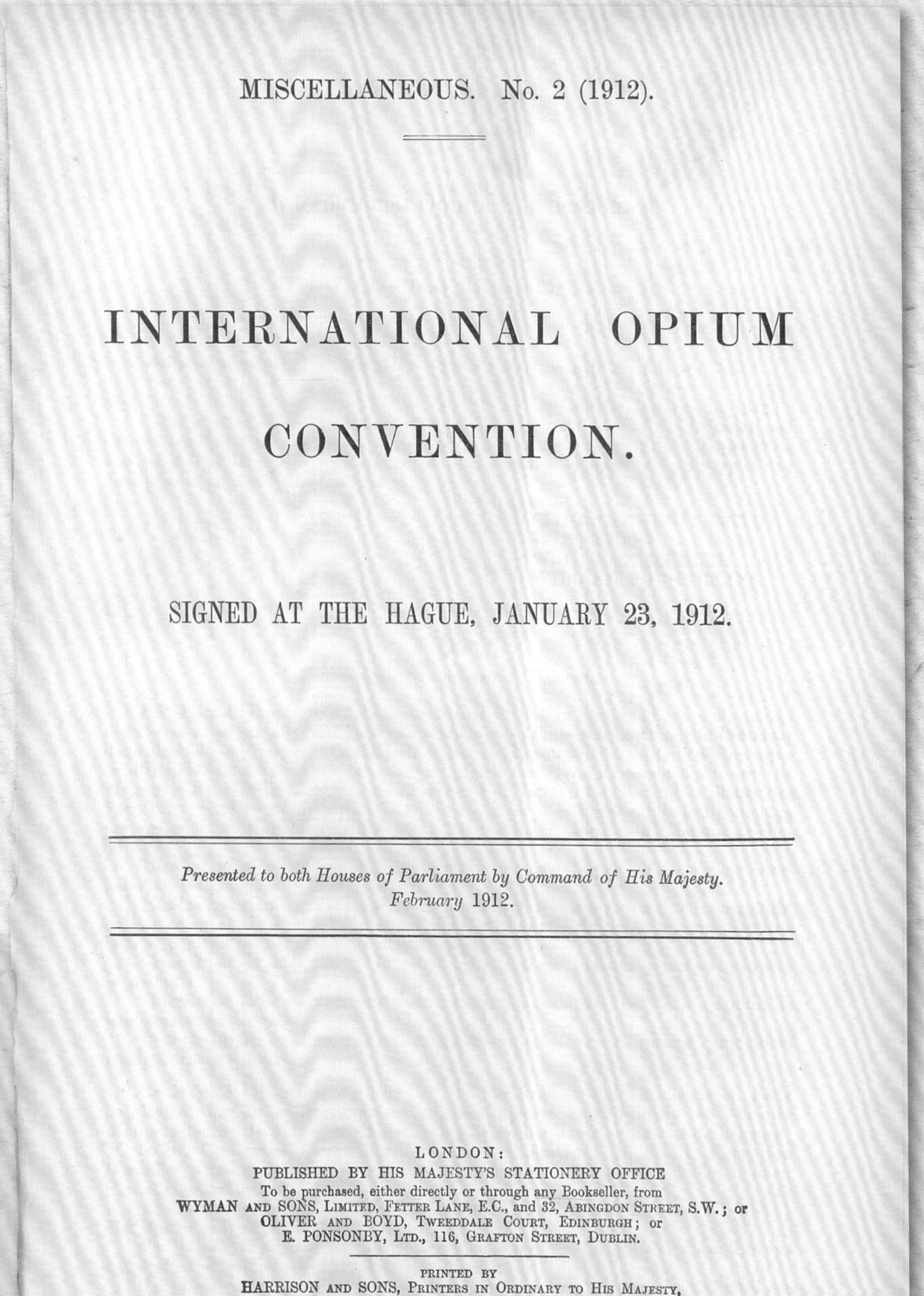

MISCELLANEOUS. No. 2 (1912).

INTERNATIONAL OPIUM CONVENTION.

SIGNED AT THE HAGUE, JANUARY 23, 1912.

Presented to both Houses of Parliament by Command of His Majesty.
February 1912.

LONDON:
PUBLISHED BY HIS MAJESTY'S STATIONERY OFFICE
To be purchased, either directly or through any Bookseller, from
WYMAN AND SONS, LIMITED, FETTER LANE, E.C., and 32, ABINGDON STREET, S.W.; or
OLIVER AND BOYD, TWEEDDALE COURT, EDINBURGH; or
E. PONSONBY, LTD., 116, GRAFTON STREET, DUBLIN.

PRINTED BY
HARRISON AND SONS, PRINTERS IN ORDINARY TO HIS MAJESTY,
45-47, ST. MARTIN'S LANE, W.C.

[Cd. 6038.] *Price* 2½*d*.

國際鴉片公約

英國皇家文書供應處1912年2月英文本

國際禁毒是開端於1909年在上海召開的「萬國禁煙會議」，當時清廷和來自美、英、法、德、俄、日、意、荷、葡、奧匈帝國、暹羅和波斯等13個國代表共商禁煙事務，並且通過9項決議案敦促各國政府採取必要措施管制鴉片的生產和消費。

1912年1月23日在海牙簽署的第一份國際禁毒條約《國際鴉片公約》是延續萬國禁煙會議的成果，中國是簽約國。

中國從1909年上海萬國禁煙會議到1912年簽署《國際鴉片公約》，中國正是處於推翻滿清建立民國時期，公約簽署時的1912年1月23日剛是新生的中華民國成立的民國元年。

當時中國方面的代表為清朝外務部主事唐國安，他在推動中國乃至國際禁毒行動開展中作出很大的貢獻。

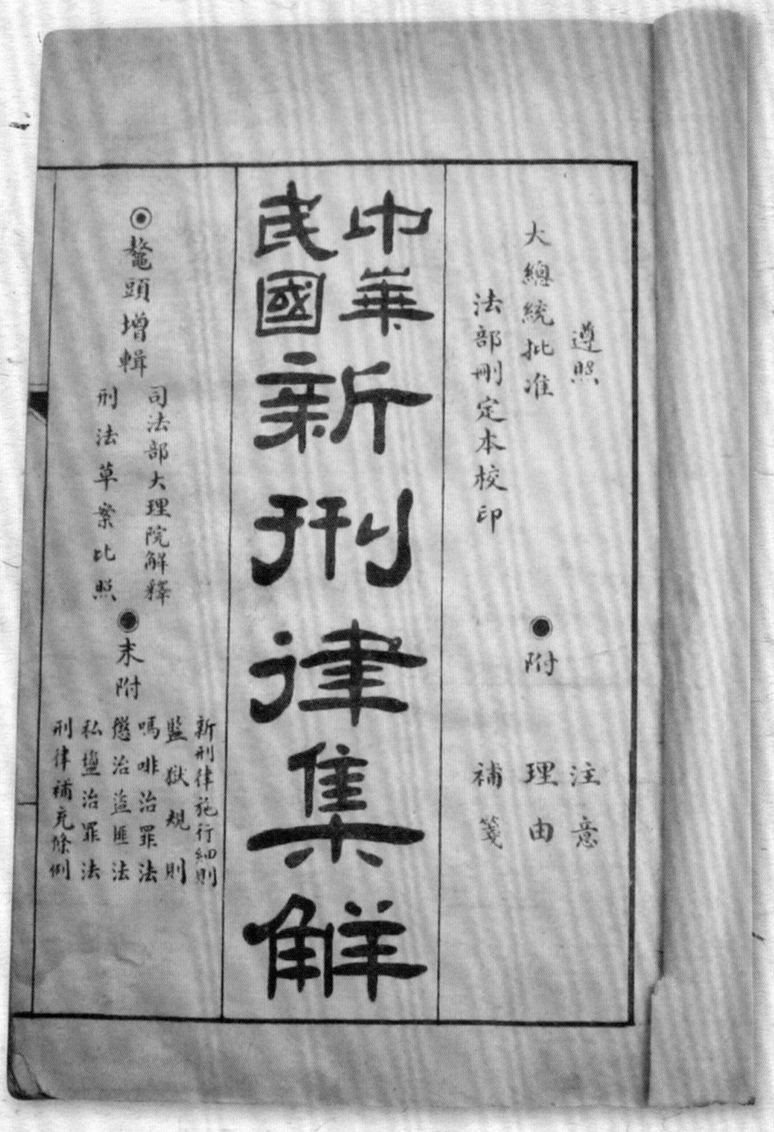

鴉片罪、嗎啡治罪法

中華民國新刑律集解
上海會文堂民國五年（1916年）增訂版

1911年辛亥革命爆發並推翻了滿清皇朝，新建立的中華民國政府於1912年民國元年宣佈因法律未經議定，將前清的《新刑律》稍加刪改，於民元4月頒行《中華民國新刑律》，查北洋政府推出的應為暫行的新刑律。新刑律內有關禁毒法令的實施，是訂為「鴉片罪」以及「嗎啡治罪法」。

「鴉片罪」，新刑律第二十一章（第二百六十六條至第二百七十五條）是針對製造、販賣、販運、藏有鴉片煙；製造、販賣、販運、藏有鴉片煙具；開館供人吸食以及吸食鴉片煙的刑罰。

「嗎啡治罪法」，民國三年（1914年）4月公佈，於同年10月改編為法律第十五號。是針對製造、販賣、販運嗎啡；製造、販賣、販運、藏有施打嗎啡的器具以及施打嗎啡的刑罰，條例亦適用於高根及海洛因。

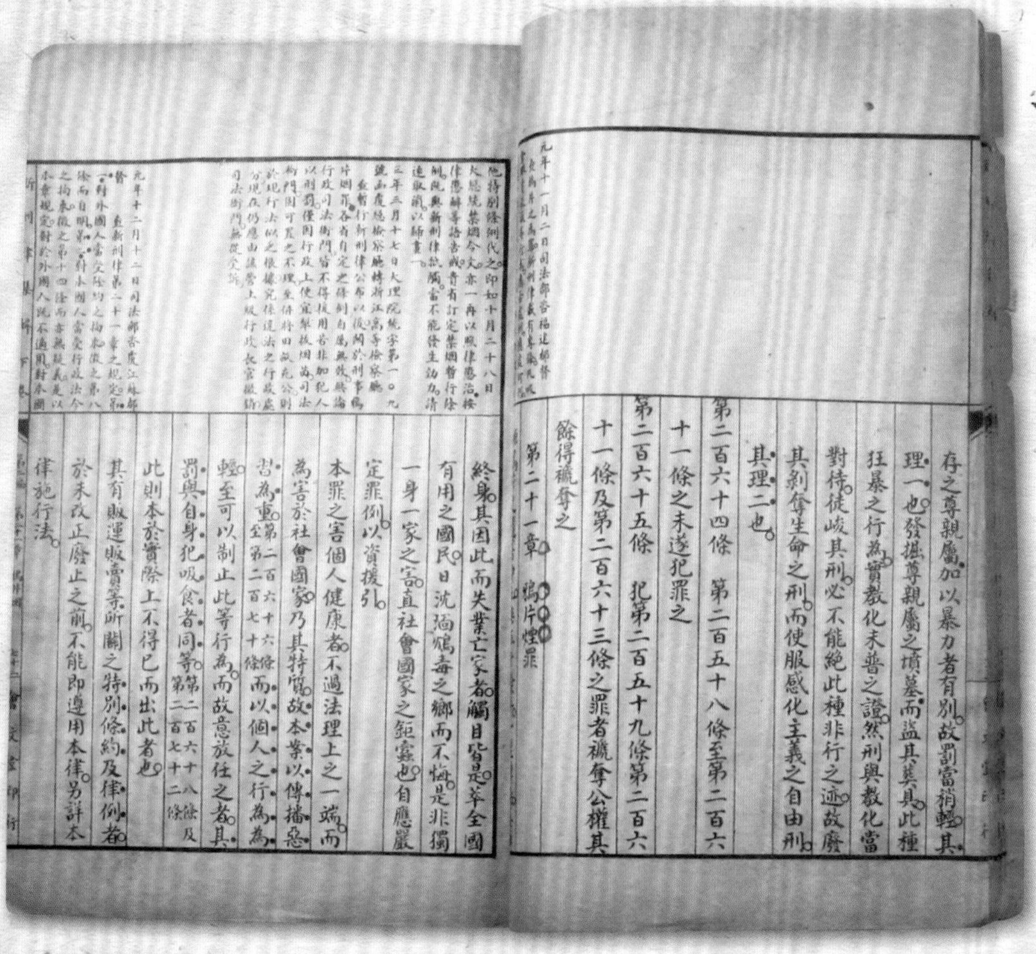

存之尊親屬加以暴力者有別故罰當稍輕其
理一也發掘尊親屬之墳墓而盜其莫具此種
狂暴之行為實教化未普之證然刑與教化當
對待徒峻其刑必不能絕此種非行之迹故廢
其剝奪生命之刑而使服感化主義之自由刑
其理二也
第二百六十四條 第二百五十八條至第二百六
十一條之未遂犯罪之
第二百六十五條 犯第二百五十九條第二百六
十一條及第二百六十三條之罪者褫奪公權其
餘得褫奪之
第二十一章 鴉片煙罪

終身其因此而失業亡家者觸目皆是举全國
有用之國民日沈湎鴆毒之鄉而不悔是非獨
一身一家之害直社會國家之鉅蠹也自應嚴
定罪例以資援引
本罪之害個人健康者不過法理上之一端而
為害於社會國家乃其特質故本案以傳播惡
習為重（第二百六十六條至第二百七十條）而以個人之行為為
輕至可以制止此等行為而故意放任之者其
罰與自身犯吸食者同等（第二百六十八條及第二百七十二條）
此則本於實際上不得已而出此者也
其有販運販賣等所關之特別條約及律例者
於未改正廢止之前不能即適用本律另詳本
律施行法

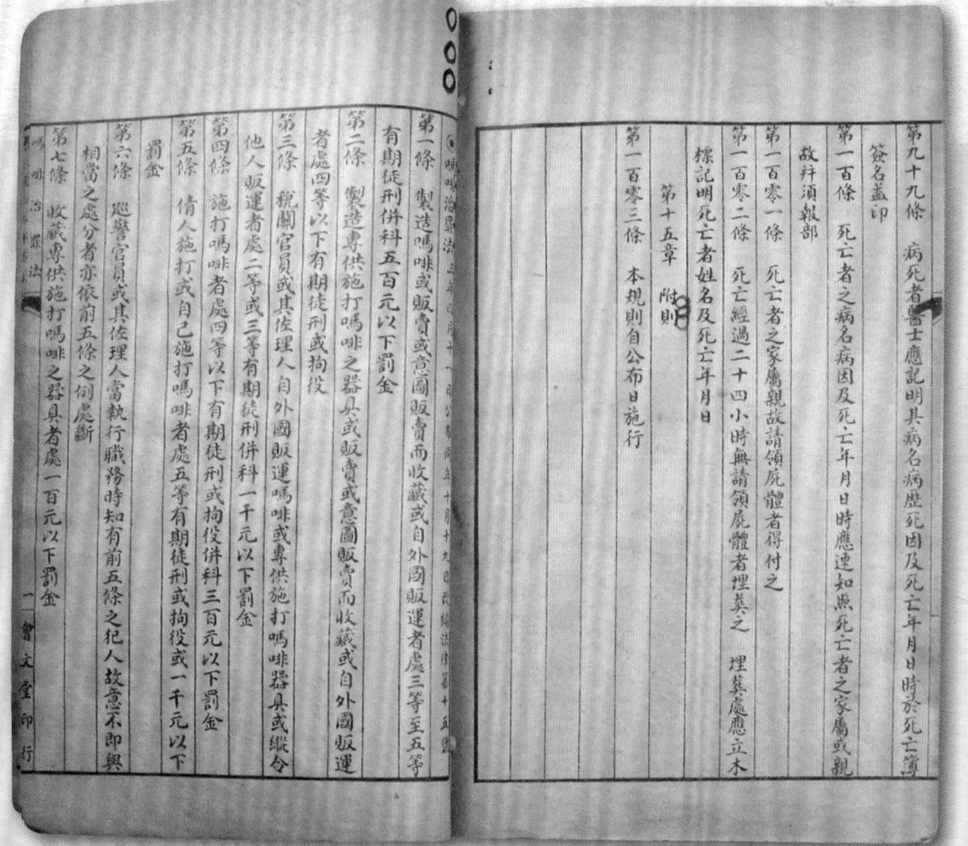

第九十九條 病死者醫士應記明其病名病歷死因及死亡年月日時於死亡簿
簽名蓋印
第一百條 死亡者之病名病因及死亡年月日時應速知照死亡者之家屬或親
故并須報部
第一百零一條 死亡者之家屬親故請領屍體者得付之
第一百零二條 死亡經過二十四小時無請領屍體者埋葬之 埋葬處應立木
標記明死亡者姓名及死亡年月日
第十五章 附則
第一百零三條 本規則自公布日施行

嗎啡治罪法
第一條 製造嗎啡或販賣或意圖販賣而收藏或自外國販運者處三等至五等
有期徒刑併科五百元以下罰金
第二條 製造專供施打嗎啡之器具或販賣或意圖販賣而收藏或自外國販運
者處四等以下有期徒刑或拘役
第三條 稅關官員或其佐理人自外國販運嗎啡或專供施打嗎啡器具或縱令
他人販運者處二等或三等有期徒刑併科一千元以下罰金
第四條 施打嗎啡者處四等以下有期徒刑或拘役併科三百元以下罰金
第五條 倩人施打或自己施打嗎啡者處五等有期徒刑或拘役或一千元以下
罰金
第六條 巡警官員或其佐理人當執行職務時知有前五條之犯人故意不即與
相當之處分者亦依前五條之例處斷
第七條 收藏專供施打嗎啡之器具者處一百元以下罰金
會文堂印行

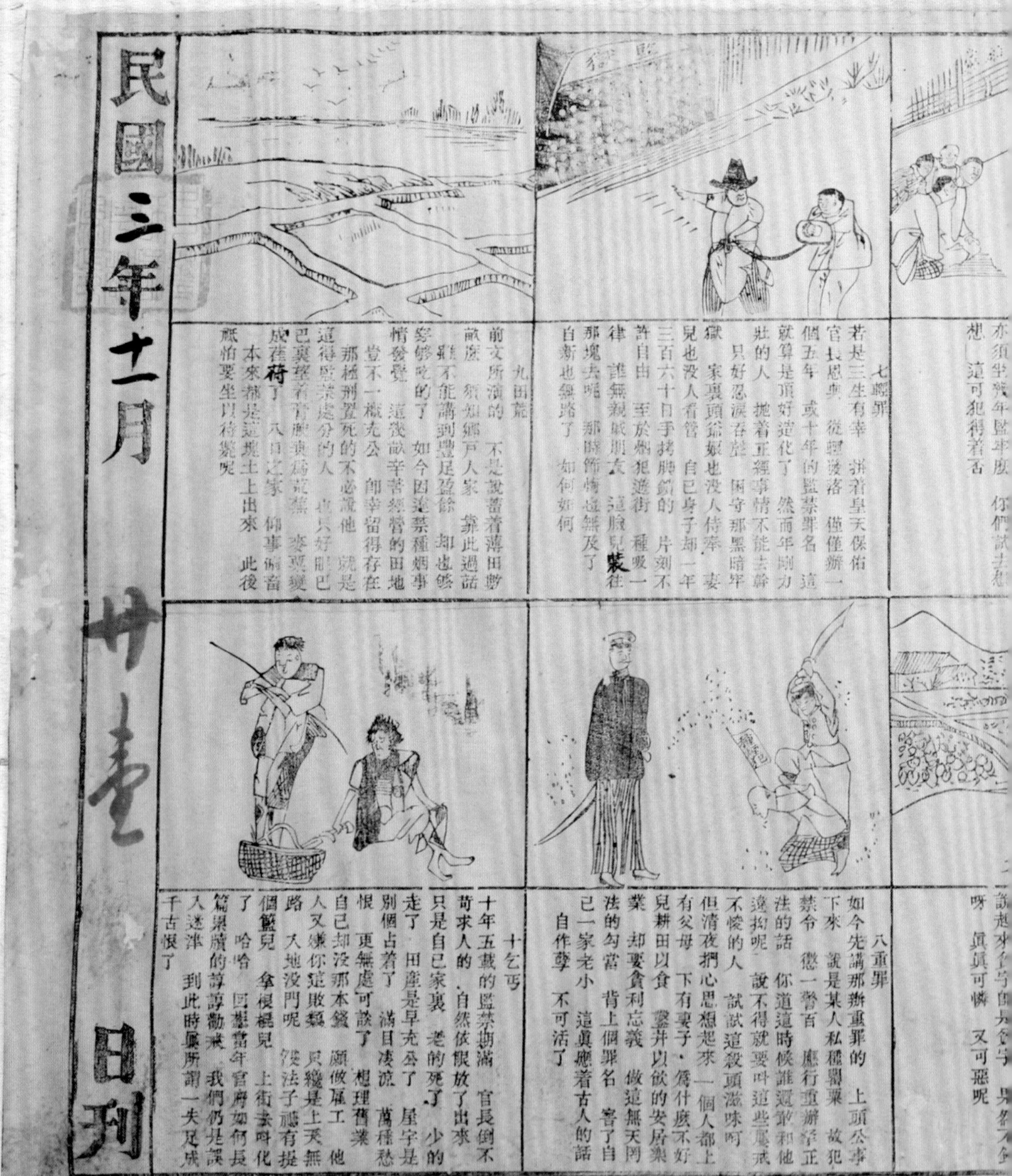

白話圖文禁毒告諭

雩都縣知事馮克寬木刻白話圖文刊行《禁毒告諭》十則

民國三年（1914年）江西省（現今于都縣）之禁種、禁運、禁吃鴉片白話勸化圖解。此勸化圖白話告諭刊具圖說十則，曉以厲害，圖說分別如下：

一種粟　二獲利　三偵悉　四緝拿　五鞫問
六刈苗　七輕罪　八重罪　九田荒　十乞丐

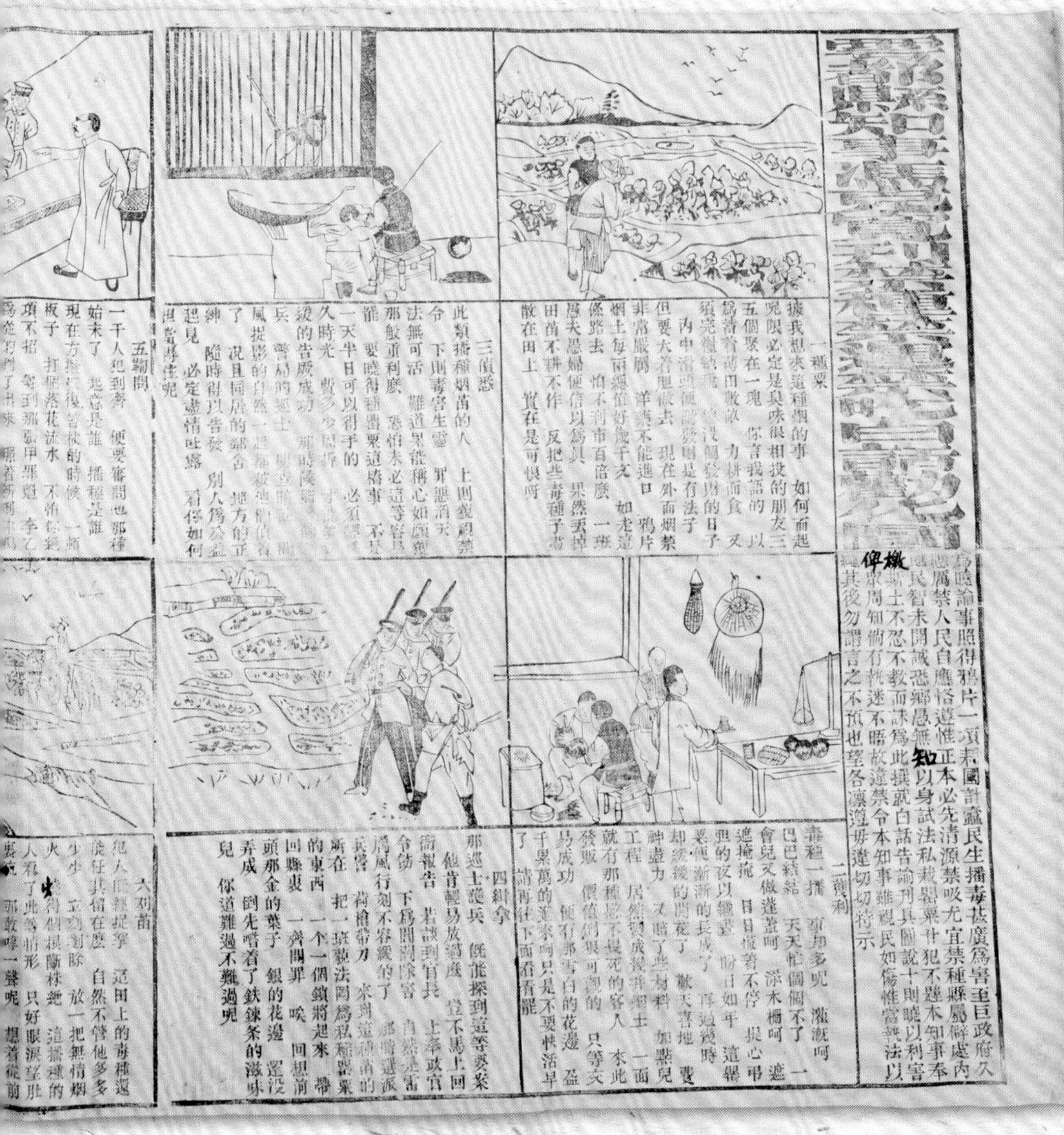

為曉諭事照得鴉片一項素國計蠹民生播毒甚廣為害至巨政府久經厲禁人民自應恪遵惟正本必先清源禁吸尤宜禁種縣屬僻處內地民智未開誠恐鄉愚無知以身試法私栽罌粟甘犯不韙本知事奉令斯土不忍不教而誅爲此撰就白話告諭列具圖說十則曉以利害俾眾周知倘有執迷不晤故違禁令本知事雖視民如傷惟當執法以繩其後勿謂言之不預也望各凜遵毋違切切特示

一種粟

據我想來這種煙的事 如何而起呢 限必定是臭味很相投的朋友三五個聚在一塊 你言我語的 以爲靠着薄田數畝 力耕而食 又須完糧納稅 沒個發財的日子 內中滑頭便說發財是有法子 但要大着膽做去 現在外面烟禁非常嚴厲 洋藥不能進口 鴉片烟土每兩總值好幾千文 如走這條路去 怕不利市百倍麼 一班愚夫愚婦便信以爲真 果然丟掉田畝不耕不作 反把些毒種子盡散在田上 實在是可恨呵

二獲利

毒種一播 事却多呢 灌溉呵 巴巴結結 天天忙個個不了 一會兒又做籬笆呵 添木柵呵 遮遮掩掩 日日愁着不停 提心吊膽的夜以繼晝 盼日如年 這罌粟便漸漸的長成了 再過幾時 却緩緩的開花了 歡天喜地 費神盡力 又賠了些材料 加點兒工程 居然製成幾兩烟土 一面就有那種趕不怕死的客人 來此發販 價值倒很可觀的 只等交易成功 便有那雪白的花邊 益千累萬的進來呵 只是不要快活早了 請再往下面看看罷

三偵悉

此類播種煙苗的人 上則藐視禁令 下則毒害生靈 罪惡滔天 法無可活 難道果能稱心如願獲那般重利麼 恐怕未必這等容易罷 要曉得種罌粟這椿事 不是一天半日可以得手的 必須經[illegible]久時光 費多少周折 才[illegible]綏的告厥成功 那時候[illegible]兵 營局的巡士 [illegible]風捉影的自然一起[illegible]被他們[illegible]了 況且同居的鄰合 撻方的正紳 隨時得以告發 別人爲公益起見 必定盡情吐露 看你如何抵當得住呢

四緝拿

那巡士營兵 既能探到這等要案 他肯輕易放過麼 豈不馬上回衙報告 若說到官長 上奉政官令飭 下爲閭閻除害 自然是雷厲風行 刻不容緩的了 那時遣派兵營 荷槍帶刀 來到這種菸的所在 把一班藐法罔爲私種罌粟的東西 一个一個鎖將起來 帶回縣裏 一齊問罪 唉 回想當頭那金的葉子 銀的花邊 還沒弄成 倒先嚐着了鐵鍊条的滋味兒 你道難過不難過呢

五鞫問

一干人犯到齊 便要審問他那種始末了 起意是誰 播種是誰 現在方拘獲到案的時候 一頓板子 打得落花流水 不怕你絕項不招 等到那張甲罪魁 李乙爲從 判了出來 照着新刑律[illegible]

六刈苗

犯人既經捉拿 這田上的毒種還能任其留在麼 自然不管他多多少少 立刻剷除 放一把無情烟火 燒得個根斷株絕 這播種的人看了此等情形 只好眼淚望肚裏吞 那敢哼一聲呢 想着從前

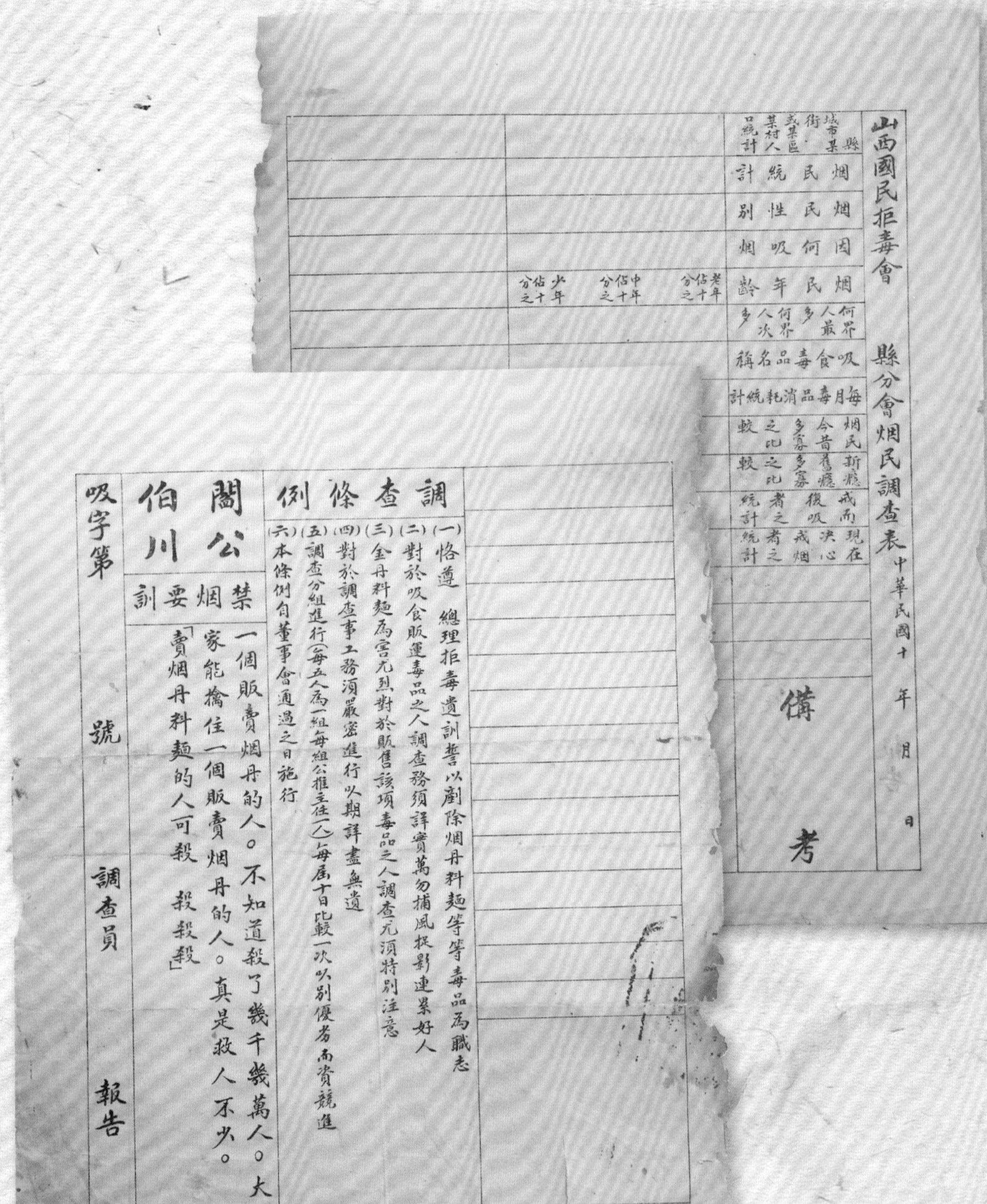
山西國民拒毒會縣分會烟民調查表
中華民國十 年 月 日
烟民統計
烟民性別
因何吸烟
烟民年齡
老年佔 分之十 中年佔 分之十 少年佔 分之十
何界人最多 何界人次多
吸食毒品名稱
每月毒品消耗統計
烟民今昔多寡之比較
新癮舊癮多寡之比較
戒而復吸者之統計
現在決心戒烟者之統計
備考

調查條例
(一)恪遵 總理拒毒遺訓誓以剷除烟丹料麵等等毒品為職志
(二)對於吸食販運毒品之人調查務須詳實萬勿捕風捉影連累好人
(三)金丹料麵為害尤烈對於販售該項毒品之人調查尤須特別注意
(四)對於調查事工務須嚴密進行以期詳盡無遺
(五)調查分組進行(每五人為一組每組公推主任一人)每屆十日比較一次以別優劣而資競進
(六)本條例自董事會通過之日施行

閻公 伯川
禁烟要訓
一個販賣烟丹的人。不知道殺了幾千幾萬人。大家能擒住一個販賣烟丹的人。真是救人不少。
「賣烟丹料麵的人可殺 殺殺殺」

吸字第 號 調查員 報告

山西國民拒毒會

閻錫山主政山西省時期之禁毒《調查條例》以及閻錫山《禁毒要訓》刊於上世紀二十年代的「山西國民拒毒會縣分會煙民調查表」

1916年以後，閻錫山逐步掌握統治山西省的實權，並推行禁毒政策，這是他的「六政」中的重大內容。其後閻錫山採取相當嚴厲的禁毒措施，這與他注重發展農業有很大的關係。當時，閻錫山的禁毒政策得到山西民眾支持，並且形成禁止「煙、丹、料、面」毒品的熱潮。

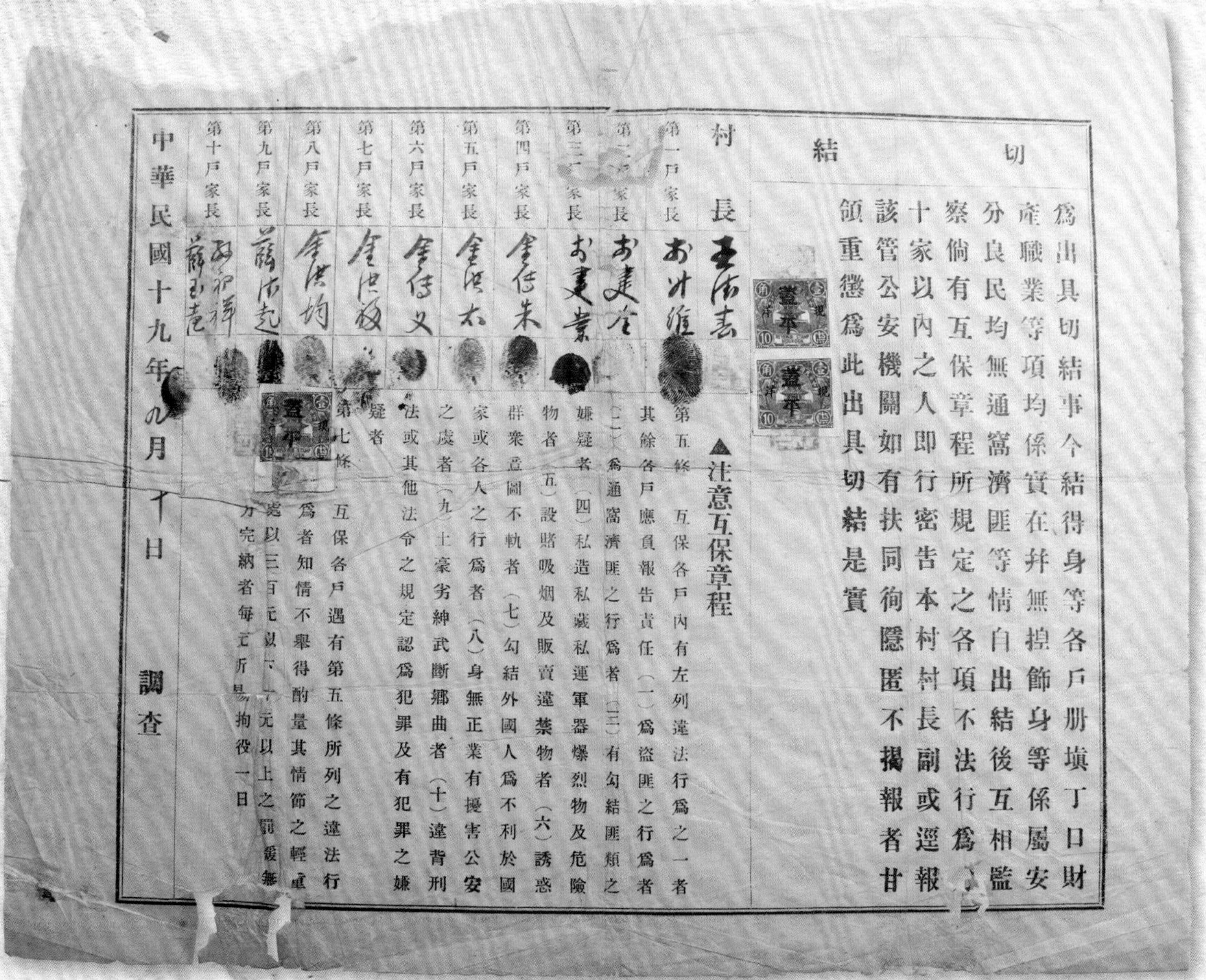
切結

為出具切結事今結得身等各戶冊填丁口財產職業等項均係實在并無揑飾身等係屬安分良民均無通竊濟匪等情自出結後互相監察倘有互保章程所規定之各項不法行為十家以內之人即行密告本村村長副或巡報該管公安機關如有扶同徇隱匿不揭報者甘領重懲為此出具切結是實

村長
第一戶家長
第二戶家長
第三戶家長
第四戶家長
第五戶家長
第六戶家長
第七戶家長
第八戶家長
第九戶家長
第十戶家長

▲注意互保章程

第五條　互保各戶內有左列違法行為之一者其餘各戶應負報告責任（一）為盜匪之行為者（二）為通竊濟匪之行為者（三）有勾結匪類之嫌疑者（四）私造私藏私運軍器爆烈物及危險物者（五）設賭吸烟及販賣違禁物者（六）誘惑群衆意圖不軌者（七）勾結外國人為不利於國家或各人之行為者（八）身無正業有擾害公安之虞者（九）土豪劣紳武斷鄉曲者（十）違背刑法或其他法令之規定認為犯罪及有犯罪之嫌疑者

第七條　互保各戶遇有第五條所列之違法行為者知情不舉得酌量其情節之輕重處以三百元以下一元以上之罰緩無力完納者每一元易拘役一日

中華民國十九年九月十日

調查

互保章程

十戶互保切結附印《互保章程》
民國十九年（1930年）遼寧省蓋平縣（今蓋州市）

當時蓋平縣的村級基層戶政和公安措施，由村內十家簽署互保的切結，根據《互保章程》其中第五條「設賭、吸煙及販賣違禁品」是禁毒措施，村民須向村長或公安機關報告，若知情不報者酌情懲處。

專賣印花

國民政府成立初期「福建禁煙支處」壹角印花
加蓋「財政部福建禁煙局」及「專賣」字樣

南京國民政府成立初期，國民黨中央於1927年8月決議將禁毒機關置於財政部，實施鴉片公賣、寓禁於徵政策。一年後的1928年7月，因應公賣政策引起提倡禁制煙毒的國民以及海外禁毒組織的輿論壓力，國民政府宣佈裁撤「財政部禁煙處」，並於8月成立直隸國民政府的「禁煙委員會」，頒佈一系列的禁煙法令，並要求各省禁煙局於12月1日結束。

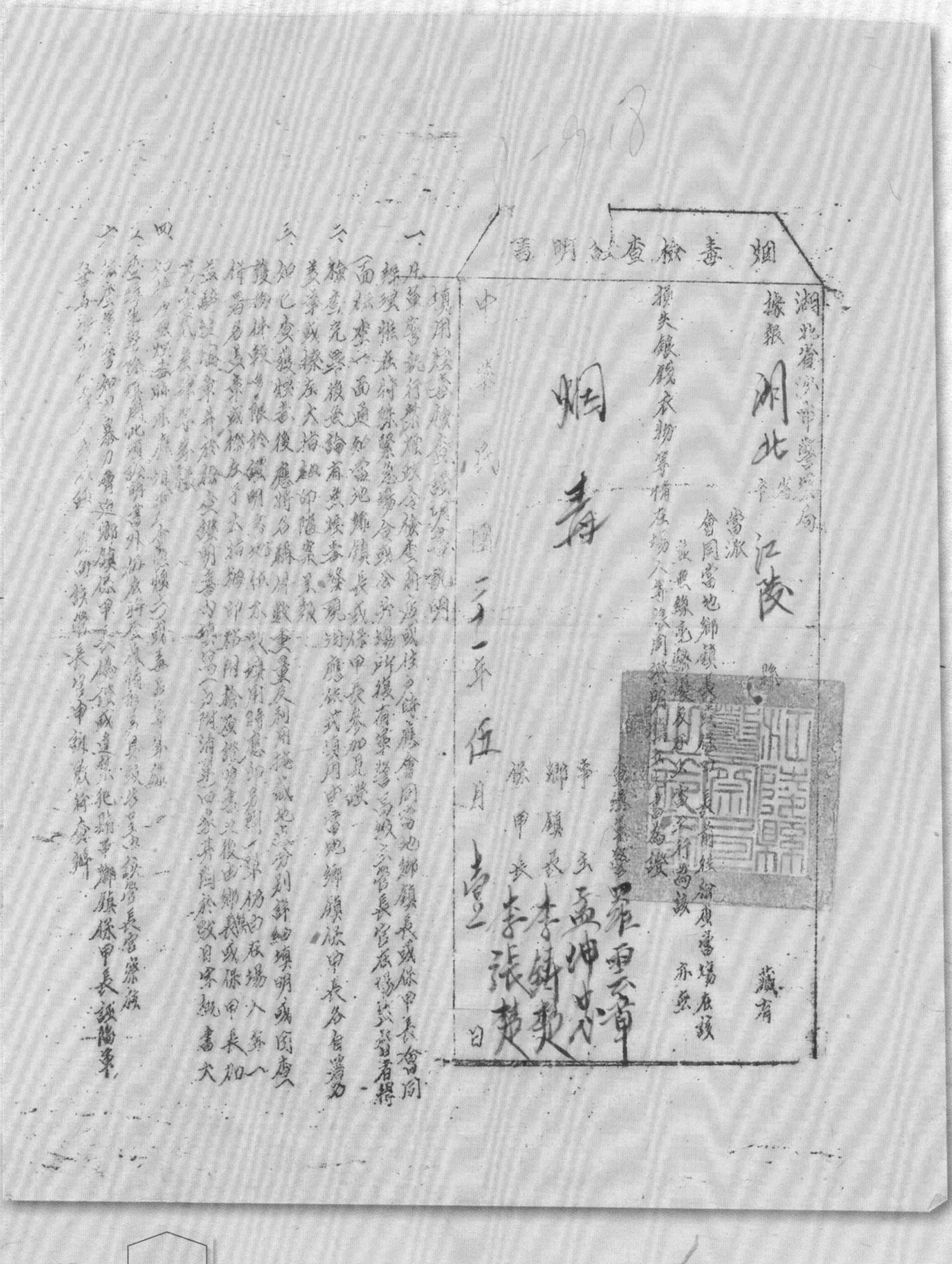
烟毒檢查證明書

湖北省沙市警察局

據報 湖北省江陵縣

烟毒

中華民國二十一年伍月　日

鄉鎮長

保甲長

煙毒檢查證明書

國民政府時期湖北省沙市警察局「煙毒檢查證明書」

加蓋江陵縣警察局印章及說明當時軍警執行禁煙政令的辦法

1935年至1936年國民政府軍事拒毒時期

「禁煙督察處」是1934年5月，由國民政府「軍事委員會」設立，接辦禁煙督察事宜，以掌控鴉片煙稅，實行「寓禁於徵」的「統制運銷」政策，這是因為戰時政局所需。國民政府再於1935年提出「兩年禁毒、六年禁煙」的計劃，規定1935年至1936年底為禁絕烈性毒品之期限，有人稱此六年禁煙為「軍事拒毒時期」。

設在漢口的禁煙督察處是總理鴉片統制運銷的機構，而各禁煙督察分處、禁煙督辦署、禁煙監察辦公室等主辦運銷。凡有煙土者，無論是否納稅，一律限期登記存入公棧，公運時粘貼印花，並發給聯運單，由各禁煙督察分處等主辦運銷機構派員按一定路線押運。

禁煙特派員公署證章

民國二十七年（一九三八年）
國民政府軍事委員會河南禁煙
特派員公署證章

四川省「成華禁煙局委任狀」

總理遺囑

余致力國民革命凡四十年其目的在求中國之自由平等積四十年之經驗深知欲達到此目的必須喚起民衆及聯合世界上以平等待我之民族共同奮鬥現在革命尚未成功凡我同志務須依照余所著建國方略建國大綱三民主義及第一次全國代表大會宣言繼續努力以求貫徹最近主張開國民會議及廢除不平等條約尤須於最短期間促其實現是所至囑

成華禁煙局委任狀

第5號

委任繆盛林為

本局第一科第二股股長此狀

中華民國二十四年四月廿日

局長陳勳

禁煙督察處湖南分處證章

督察處「委任狀」

民國二十六年（一九三七年）國民政府禁煙督察處「委任狀」

禁煙督察處委任狀 第叁陸柒號

茲委任劉守真為本處

廣西六寨聯運稽核員 此狀

處長 黃秀材

副處長 俞鳳韶

中華民國二十六年四月三日

禁烟督察處廣西分處 委任狀第六號

茲委任劉守真為本處

助理秘書此狀

處長陳雄

副處長胡天在

中華民國廿六年一月廿一日

廣西分處「委任狀」

民國二十六年（一九三七年）國民政府禁煙督察處廣西分處「委任狀」

國民政府南寧禁煙督察局證章

「六年禁煙」政策時期官賣鴉片煙膏煙土

國民政府制定的「六年禁煙」政策，採用分年漸禁的辦法，煙民按照煙癮輕重分時段逐漸戒除，因此允許各地方設置煙膏行店官賣煙土。

根據國民政府頒佈的《禁毒實施辦法》，1935年至1936年為毒品徹底禁絕期，當時廣設戒毒所，使吸毒者在第一年內，「自動投戒，予以自新」。一面對自甘墮落、沉溺於吸毒者，加重處罰。

1937年，對吸毒人員、製造販運毒品者，一概處死。因為採用分年漸禁的辦法，讓煙民按照煙癮輕重分時段逐漸戒除，因此允許各地方設置煙膏行店官賣煙土。

官膏發售所證章

陝西岐山縣官膏發售所證章

桃花坪煙土管理分所證章

國民政府時期湖南省邵陽縣桃花坪煙土管理分所證章

縣屬土膏店聯合辦事處證章

廣東台山縣縣屬土膏店聯合辦事處證章

禁煙捐票

民國時期山西省崞縣（今原平市）公益興土膏店面額兩分《禁煙捐票》捐票圖案使用罌粟花設計

國民政府時期廣東省禁煙機構

1929年（民國十八年）國民政府財政部將禁煙稅劃為國稅，設廣東禁煙局，專辦徵稅，並在廣州設廣東省河戒煙藥膏專賣所、廣東戒煙藥料專運處，在省內各地設區局或分局。1935年（民國二十四年）因實行禁煙，撤銷這些徵稅機構。

廣東禁煙局證章

廣東潮梅禁煙總局證章

廣東禁煙局海陸豐區局證章

國民政府時期禁煙機構證章

禁煙督察處湖南分處證章

禁煙督察處廣東緝私專員辦事處欽廉檢查所證章

浙東地區禁煙局證章

江蘇省禁煙委員會證章

上世紀三十年代國民政府處死販運毒品者

WEEKLY ILLUSTRATED—October 19, 1935

DEATH *to the*

Arrest of a Heroin Smuggler

Chinese police arrest a heroin smuggler outside the railway station at Pekin. Pekin is said to contain 40,000 addicts, and the most determined efforts are being made to put down the drug traffic.

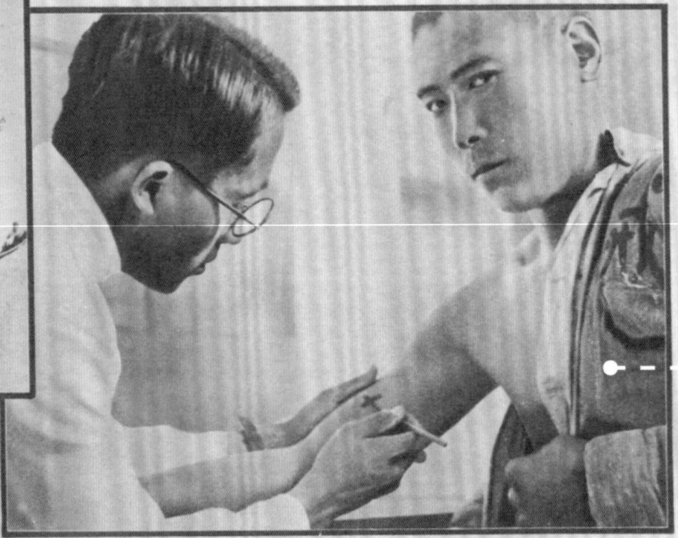

Branding the Smuggler - The Penalty for a First Offence

The smuggler is taken to one of the 600 centres recently opened for the treatment of drug addicts. Here he is branded on the arm. If he is caught a second time he will be shot. In 1934 263 death sentences were carried out.

Burning the Captured Drugs

In five years, thanks to the activities of drug preventers, the price of heroin has soared from £10 to as much as £600 a kilo.

Caught—For the Second Time

A branded man has been caught by the police. Though he knows he is going to death he has still enough curiosity to gaze at the photographer. Heroin, now becoming the commonest of drugs, is usually taken in cigarettes, pinches of it being pushed in among the tobacco.

Searching a Suspect

He smiles—if he has got drugs, he knows they are well hidden away. Or perhaps, like many Chinese, he is simply indifferent to death.

4

October 19, 1935—WEEKLY ILLUSTRATED

DOPE-SMUGGLER

He Will Smuggle No More

No trial. No pronouncing of death sentence. No "benefit of clergy." A branded man has been found with drugs concealed about him. He is taken away into a field and shot. There is not even a firing squad . . . no need to waste bullets on a dope smuggler. Right, his turn next.

CHINA has always been the home of drug-takers. In the old days it was opium. To-day heroin, almost unknown in China as recently as 1928, is one of the commonest drugs used by addicts.

Though the habit of heroin-taking has increased so rapidly, the most determined efforts are being made by the Chinese Government to put an end to the practice. These efforts consist of strong propaganda against drug-taking, the opening of more than 600 treatment centres for addicts up and down the country, and the most stringent laws against drug-smugglers, and addicts who relapse after being discharged from a treatment centre.

Death is often the penalty for smugglers and relapsed addicts—as it is also for farmers who grow the forbidden opium-poppy. This law is administered without respect of persons. A general who was found to be using one of his aeroplanes for drug-smuggling was led away immediately and shot.

In the special hospitals it is reckoned that more than 81,000 drug addicts and opium-smokers have already been cured. The hospitals in Pekin alone admitted 5,500 patients in 10 months—of these only 60 were known later to have relapsed into drug-taking. Of the 60, 20 were finally set free, 30 were given terms of imprisonment, and 10 were simply beheaded.

The authorities reckon that Pekin alone still contains 40,000 drug addicts—more than a quarter of whom are coolies and manual labourers who take to the drug for relief from physical exhaustion.

Other countries cannot claim to have clean hands in respect of China's drug-problem. 2,000 drug-dealers operating in Pekin are Japanese subjects—and the Chinese say that they get no satisfaction from handing them over to the Japanese authorities. 76 British vessels, they also state, are engaged in the drug-smuggling business—a particularly shameful record, because the second place on the list of European countries is held by Norway, with only four vessels engaged in the trade.

1935 年 10 月英國 *Weekly Illustrated* 圖畫週報

報導當時中國「海洛因」毒品泛起新趨勢，當時國民政府採取嚴厲處死手段對付毒販。1934年共有263名毒販被處死。

1. 警察在北京火車站拘獲販運毒品的罪犯。
2. 警察當局公開焚毀從毒販繳獲的毒品。
3. 警察截查涉嫌販運毒品的可疑人物。
4. 當局在第一次被拘捕的毒販右手臂烙印記號，若毒販於第二次被捕，當被處死。
5. 一名因第二次被捕的毒販被押赴刑場。
6. 刑場上的警察用手槍向毒販執行槍決。
7. 警察隊伍押解一名被判執行槍決的毒販。

二年禁毒，六年禁煙

國民政府於1935年開始實行「二年禁毒，六年禁煙」計劃限期戒絕鴉片煙癮

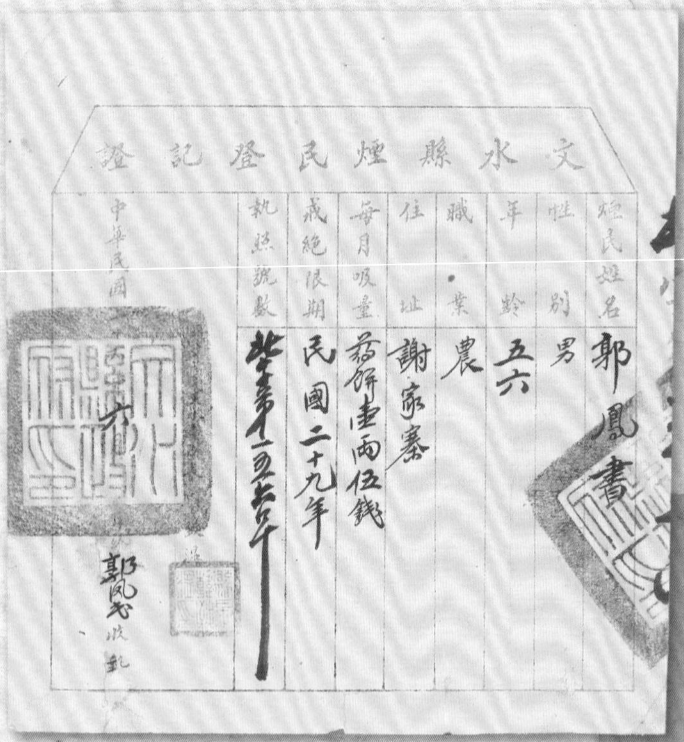

文水縣煙民登記證

煙民姓名 郭鳳書
性別 男
年齡 五六
職業 農
住址 謝家寨
每月吸量 藥餅壹兩伍錢
戒絕限期 民國二十九年
執照號數
中華民國
郭鳳書 收執

文水縣煙民登記證

民國二十六年（一九三七年）
山西省「文水縣煙民登記證」

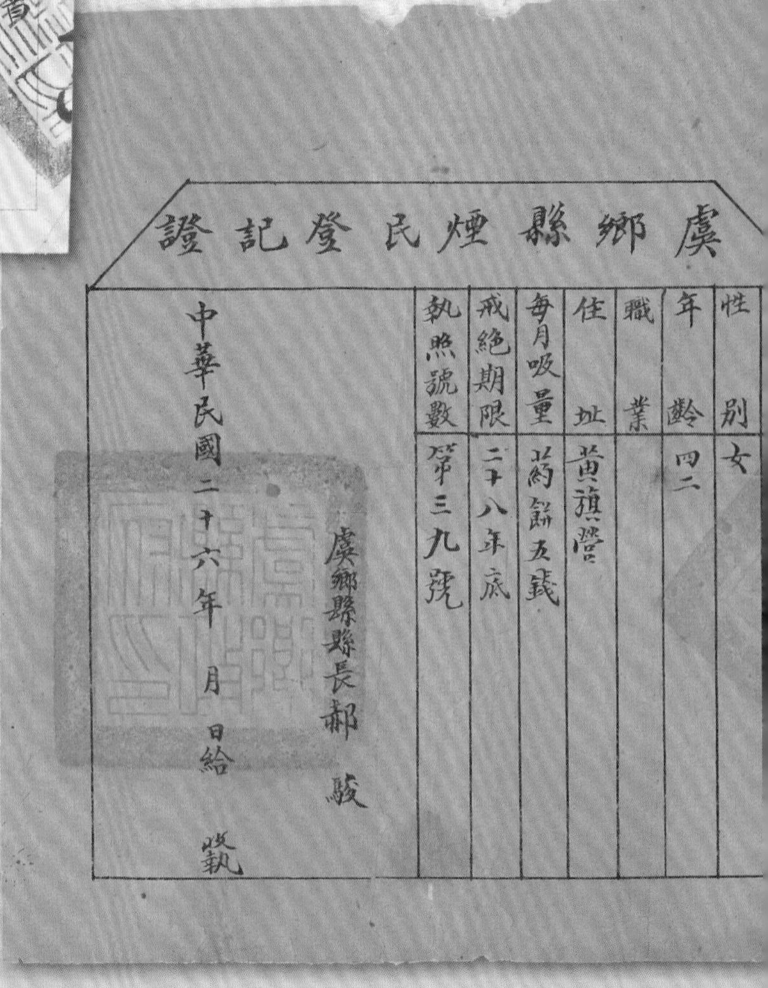

虞鄉縣煙民登記證

性別 女
年齡 四二
職業
住址 黄旗營
每月吸量 葯餅五錢
戒絕期限 二十八年底
執照號數 第三九號
中華民國二十六年 月 日給
虞鄉縣縣長郝 駿
收執

虞鄉縣煙民登記證

民國二十六年（一九三七年）
山西省「虞鄉縣煙民登記證」

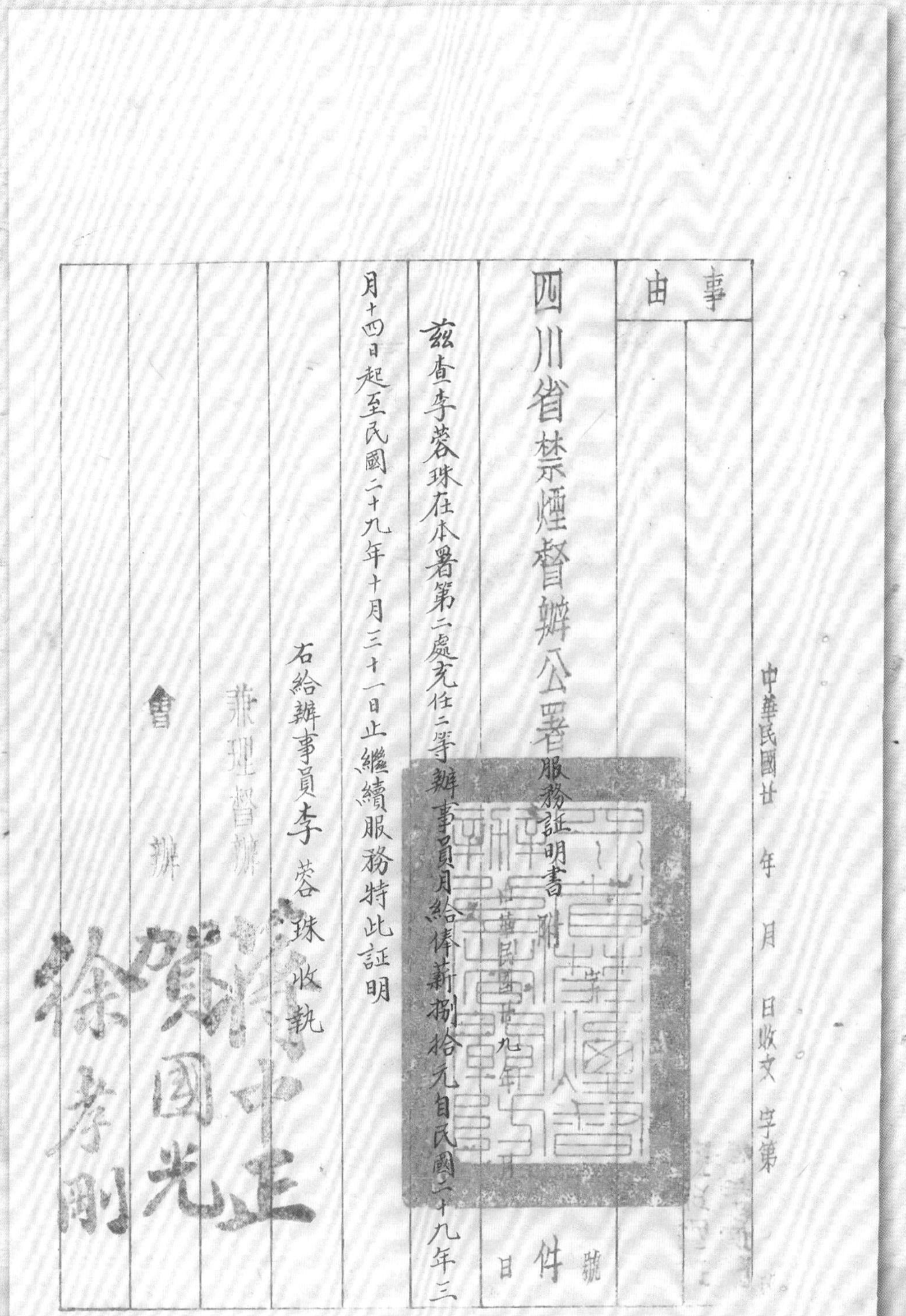

事由

中華民國廿 年 月 日收文 字第 號 件 日

四川省禁煙督辦公署服務証明書 附

茲查李蓉珠在本署第二處充任二等辦事員月給俸薪捌拾元自民國二十九年三月十四日起至民國二十九年十月三十一日止繼續服務特此証明

右給辦事員李蓉珠收執

兼理督辦 蔣中正

會辦 賀國光 徐孝剛

禁煙督辦公署兼理督辦蔣中正

民國二十九年（1940年）抗日時期，「四川省禁煙督辦公署」發給該署一名辦事員之服務證明書列明該員之俸薪。文件簽發人之一，是當時國民政府領袖蔣中正（即蔣介石），蔣當時親自出任「禁煙督辦公署」之兼理督辦。

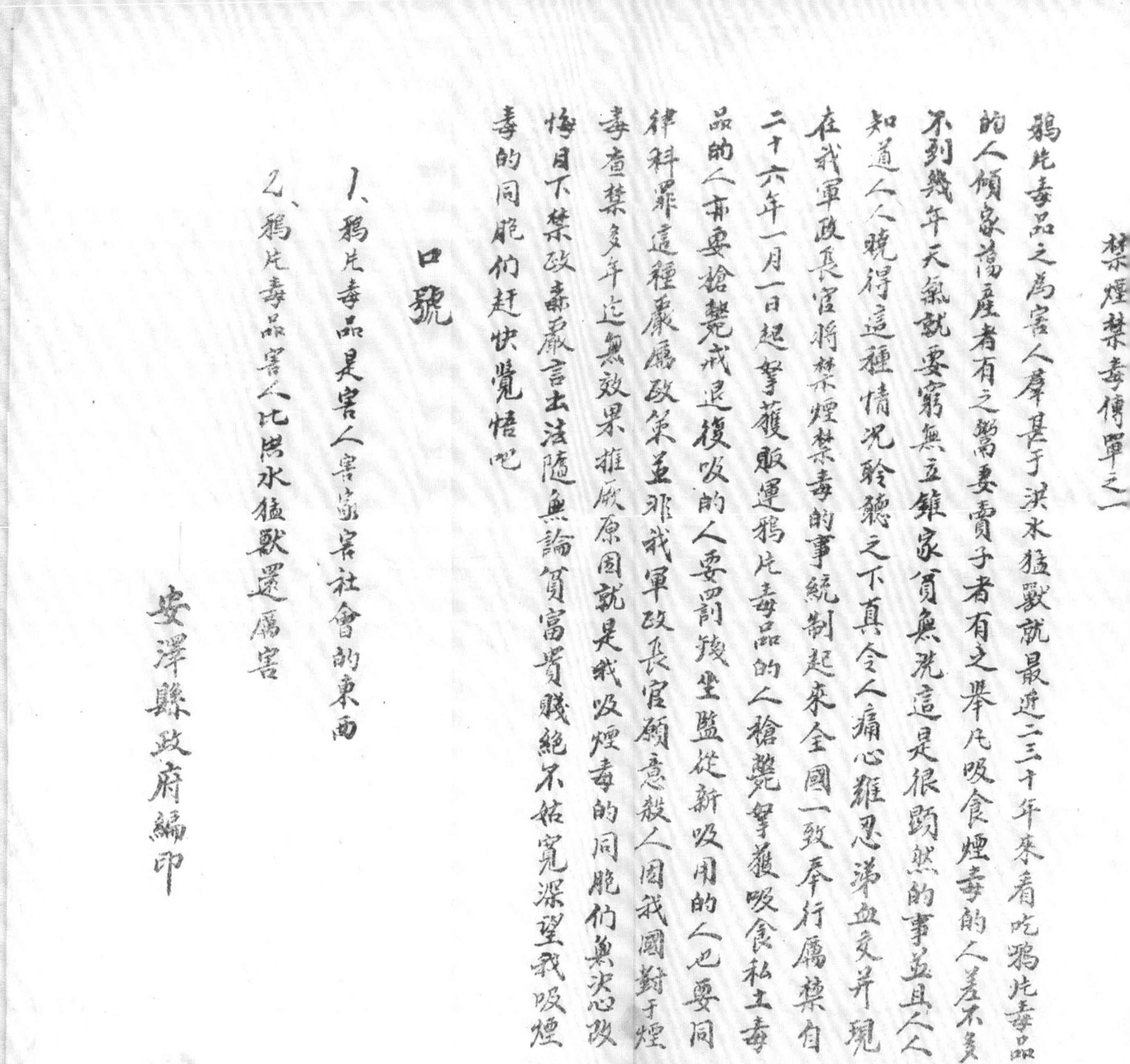

禁煙禁毒傳單之一

鴉片毒品之爲害人羣甚于洪水猛獸就最近二三十年來看吃鴉片毒品的人傾家蕩産者有之鬻妻賣子者有之舉凡吸食煙毒的人差不多不到幾年天氣就要窮無立錐家貧無况這是很顯然的事並且人人知道人人曉得這種情況聆聽之下真令人痛心難忍涕血交并現在我軍政長官將禁煙禁毒的事統制起來全國一致奉行厲禁自二十六年一月一日起拏獲販運鴉片毒品的人槍斃拏獲吸食私土毒品的人亦要槍斃戒退復吸的人要罰錢坐監從新吸用的人也要同律科罪這種嚴厲政策並非我軍政長官願意殺人因我國對于煙毒查禁多年迄無效果推厥原因就是我吸煙毒的同胞們無決心改悔目下禁政森嚴言出法隨無論貧富貴賤絕不姑寬深望我吸煙毒的同胞們赶快覺悟吧

口號

1、鴉片毒品是害人害家害社會的東西

2、鴉片毒品害人比洪水猛獸還厲害

安澤縣政府編印

抗日禁毒傳單一

山西省安澤縣「禁煙禁毒傳單」之一

通告自1937年1月1日起推行禁毒統制：

· 被拏獲販運鴉片毒品的人實施槍斃

· 對被拏獲吸食走私的鴉片和毒品的人亦實施槍斃

· 對戒除再複吸鴉片毒品的人要罰錢坐監

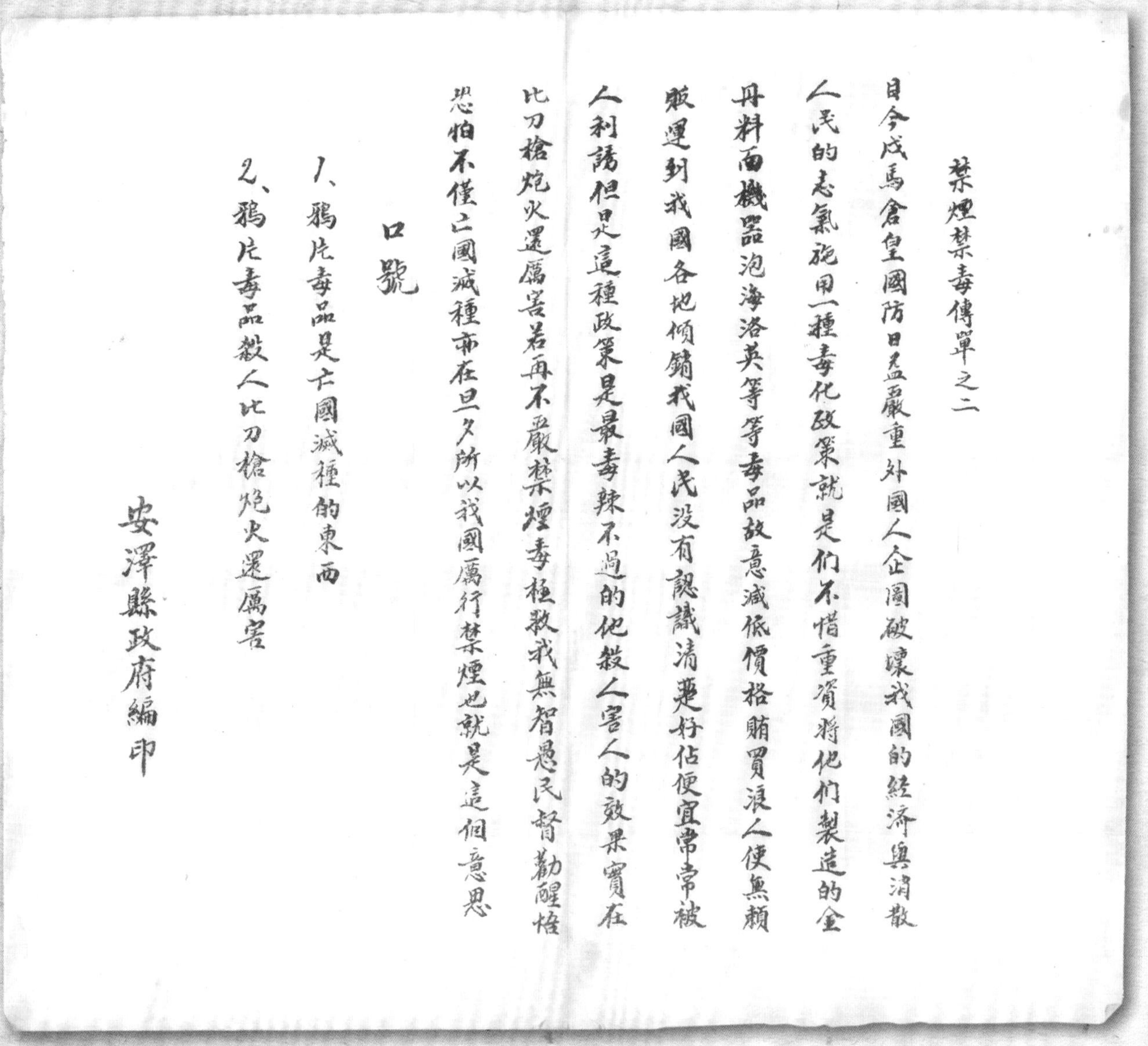
禁煙禁毒傳單之二

目今戎馬倉皇國防日益嚴重外國人企圖破壞我國的經濟與消散人民的志氣施用一種毒化政策就是們不惜重資將他們製造的金丹料面機器泡海洛英等等毒品故意減低價格賄買浪人使無賴販運到我國各地傾銷我國人民沒有認識清楚貪佔便宜常常被人利誘但是這種政策是最毒辣不過的他殺人害人的效果實在比刀槍炮火還厲害若再不嚴禁煙毒極救我無智愚民督勸醒悟恐怕不僅亡國滅種亦在旦夕所以我國厲行禁煙也就是這個意思

口號

1、鴉片毒品是亡國滅種的東西

2、鴉片毒品殺人比刀槍炮火還厲害

安澤縣政府編印

抗日禁毒傳單二

山西省安澤縣「禁煙禁毒傳單」之二

痛陳日寇向我國傾銷鴉片、海洛英毒品、破壞我國經濟、消散人民意志。

傳單口號：

1、鴉片毒品是亡國滅種的東西

2、鴉片毒品殺人比刀槍炮火還厲害

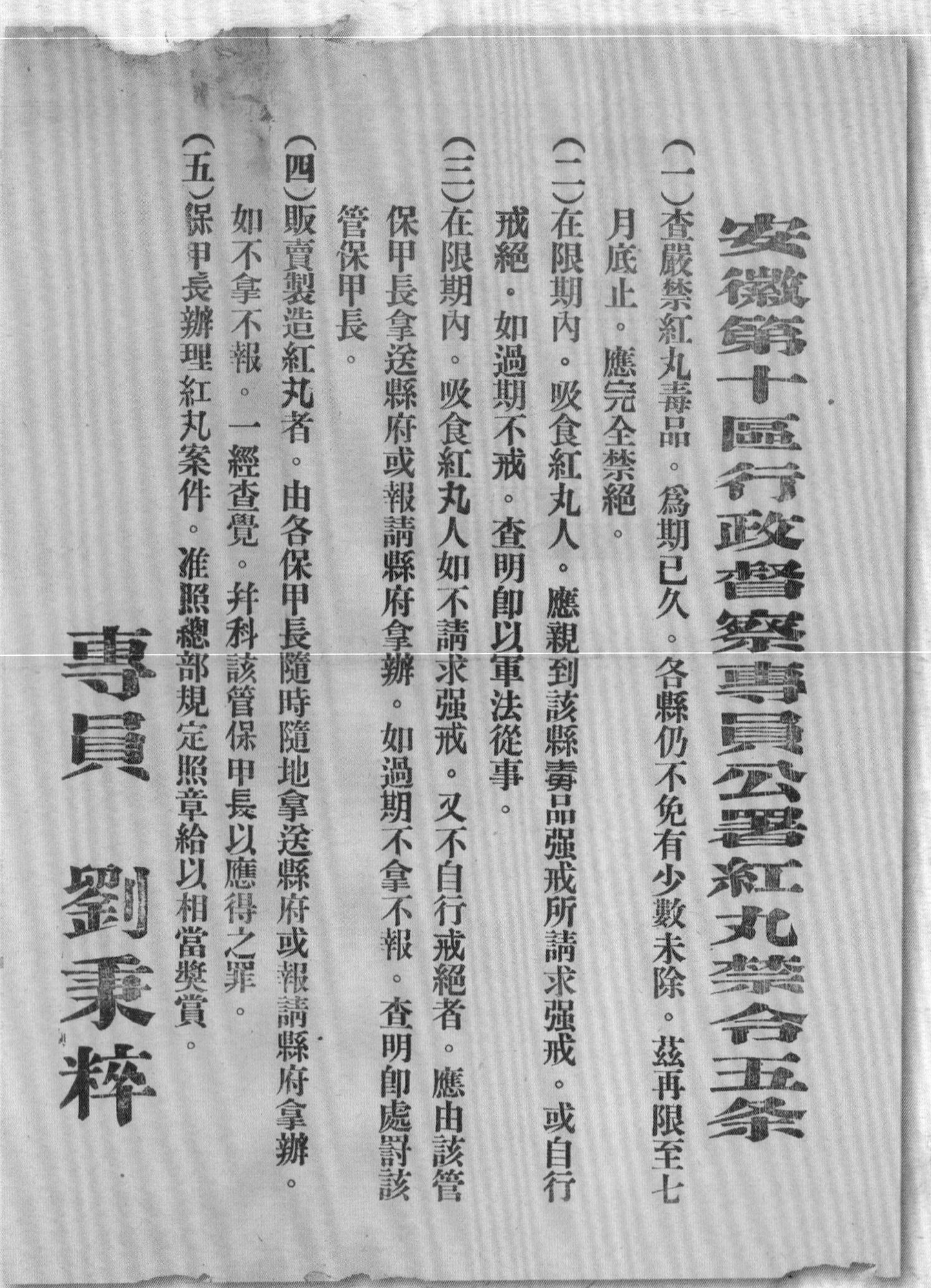

安徽第十區行政督察專員公署紅丸禁令五條

(一)查嚴禁紅丸毒品。爲期已久。各縣仍不免有少數未除。茲再限至七月底止。應完全禁絕。

(二)在限期內。吸食紅丸人。應親到該縣毒品强戒所請求强戒。或自行戒絕。如過期不戒。查明即以軍法從事。

(三)在限期內。吸食紅丸人如不請求强戒。又不自行戒絕者。應由該管保甲長拿送縣府或報請縣府拿辦。如過期不拿不報。查明即處罰該管保甲長。

(四)販賣製造紅丸者。由各保甲長隨時隨地拿送縣府或報請縣府拿辦。如不拿不報。一經查覺。幷科該管保甲長以應得之罪。

(五)保甲長辦理紅丸案件。准照總部規定照章給以相當獎賞。

專員 劉秉粹

紅丸禁令五條

民國二十四年(1935年)安徽第十區行政督察專員公署專員劉秉粹《紅丸禁令五條》

「紅丸」是用嗎啡加糖精等製成呈粉紅色的毒品，最先由日本人生產及輸入中國。後來中國有的奸商也用鴉片、嗎啡加葡萄糖等製成出售。浙江省一向禁煙較為努力，鴉片不復多見，然而隨着各地軍閥的開禁，卻流行「紅丸」起來。安徽也有以「紅丸」取代鴉片之勢，以鴉片為嗜好的癮民相繼改吸「紅丸」。

六三禁煙節紀念特刊

告同胞書

鴉片戰爭小史

大會通電

六三禁煙節紀念特刊

紀念六三禁煙節大會籌備經過

禁絕鴉片為脩明內政復興民族的第一要務 蔣中正

四川禁煙之經過

六三禁煙節紀念特刊

民國二十五年（1936年）四川省成都市《六三禁煙節紀念特刊》

1929年（民國十八年）國民政府頒佈命令，規定每年6月3日為禁煙紀念日（即禁煙節），以紀念清代查禁鴉片的欽差大臣林則徐，於1839年6月3日在廣東虎門銷毀外國商人繳交的大量鴉片。其後，國民政府每年舉行「六三禁煙節」，作為打擊毒品的重要活動。「六三禁煙節」的設立，是由出席1928年日內瓦國際禁煙會議的中國代表王景岐，在這個會議中倡議。時至今日，台灣當局仍然在每年「六三禁煙節」舉辦禁毒活動。

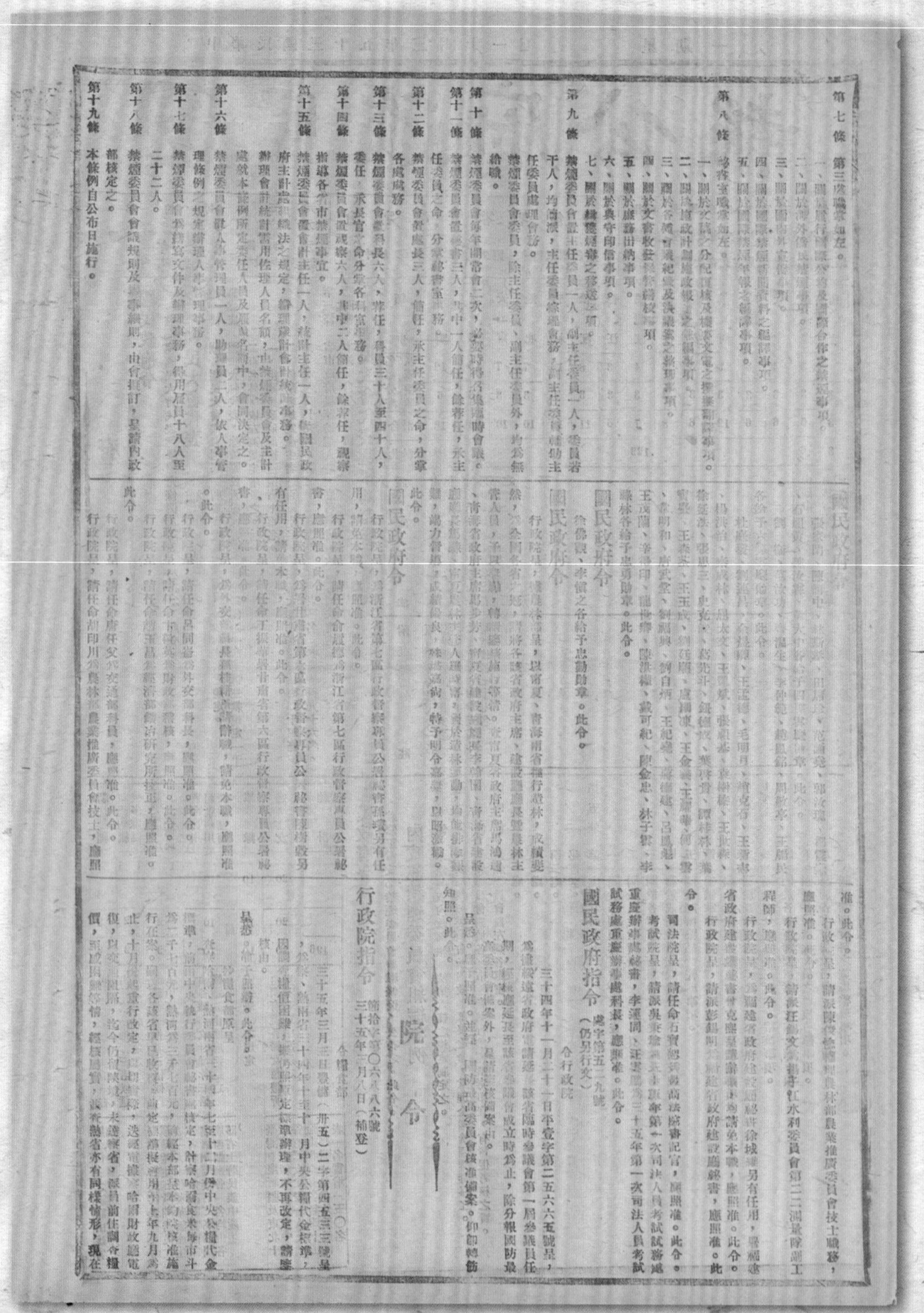

第七條 第三處職掌如左。
一、關於[illegible]國際合作之[illegible]事項。
二、關於[illegible]事項。
三、關於[illegible]事項。
四、關於國際禁煙[illegible]資料之編譯事項。
五、關於國際禁煙年報之編譯事項。
第八條 秘書室職掌如左。
一、關於文稿之分配撰核及機要文電之撰擬翻譯事項。
二、關於[illegible]政計劃及政報之[illegible]事項。
三、關於各項會議紀錄及決議案之整理事項。
四、關於文書收發[illegible]事項。
五、關於庶務出納事項。
六、關於典守印信事項。
七、關於[illegible]之移送事項。
第九條 禁煙委員會設主任委員一人，副主任委員一人，委員若干人，均簡派，主任委員綜理會務，副主任委員輔助主任委員處理會務。
禁煙委員會委員，除主任委員、副主任委員外，均為無給職。
第十條 禁煙委員會每年開常會二次，必要時得召集臨時會議。
第十一條 禁煙委員會設秘書三人，其中一人簡任，餘薦任，承主任委員之命，分掌秘書室事務。
第十二條 禁煙委員會設處長三人，簡任，承主任委員之命，分掌各處事務。
第十三條 禁煙委員會設科長六人，薦任，科員三十人至四十人，委任，承長官之命分掌各科室事務。
第十四條 禁煙委員會設視察六人，其中二人簡任，餘薦任，視察指導各省市禁煙事宜。
第十五條 禁煙委員會設會計主任一人，統計主任一人，依國民政府主計處組織法之規定，辦理歲計會計統計事務。辦理會計統計需用佐理人員名額，由禁煙委員會及主計處就本條例所定委任人員及雇員名額中，會同決定之。
第十六條 禁煙委員會設人事管理員一人，助理員二人，依人事管理條例之規定辦理人事管理事務。
第十七條 禁煙委員會因繕寫文件及辦理事務，得用雇員十八人至二十二人。
第十八條 禁煙委員會會議規則及辦事細則，由會擬訂，呈請內政部核定之。
第十九條 本條例自公布日施行。

抗戰後內政部禁煙委員會組織條例

抗戰勝利後1946年國民政府的《內政部禁煙委員會組織條例》

抗日勝利後的1946年（民國三十五年）3月11日在重慶仍未還都南京的國民政府於《國民政府報》頒佈的《內政部禁煙委員會組織條例》。此例訂明內政部禁煙委員會的組織及職務，掌理全中國的禁毒事宜。

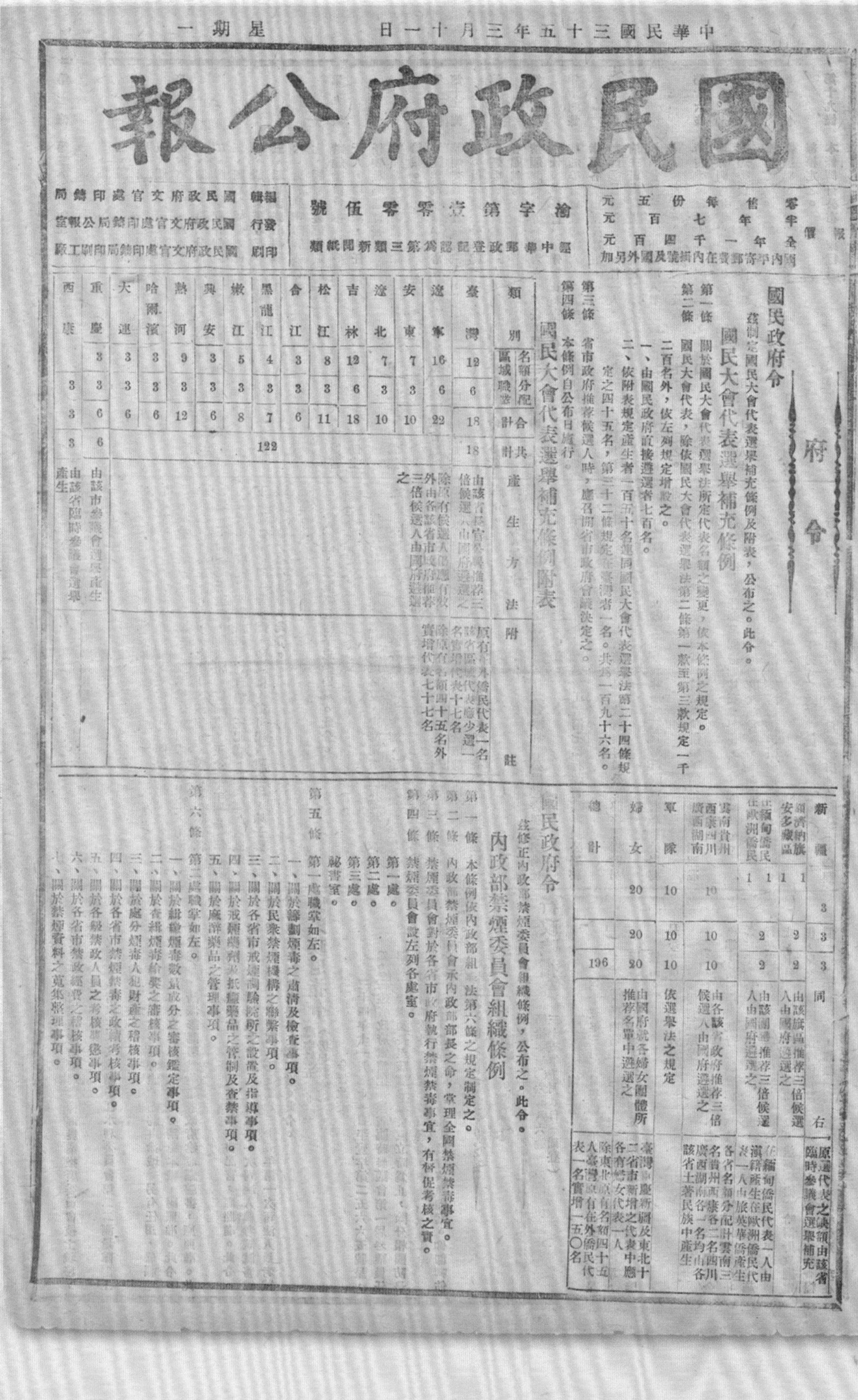

中華民國三十五年三月十一日　星期一

國民政府公報

渝字第壹零零伍號

中華郵政登記認為第三類新聞紙類

編輯　國民政府文官處印鑄局
發行　國民政府文官處印鑄局公報室
印刷　國民政府文官處印鑄局印刷工廠

價目　零售每份五元　半年七百元　全年一千四百元
國內平寄郵費在內掛號及國外另加

府令

國民政府令

茲制定國民大會代表選舉補充條例及附表，公布之。此令。

國民大會代表選舉補充條例

第一條　關於國民大會代表選舉法所定代表名額之變更，依本條例之規定。

第二條　國民大會代表，除依國民大會代表選舉法第二條第一款至第三款規定一千二百名外，依左列規定增設之。

一、由國民政府直接遴選者七百名。

二、依附表規定產生者一百五十名連同國民大會代表選舉法第二十四條規定之四十五名，第三十二條規定在臺灣者一名。共為一百九十六名。

第三條　省市政府推薦候選人時，應召開省市政府會議決定之。

第四條　本條例自公布日施行。

國民大會代表選舉補充條例附表

類別	名額分配 區域	名額分配 職業	合計	共計	產生方法	附註
臺灣	12	6	18	18	由該省長官公署推薦三倍候選人由國府遴選之	原有在外僑民代表一名該省區域代表應少選一名實增代表十七名
遼寧	16	6	22	122	除原有候選人應行放外由各該省市政府推薦三倍候選人由國府遴選之	除原有名額四十五名外實增代表七十七名
安東	7	3	10			
遼北	7	3	10			
吉林	12	6	18			
松江	8	3	11			
合江	3	3	6			
黑龍江	4	3	7			
嫩江	5	3	8			
興安	3	3	6			
熱河	9	3	12			
哈爾濱	3	3	6			
大連	3	3	6			
重慶	3	3	6	6	由該市參議會選舉產生	
西康		3	3	3	由該省臨時參議會選舉產生	
新疆	3		3	3	同右	原選代表之缺額由該省臨時參議會選舉補充
額濟納旗	1		2	2	由該旗區推薦三倍候選人由國府遴選之	
安多藏區	1					
在緬甸僑民	1		2	2	由該團體推薦三倍候選人由國府遴選之	在緬甸僑民代表一人由滇籍產生在歐洲僑民代表一人由旅英華僑產生
在歐洲僑民	1					
雲南貴州西康四川廣西湖南	10		10	10	由各該省政府推薦三倍候選人由國府遴選之	各省名額分配計雲南三名貴州西康各二名四川廣西湖南各一名均由各該省土著民族中產生
軍隊	10		10	10	依選舉法之規定	
婦女	20		20	20	由國府就各婦女團體所推荐名單中遴選之	臺灣重慶新疆及東北十二省市新增之代表中應各有婦女代表一人
總計				196		除東北原有名額四十五名臺灣原有在外僑民代表一名實增一五〇名

國民政府令

茲修正內政部禁煙委員會組織條例，公布之。此令。

內政部禁煙委員會組織條例

第一條　本條例依內政部組織法第六條之規定制定之。

第二條　內政部禁煙委員會承內政部部長之命，掌理全國禁煙禁毒事宜。

第三條　禁煙委員會對於各省市政府執行禁煙禁毒事宜，有督促考核之責。

第四條　禁煙委員會設左列各處室。

第一處。

第二處。

第三處。

祕書室。

第五條　第一處職掌如左。

一、關於籌劃煙毒之肅清及檢查事項。

二、關於民衆禁煙機構之聯繫事項。

三、關於各省市戒煙調驗院所之設置及指導事項。

四、關於戒煙藥劑及抵癮藥品之管制及查禁事項。

五、關於麻醉藥品之管理事項。

第六條　第二處職掌如左。

一、關於緝獲煙毒數量成分之審核鑑定事項。

二、關於查緝煙毒給獎之審核事項。

三、關於處分煙毒人犯財產之稽核事項。

四、關於各省市禁煙禁毒之政績考核事項。

五、關於各級禁政人員之考核獎懲事項。

六、關於各省市禁政經費之稽核事項。

七、關於禁煙資料之蒐集整理事項。

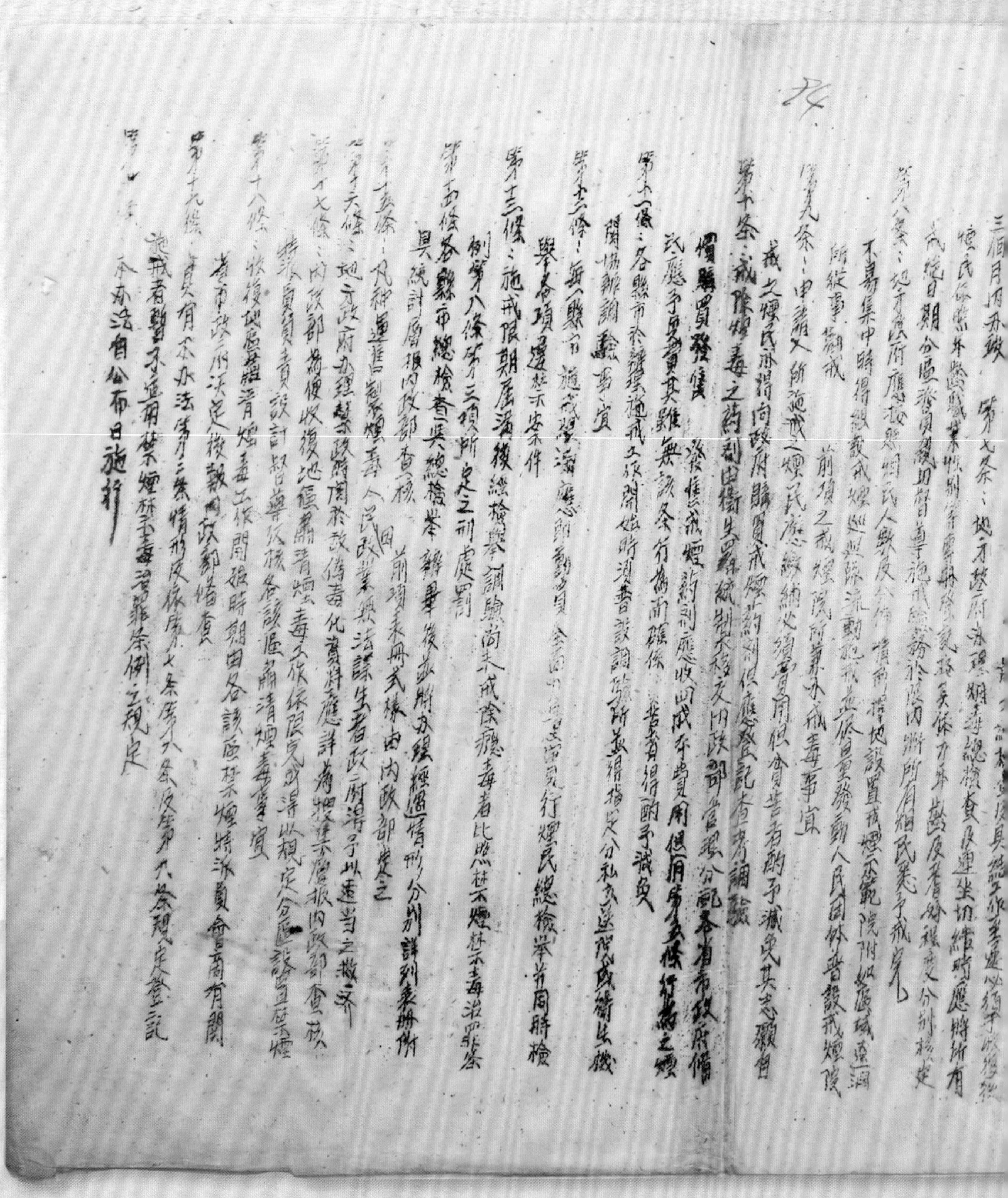

74

三個月內辦竣

第七条：地方政府派調烟毒總檢查及連坐切結時，應將所有煙民依照本条例分別登記，按其年齡及吸食程度之分別核定戒絕日期，分區發給……助督導施戒服務，於限期內將所有烟民悉予戒絕

第八条：地方政府應按照烟民人數及分佈情形擇地設置戒煙示範院，附設醫院或衛生院，不易集中時得組設戒煙巡迴醫療隊流動施戒，並依照發動人民團体普設戒煙院所從事勸戒

前項之戒煙院所兼辦戒毒事宜

第九条：申請人所施戒之煙民應繳納必須費用，但貧苦者酌予減免，其志願自戒之煙民亦得向政府購買戒煙藥劑，但應登記查考備驗

第十条：戒除煙毒之藥劑由衛生署統制，交由內政部管理，分配各省市政府備價購買發售

發售戒煙藥劑應收回成本費用，但有第八條行為之煙民應予免費，其雖無該条行為而確係貧苦者得酌予減免

第十一條：各縣市於辦理施戒之旅期，須隨時設調驗所，並得指定公私立醫院或衛生機關協辦調驗事宜

第十二條：每一縣市施戒期滿，應即舉辦全面嚴密之複查，發現行煙民總檢舉，並同時檢舉各項違禁不安案件

第十三條：施戒限期屆滿後，經檢舉調驗尚未戒除癮毒者，比照禁煙禁毒治罪條例第八條第三項所定之刑處罰

第十四條：各縣市總檢查與總檢舉辦畢後，並將辦理經過情形分別詳列表冊附具統計層報內政部查核

前項表冊式樣由內政部定之

第十五條：凡種運進口製煙毒人民因業無法謀生者，政府得予以適當之救濟

第十六條：地方政府辦理禁政所有關於查緝毒化資料應詳為搜集，呈報內政部查核

第十七條：內政部為便收復地區肅清煙毒，得依限令，得以規定分區設立禁煙特派員，負責設計督導及核各該區肅清煙毒事宜

第十八條：收復地區辦理肅清煙毒工作間限時期，由各該區禁煙特派員會商有關省市政府決定，報內政部備查

第十九條：具有本辦法第十二條情形及依第十七條、第十八條規定登記施戒者，對不適用禁煙禁毒治罪條例之規定

第廿條：本辦法自公布日施行

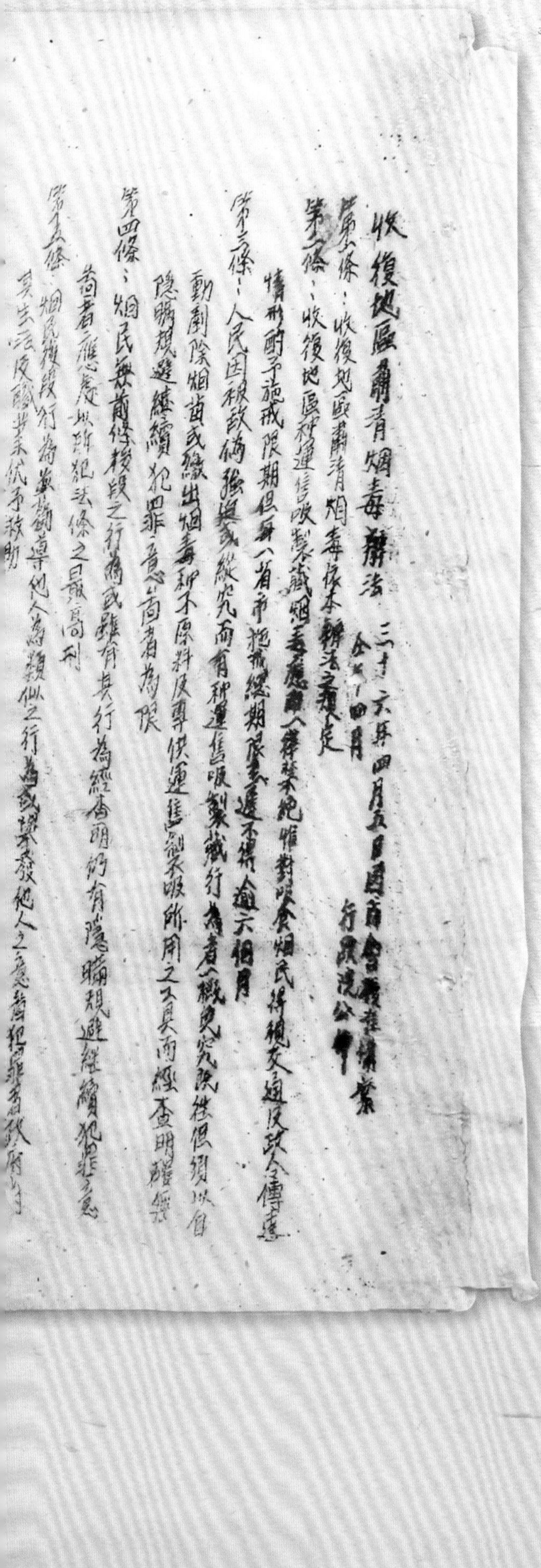
收復地區肅清烟毒辦法　三十六年四月五日國防會核准備案
仝年四月　行政院公佈
第一條、收復地區肅清烟毒依本辦法之規定
第二條、收復地區种運售吸製藏烟毒應嚴厲禁絕惟對吸食烟民得視其適應及政令傳達
情形酌予施戒限期但每一省市施戒總期限最遲不得逾六個月
第三條、人民因被政偽強迫或縱容而有种運售吸製藏行為者一概免究既往但須以自
動剷除烟苗或繳出烟毒种子原料及專供運售製吸所用之器具而經查明屬實
隱瞞規避繼續犯罪意圖者為限
第四條、烟民無前條情段之行為或雖有其行為經查明仍有隱瞞規避繼續犯罪之意
圖者應處以所犯法條之最高刑
第五條、烟民被段行為數額導他人為類似之行為或聚發他人之意圖犯罪者依
其生活及職業未能予救助

收復地區肅清煙毒辦法

民國三十六年（1947年）國民政府的《收復地區肅清煙毒辦法》，於1947年4月5日由「國防會」核准備案，同年4月由「行政院」公佈。

抗日戰爭勝利之後，國民政府繼續實行禁制煙毒政策，除進行修訂原有的法律法規，並且制定公佈一系列的禁制煙毒法律法規，這項《收復地區肅清煙毒辦法》是訂明使用兩年時間徹底消除前淪陷區的鴉片毒品遺害。

解放前後禁毒佈告

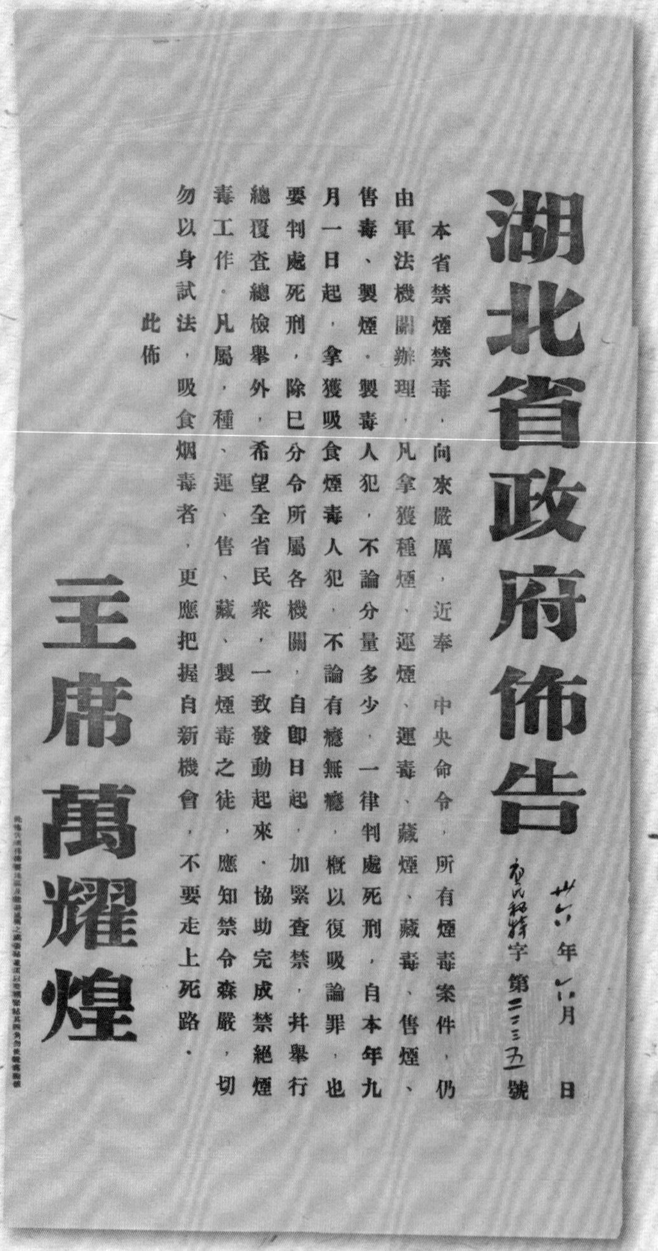

湖北省政府佈告

卅六年六月　日

府民秘特字第二三五號

本省禁煙禁毒，向來嚴厲，近奉 中央命令，所有煙毒案件，仍由軍法機關辦理，凡拿獲種煙、運煙、運毒、藏煙、藏毒、售煙、售毒、製煙、製毒人犯，不論分量多少，一律判處死刑，自本年九月一日起，拿獲吸食煙毒人犯，不論有癮無癮，概以復吸論罪，也要判處死刑，除已分令所屬各機關，自即日起，加緊查禁，并舉行總覆查總檢舉外，希望全省民衆，一致發動起來，協助完成禁絕煙毒工作，凡屬種、運、售、藏、製煙毒之徒，應知禁令森嚴，切勿以身試法，吸食烟毒者，更應把握自新機會，不要走上死路，

此佈

主席 萬耀煌

湖北省政府禁煙禁毒佈告

1947年（民國三十六年）6月湖北省政府禁煙禁毒《佈告》

有關湖北省「禁煙禁毒」由軍法機關辦理凡拿獲種煙、運煙、運毒、藏煙、藏毒、售煙、售毒、制煙、制毒以及有癮無癮吸食煙毒等人犯一律判處死刑。

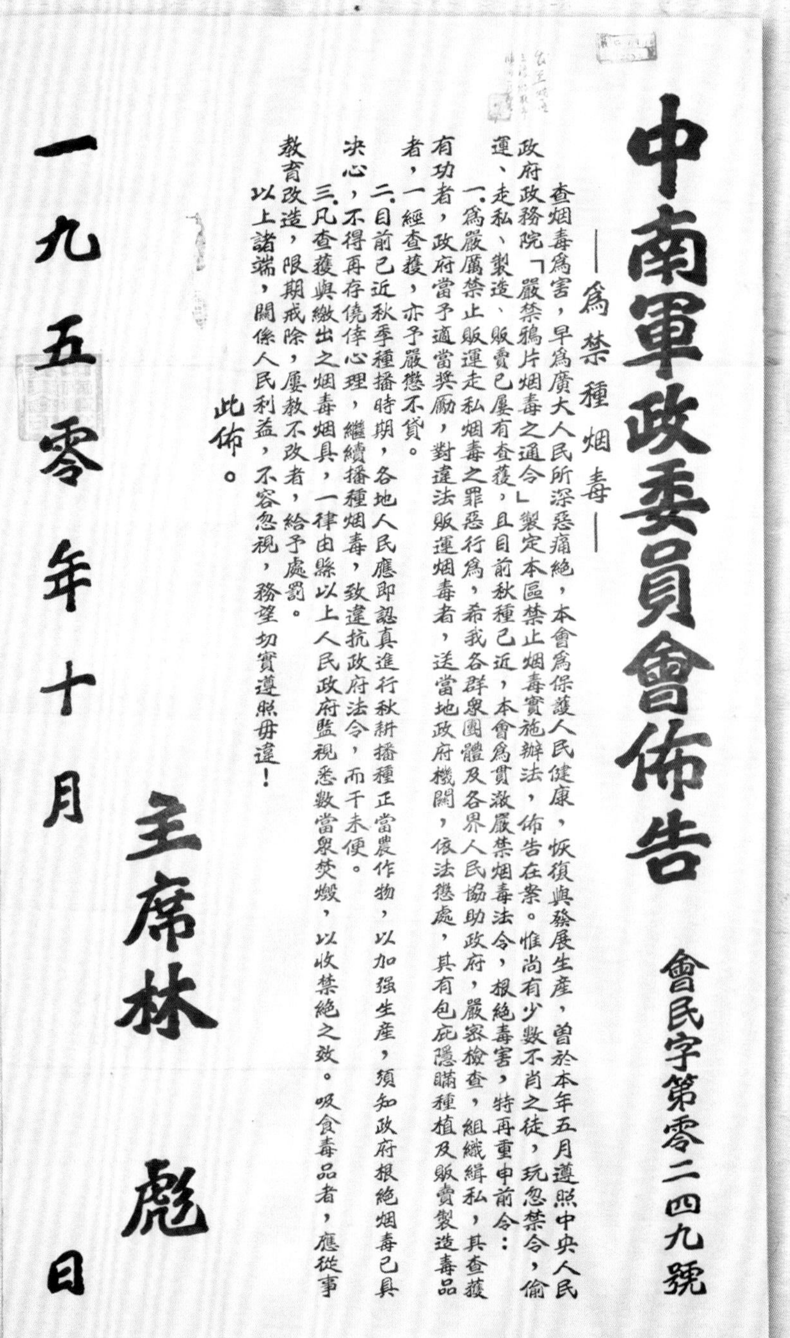

中南軍政委員會佈告

會民字第零二四九號

——為禁種烟毒——

查烟毒為害，早為廣大人民所深惡痛絕，本會為保護人民健康，恢復與發展生產，曾於本年五月遵照中央人民政府政務院「嚴禁鴉片烟毒之通令」製定本區禁止烟毒實施辦法，佈告在案。惟尚有少數不肖之徒，玩忽禁令，偷運、走私、製造、販賣已屢有查獲，且目前秋種已近，本會為貫澈嚴禁烟毒法令，根絕毒害，特再重申前令：

一、為嚴厲禁止販運走私烟毒之罪惡行為，希我各群衆團體及各界人民協助政府，嚴密檢查，組織緝私，其查獲有功者，政府當予適當獎勵，對違法販運烟毒者，送當地政府機關，依法懲處，其有包庇隱瞞種植及販賣製造毒品者，一經查獲，亦予嚴懲不貸。

二、目前已近秋季種播時期，各地人民應即認真進行秋耕播種正當農作物，以加強生產，須知政府根絕烟毒已具決心，不得再存僥倖心理，繼續播種烟毒，致違抗政府法令，而干未便。

三、凡查獲與繳出之烟毒烟具，一律由縣以上人民政府監視悉數當衆焚燬，以收禁絕之效。吸食毒品者，應從事教育改造，限期戒除，屢教不改者，給予處罰。

以上諸端，關係人民利益，不容忽視，務望切實遵照毋違！

此佈。

主席林彪

一九五零年十月　日

中南軍政委員會禁種煙毒佈告

解放初期1950年10月中南軍政委員會《禁種煙毒佈告》

「中南軍政委員會」於1949年12月4日成立，任命林彪為主席，是中南地區最高政權機關，隸屬中央人民政府，下轄河南、湖北、湖南、江西、廣東、廣西六省的人民政府，駐地武漢市。為管轄地區內六省軍事、政治、經濟、文化等工作的過渡時期至最高權力機關。

公安法規
（草案）
皖北人民行政公署印行
一九四九年七月七日
第四章 附則
第八條：各種戶口之檢查權限屬於各該管區公安機關，檢查時須帶有證明文件，否則不得入戶檢查（特殊情況者例外）。
第九條：本條例如有未盡事宜得由本署明令修改之。
第十條：本條例自公佈之日施行。
— 3 —

《公安法規》（草案）

1949年7月7日皖北人民行政公署印行《公安法規》（草案）

皖北人民行政公署是中國1949年至1952年存在的一個省級行政區。此《公安法規》其中的《戶口管理暫行條例》、《戶口管理暫行條例》、《旅店管理暫行條例》、《攤販管理暫行條例》內有關於禁毒條款。

，并呈繳原戶籍證件，暨遷移書，舉辦入戶手續，俾于註册入戶。

二、凡居民立戶及戶主變更者，須攜帶原戶籍牌，在三日前向該管區公安機關呈報，以領取與易換戶籍牌「證」。

三、凡婚姻嫁娶離婚，雙方須在吉期前三日，向該管區公安機關報告後應立即辦理人口增減手續。

四、出生死亡之規定，凡出生者，其戶主須在七日內攜帶戶籍牌向該管區公安機關報告……凡因病老死亡其家屬須帶戶籍牌在三日內，呈報該管區公安機關，須取出棺證俾于出殯，凡死因不明，應立即據報公安機關隨時檢驗如違者得依法追究，若無親屬者其左右鄰舍，應負呈報之責。

五、僱傭與解聘之人口增減：由各戶主隨時攜帶戶籍牌「證」向該管區公安機關報告。

六、來往人口之規定：凡來客留宿一夜以上及他往十日以上者，須事先向該管區公安機關報告其寄宿之情況及他往之原因。

第三章　公共場所之管理及居民應遵守之事項

第五條：旅店，客棧，商行，須設來客循環簿，逐人逐項填寫，由店主按規定時間，交該管區公安機關審查，來客如有可疑及違法者，店主應立即向公安機關報告，如隱瞞不報者，一經查出應予處分（循環簿式樣另訂之）。

第六條：醫院及留住病人之診療所，須設置住院（所）病員登記簿，登記其入院（所）時間所患病狀籍貫住址職業等由公安機關按期審查。

第七條：凡居民發現有左列情事之一者，得立即報告該地公安機關，有功者按功績大小給以適當

獎勵隱瞞不報一經查明予以處分。

一、違犯民主政府法令者

二、有土匪特務行爲者

三、形跡詭密，身份不稱來歷不明者，

四、藏匿或私自攜帶武器彈藥者，

五、擾亂或企圖擾亂金融者，

六、販賣人口或聚賭者，

七、製毒販毒吸食毒品者，

八、造謠生事企圖擾亂社會治安而搖惑人心者

九、通緝犯脫逃犯或徒刑逃匿犯者

第一版
匪幫海盜巢穴
南澳島解放
青海西寧市及貴德民和大通等縣
上月先後召開各族各界代表會議
匈駐我國首任公使
夏法朗柯謁我政府首長
李克農副部長昨設宴招待

新中國第一條禁毒法令

1950年2月24日中央人民政府「政務院」向全國發佈新中國第一條禁毒法令《嚴禁鴉片煙毒的通令》（刊於1950年2月25日《光明日報》）

1949年中華人民共和國建立初期，種植、販運、吸食煙毒的活動，仍有蔓延之勢。在一些有種煙歷史的地區，煙地面積仍佔相當大的比例，影響到新生的人民政權的穩定。

《嚴禁鴉片毒品的通令》為要求各級人民政府，設立「禁煙禁毒委員會」，由民政、公安部門及各人民團體派員組成，以便從組織上保證禁毒工作的進行。通令還規定了禁毒的政策和措施，指出對製造、販運、銷售煙毒的毒販和眾多吸食者，採取區別對待的政策。並且要求各級政府嚴厲查禁種植罌粟。

光明日報　一九五〇年二月二十五日（星期六）

光明日報　第二五〇號

毛主席一行返國途中訪問西伯利亞各城市

【新華社北京二十四日電】塔斯社莫斯科訊：在二月十七日離莫斯科的中華人民共和國中央人民政府主席毛澤東和中華人民共和國政務院總理兼外交部長周恩來及隨員一行，曾在回國途中，訪問了斯維得洛夫斯克、鄂木斯克、新西伯利亞和克拉斯諾雅爾斯克。

嘉賓們於二月二十日抵達斯維得洛夫斯克，逗留數小時，參觀重型機器與機械製造廠、烏拉爾馬許工廠的聯合電力與熱力廠以及烏拉爾地質博物館。

二月二十一日，嘉賓們抵達鄂木斯克，亦逗留數小時，游覽城市，並訪問機器工具製造廠。

同日黃昏，嘉賓們停留在新西伯利亞，參觀以契卡洛夫爲名的工廠。隨後，嘉賓們往國家歌舞劇院觀「伊戈爾王子」的演出。

二月二十二日，嘉賓們在克拉斯諾雅爾斯克逗留，參觀生產自動推進聯合收割機的工廠。晚上，他們出席俄羅斯歌曲合唱隊的音樂會。

毛澤東主席、周恩來總理及其隨員們，在斯維德洛夫斯克、鄂木斯克、新西伯利亞和克拉斯諾雅爾斯克的逗留，引起了該地各界人士的廣泛反應。嘉賓們在各地都受到友誼的歡迎。

中央人民政府政務院通令嚴禁鴉片煙毒
中蘇郵電協定已在蘇京簽字
王諍副部長在政務會議報告

【新華社北京二十四日電】中央人民政府政務院於今日下午三時舉行第二十一次政務會議。會議原則通過了關於新解放區土地改革及徵收公糧的指示，該指示將於文字修改後發出。會議聽取了中央人民政府郵電部王諍副部長關於中蘇通郵通電兩協定簽訂經過的報告。該兩協定業已於二月七日在莫斯科簽字，將由政務院提請中央人民政府委員會批准。會議討論並通過了關於嚴禁鴉片煙毒的通令。會議通過任命左宗綸、羅青爲中央人民政府政務院參事。

【新華社北京二十四日電】中央人民政府政務院第二十一次政務會議通過向各大行政區人民政府（或軍政委員會）及中央直轄省市人民政府發出嚴禁鴉片煙毒的通令，全文如下：

政務院關於各級政府工作人員保守國家機密的指示

東北人民政府教育部長車向忱發表談話

昆明十萬……狂熱歡……

雲南日報

本報今日提要

聯合舉辦照片展覽

西南軍政委員會公佈

西南區禁絕鴉片煙毒治罪暫行條例

郭沫若副總理報告

關於處理接受美國津貼的救濟機關及宗教團體的

西南區禁絕鴉片煙毒治罪暫行條例

1950年12月31日《雲南日報》

解放初期《雲南日報》刊載由「西南軍政委員會」於1950年12月28日公佈的《西南區禁絕鴉片煙毒治罪暫行條例》。西南軍事委員會所轄區域包括「雲南、貴州、西康三省，川東、川西、川南、川北四行政區，重慶一直轄市及西藏」。

中國西南地區的雲南、貴州等省份，因為自清末以來的各個時期政府，一面採取鴉片禁種、禁運、禁吸的措施，另一方面又允許甚至鼓勵地方民眾種植大煙，以收取煙畝罰金、產煙税與公賣煙等手段獲取巨大的經濟利益。因此，至令西南地區的雲南、貴州等省份的鴉片煙毒問題，最為嚴重。

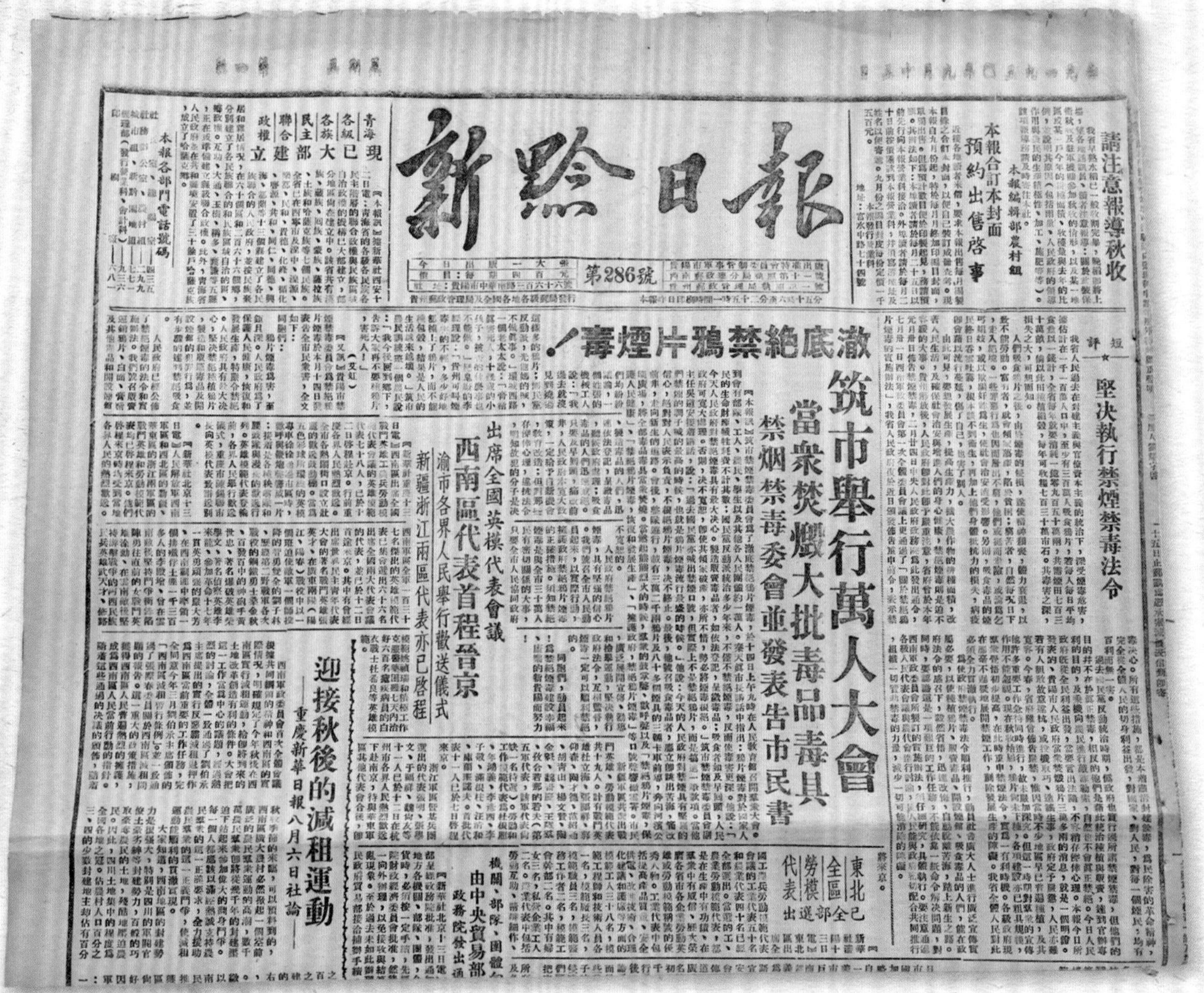

新黔日報

第286號

請注意報導秋收

短評 堅決執行禁煙禁毒法令

徹底絕禁鴉片煙毒！

筑市舉行萬人大會

當衆焚燬大批毒品毒具

禁烟禁毒委會並發表告市民書

出席全國英模代表會議

西南區代表首程晉京

渝市各界人民舉行歡送儀式

新疆浙江兩區代表亦已啟程

迎接秋後的減租運動

——重慶新華日報八月六日社論——

青海現各級各族人民部聯合政權建立

本報合訂本封面預約出售啟事

本報各部門電話號碼

東北已全部選出勞模代表

貴州省會貴陽市舉行萬人禁毒大會

一九五〇年九月十五日《新黔日報》報導貴州筑市（即貴陽）舉行萬人大會「徹底絕禁鴉片煙毒」

解放初期涉嫌販毒案犯保證書

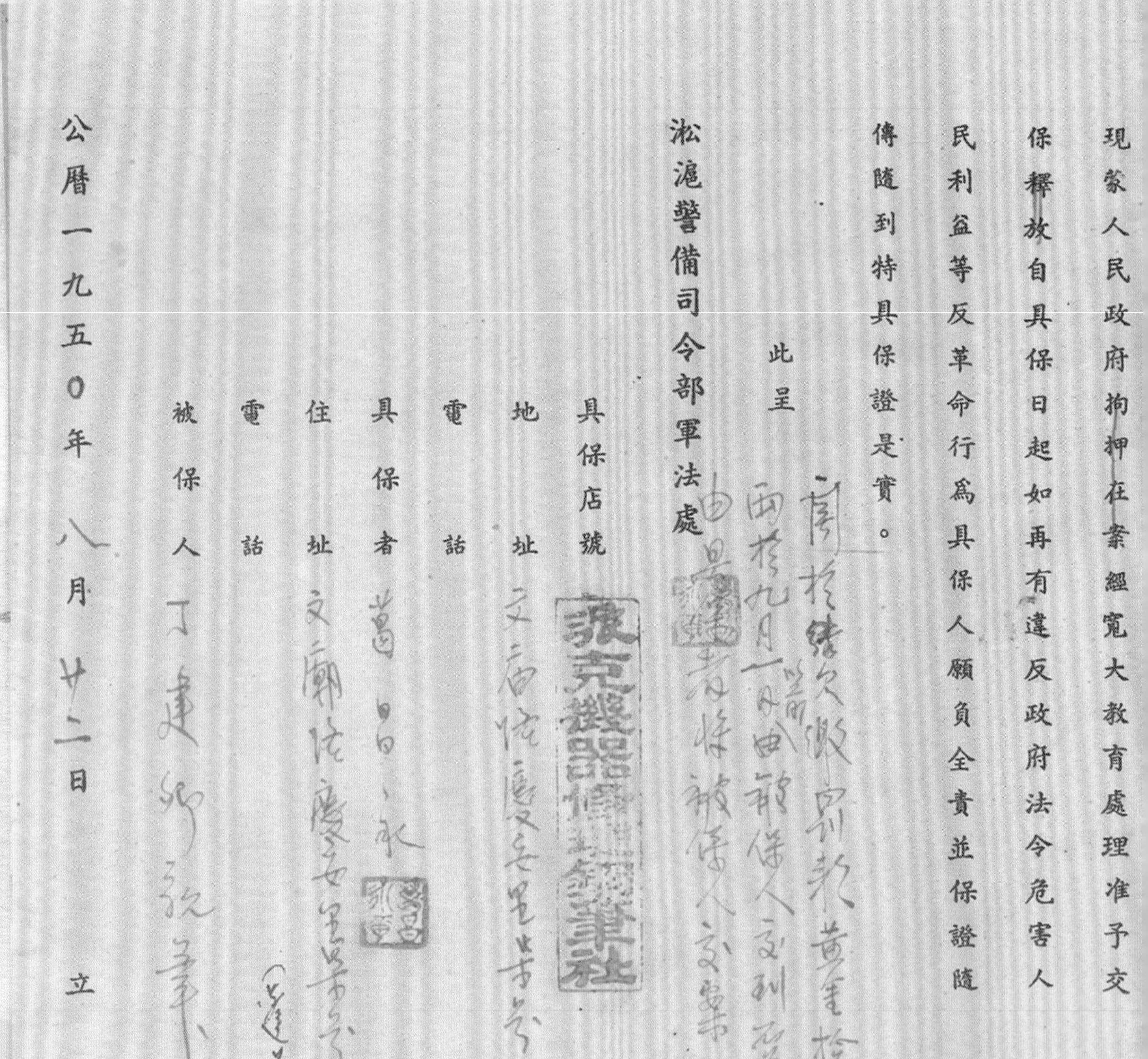

現蒙人民政府拘押在案經寬大教育處理准予交

保釋放自具保日起如再有違反政府法令危害人

民利益等反革命行為具保人願負全責並保證隨

傳隨到特具保證是實。

此呈

淞滬警備司令部軍法處

　具保店號

　地址　文廟路慶忘里北弄

　電話

　具保者　曹昌永

　住址　文廟路慶忘里北弄

　電話

　被保人　丁建鄉

公曆一九五○年八月廿二日立

淞滬警備司令部保證書

上海解放初期（軍管時期）1950年
8月淞滬警備司令部軍法處「保證
書」以「黃金十六兩」具保有關窩藏
販賣白粉案犯

四川重慶公安局保證書

解放初期一九五〇年八月四川重慶公安局第四分局毒品案件「保證書」

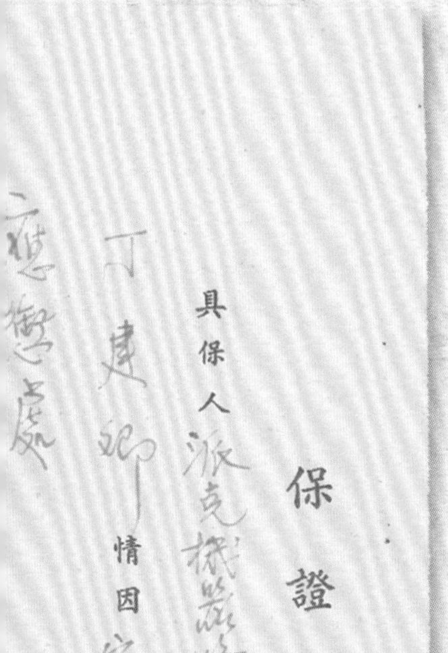

保證書

具保人 派克機器修理鋼筆社 今保到

丁建卿 情因

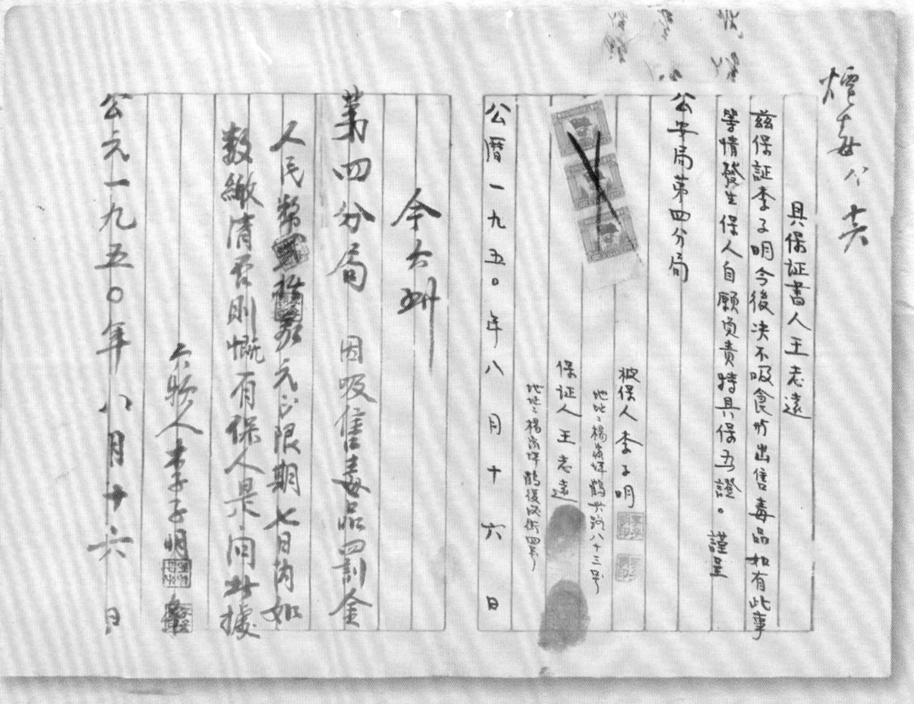

具保証書人王志遠

茲保証李子明今後決不吸食亦出售毒品如有此事等情發生保人自願負責特具保立證。謹呈

公安局第四分局

被保人李子明

地址：楊家坪鶴共路八十三號

保証人王志遠

地址：楊家坪鶴復路街四號

公曆一九五〇年八月十六日

今去〔？〕

第四分局 因吸食毒品罰金

人民幣[illegible]元 限期七日內如數繳清否則概有保人是問此據

具結人李子明

公元一九五〇年八月十六日

悔過表

解放初期一九五二年九月山西大同市製販運毒者登記悔過表

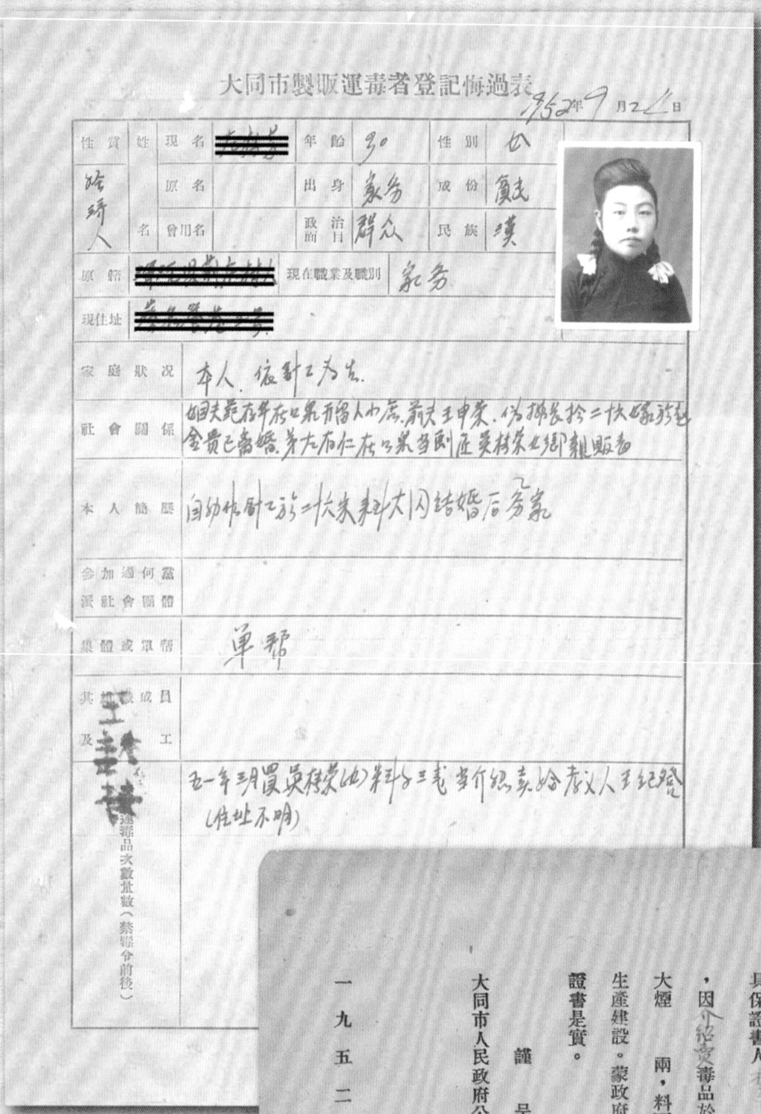

大同市製販運毒者登記悔過表 1952年9月2日

性質	姓名	現名	[redacted]	年齡	30	性別	女
給綺人		原名		出身	家务	成份	貧民
		曾用名		政治面目	群众	民族	漢
原籍	[redacted]	現在職業及職別	家务				
現住址	[redacted]						

家庭狀況：本人 依針工为生

社會關係：[illegible]

本人簡歷：自幼作針工于二十六年来到大同结婚后务家

參加過何黨派社會團體：

集體或單幫：單幫

共犯成員及職工：

運毒品次數數量（禁毒令前後）：五一年三月買吳[illegible]料子三毛[illegible]（住址不明）

保證書

解放初期一九五二年九月大同市人民政府公安局毒品案件保證書

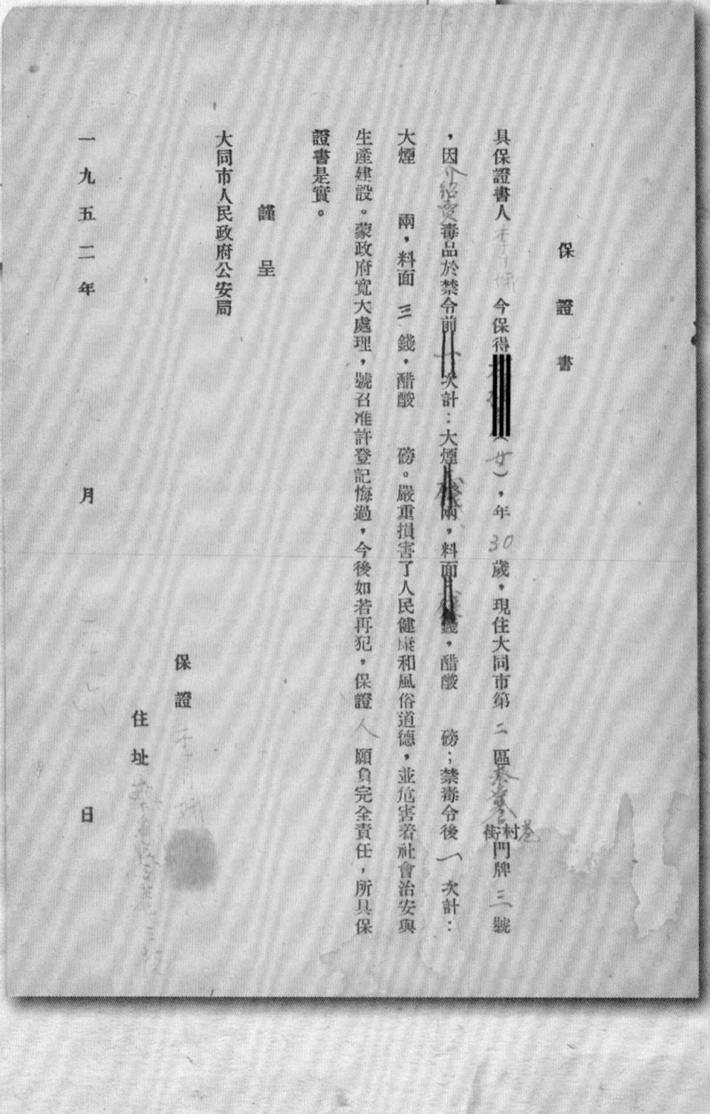

保證書

具保證書人[illegible]今保得[redacted]（女），年30歲，現住大同市第二區[illegible]街村巷門牌三號，因介紹賣毒品於禁令前[redacted]次計：大煙[redacted]兩，料面[redacted]錢，醋酸　磅；禁毒令後一次計：大煙　兩，料面三錢，醋酸　磅。嚴重損害了人民健康和風俗道德，並危害着社會治安與生產建設。蒙政府寬大處理，號召准許登記悔過，今後如若再犯，保證人願負完全責任，所具保證書是實。

謹呈

大同市人民政府公安局

保證[illegible]

住址[illegible]

一九五二年　月　日

作恶。李三白更是狗胆包天，利用他是百貨公司营业員的合法身份，在售貨的柜台上，用"黑国語"出售烟土，竟然把国营企业变成出卖毒品的场所。据该两犯供认，近几年来共贩卖烟土五十余两，每两价格人民币三百元左右，严重地破坏了人民的身心健康。破获这一案件后，还在其兄弟二人家中查出烟土二两一錢以及布疋、被面、现金和大量的奇缺物資。

敬祝毛主席万寿无疆

最高指示

人民靠我们去組织。中国的反动分子，靠我們組织起人民去把他打倒。

山西省革命委員会
打击投机倒把办公室
1968年7月19日

簡報

第5期

"今日欢呼孙大圣，只緣妖雾又重来"。目前，一小撮为人类所不齿的投机倒把分子，从地下钻出来，为非作歹。我省广大无产阶級革命派和广大革命群众，满怀战斗的激情和必胜的信心，正在把他们从阴暗的角落里，一个一个地揪了出来。

利用国营企业的柜台，贩卖毒品，毒害人民

——宁武县查获一起倒贩毒品案

贩卖毒品犯李广厚（宁武县城关居民）、李三白（宁武县百貨公司售貨員，系資方人員）。十余年来一直倒贩大烟土，毒害人民。李广厚曾因贩卖烟土，被判处徒刑12年，1964年刑满释放后，仍不悔改，继续

—1—

文革期間毒品案

一九六八年七月山西省革命委員會「打擊投機倒把辦公室」簡報第五期

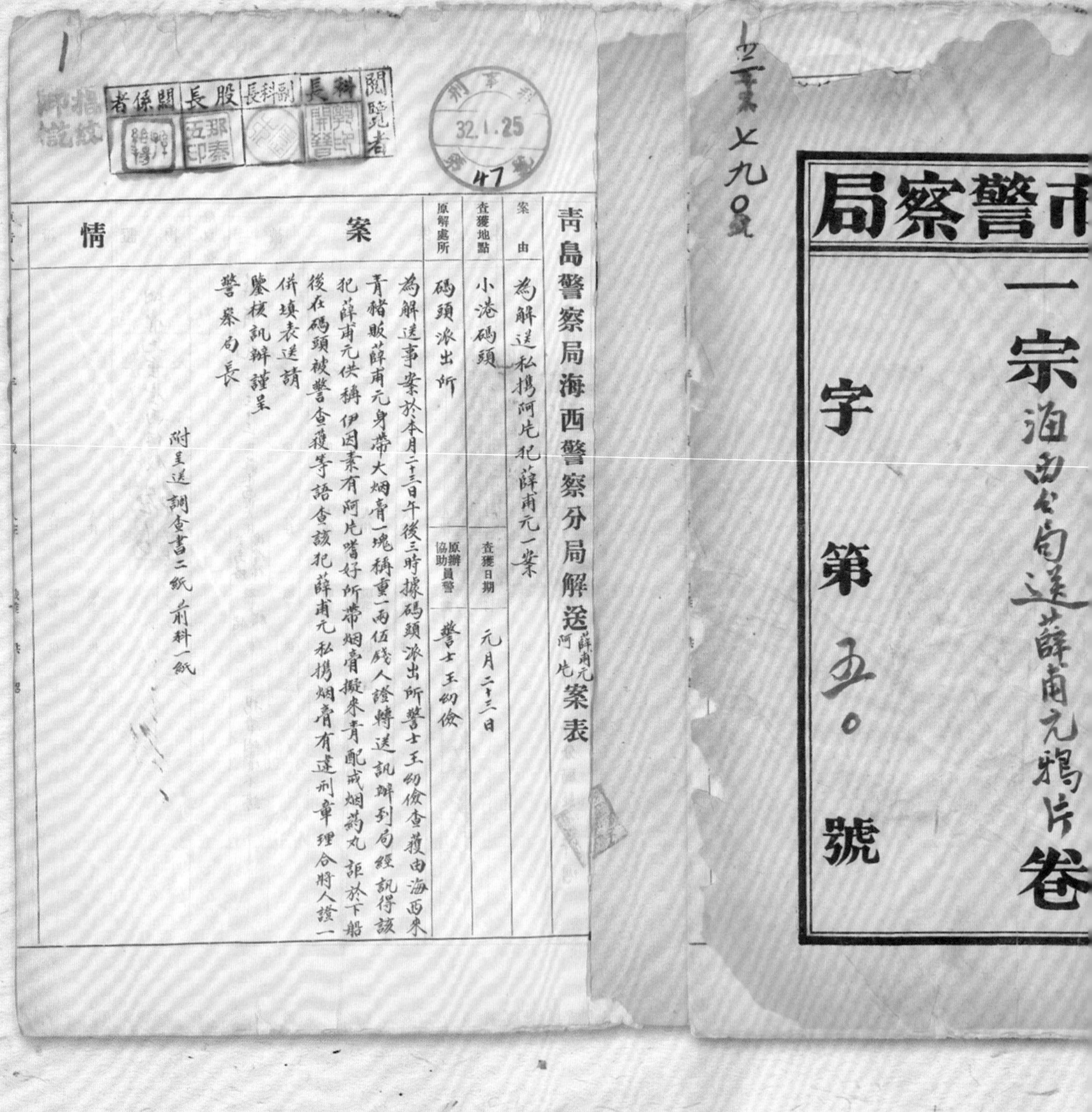

閱覽者
科長
副科長
股長
關係者
刑事科
32.1.25
第47號
青島警察局海西警察分局解送薛甫元阿片案表
案由 為解送私攜阿片犯薛甫元一案
查獲地點 小港碼頭
查獲日期 元月二十三日
原解處所 碼頭派出所
原辦協助員警 警士王幼儉
案情
為解送事案於本月二十三日午後三時據碼頭派出所警士王幼儉查獲由海西來青豬販薛甫元身帶大烟膏一塊稱重一兩伍錢人證轉送訊辦到局經訊得該犯薛甫元供稱伊因素有阿片嗜好所帶烟膏擬來青配戒烟藥丸詎於下船後在碼頭被警查獲等語查該犯薛甫元私攜烟膏有違刑章理合將人證一併填表送請
鑒核訊辦謹呈
警察局長
附呈送調查書二紙 前科一紙
市警察局
一宗 海西分局送薛甫元鴉片卷
字第五○號

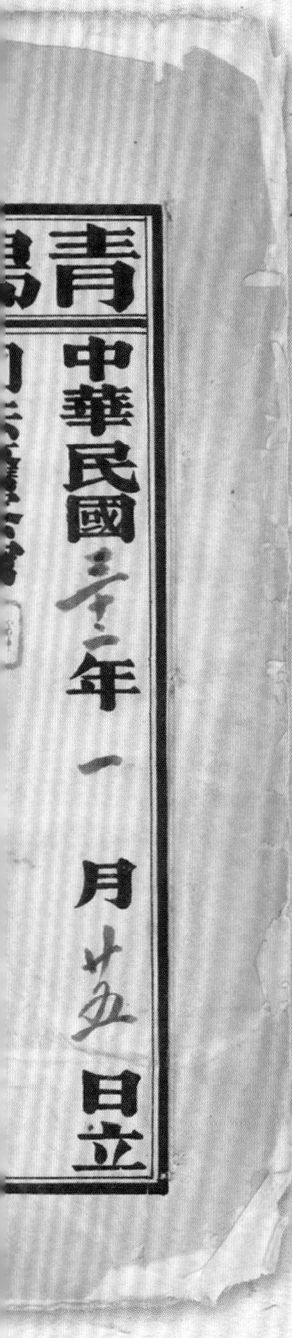

抗戰時期青島偽政權鴉片案件

抗戰時期，民國三十二年（一九四三年）日佔偽青島市警察局解送毒品案文件

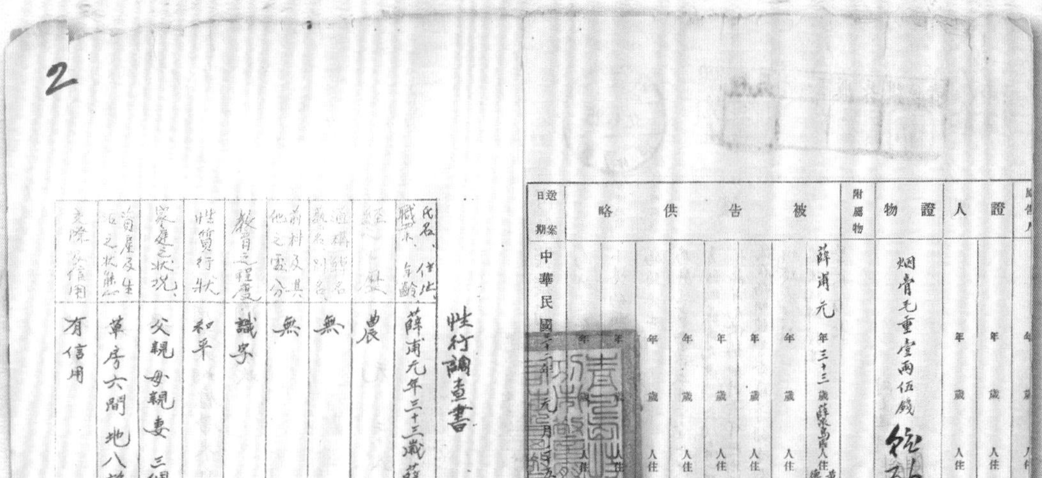
2

性行調查書

氏名、住址、職業、年齡：薛甫元年三十三歲 薛家島区 現住薛家島 販賣鴉
經歷：農
前科及其他之處分：無
教育之程度：識字
性質行狀：和平
家庭之狀況：父親 母親 妻 三個弟弟 一子一女
資產及生活之狀態：草房六間 地八畝
交際及信用：有信用

被告供略：薛甫元 年三十三歲 薛家島鄉人 住黄島路德增棧 職業販豬 供認携帶烟膏不諱
證物：烟膏毛重壹兩伍錢
中華民國三十二年元月廿五日 午 時
分分局長王芹增

第二章

百年鴉片貿易和毒品經濟

自從18世紀以來，以葡萄牙為主的西方商人因為得在澳門租借地的地利，最先進行對中國的鴉片走私貿易，賺得巨大的利益。其後，英國對華的鴉片「不道德貿易」，更成為英國打開中國「閉關自守」大門的利器，亦成為平衡英國對中國貿易逆差的祛碼。

1840年清廷奮起禁制禍國殃民的鴉片煙毒，因而引發中英鴉片戰爭，中國戰敗割地賠款之外，英國人繼續擴大對華的鴉片走私貿易，並將割占得來的香港變成英商公開的鴉片貿易場所，成為鴉片對華的走私基地，以及主要的鴉片儲藏及轉運的中轉站。

1856年，英國因清兵截查阿羅號鴉片走私船的衝突，組織英法聯軍再發起對華的第二次鴉片戰爭，清廷在戰敗後被逼開放煙禁，外國可將稱為「洋藥」的鴉片，經向滿清政府繳納「洋藥」關稅並再抽取厘金徵課的雙重稅收之後，便將鴉片成為進口中國的合法商品。清廷為了抗衡「洋藥」的輸入，推出「以土抗洋」的寓禁於徵政策，准許本國民眾種植鴉片，以稱為「土藥」的土產鴉片來對抗進口的鴉片洋藥，這樣的做法至少還能挽回經濟上的利權。

百年以來，蓬勃的鴉片貿易促進了印度及中國本土的鴉片種植、生產和販運的經濟利益，亦興盛了因鴉片貿易所帶來的航運、倉儲、保險、匯兑和銷售等商務活動。鴉片煙毒的不道德經濟致使毒禍在中國更加氾濫，致令病民弱國，成為最大公害。

清朝傾覆後的民國初年，北洋政府的時局再度動盪，各地軍閥為增強實力，紛以鴉片煙税作為財源，競相開放鴉片煙禁。其後，國民黨於北伐後成立的國民政府雖然嚴推煙毒禁政，但仍以「寓禁於徵」的政策作為政府其中的税收來源，未能根除毒禍。

後來，日本自上世紀三十年代發動侵華戰爭，不斷在所掠奪的中國土地上，推行對華的鴉片和毒品政策。日軍在各個淪陷區內扶植降日份子成立多個日偽政權，這些日偽政權分別推出所謂「禁煙」的法規，實為對鴉片煙毒的明禁暗倡的「毒化」政策，在侵財奪税之外，還毒害淪陷區人民。

至於港、澳方面，早期的鴉片貿易為兩地的殖民地政府帶來巨大的税收利益。港英殖民地政府更於1914年至1941年期間實行「鴉片公賣」制度，直接從事鴉片煙膏的壟斷經營。澳葡政府更早於1846年開始，已將鴉片「承充制度」作為擴大澳門税收的方法。直到二戰結束後的1945及1946年，港英和澳葡殖民地政府才分別頒佈禁毒法令，結束兩地的鴉片合法買賣。

輸入中國鴉片煙土分類

鴉片作為嗜好消費品大量輸入中國，是於18世紀開始，早期由葡萄牙人乘澳門租借地之優勢，最早將土耳其及印度土邦出產的鴉片煙土輸入中國。

隨後1773年英國東印度公司直接及壟斷經營印度出產的鴉片煙土，並由以英國商人為主導，揭開英國商人傾銷印度鴉片往中國的鴉片貿易序幕。

有關中國鴉片貿易中的鴉片煙土分類和名稱：

孟加拉鴉片（Bengal Opium），又叫「大土」，包括帕坦（Patan）地方生產的鴉片煙土稱為「公班土」，又叫「烏土」，皮黑色，是鴉片中的上品。

貝拿勒斯（Benares）地方生產的稱為「喇莊土」，又叫「叭第咕喇」、「刺班」、「姑泥」，皮色略紅。

所有印度土邦生產的鴉片稱為「小土」，又稱為「麻哇土」（Malwa Opium），或叫「白皮煙」。

土耳其出產的鴉片煙土稱為「金花」。

印度罌粟

二十世紀初期法國收藏畫片

十九世紀的鴉片罌粟圖畫

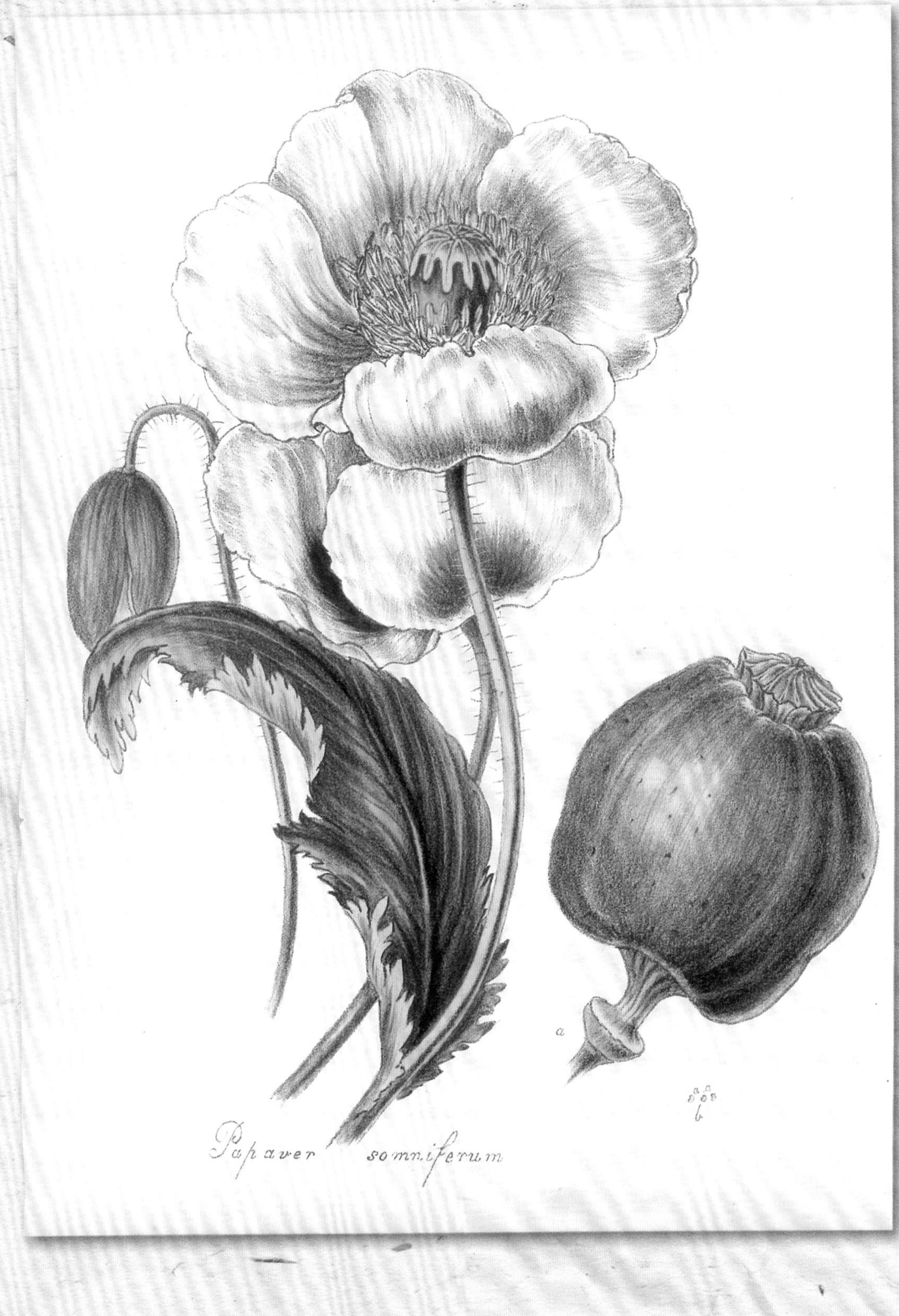

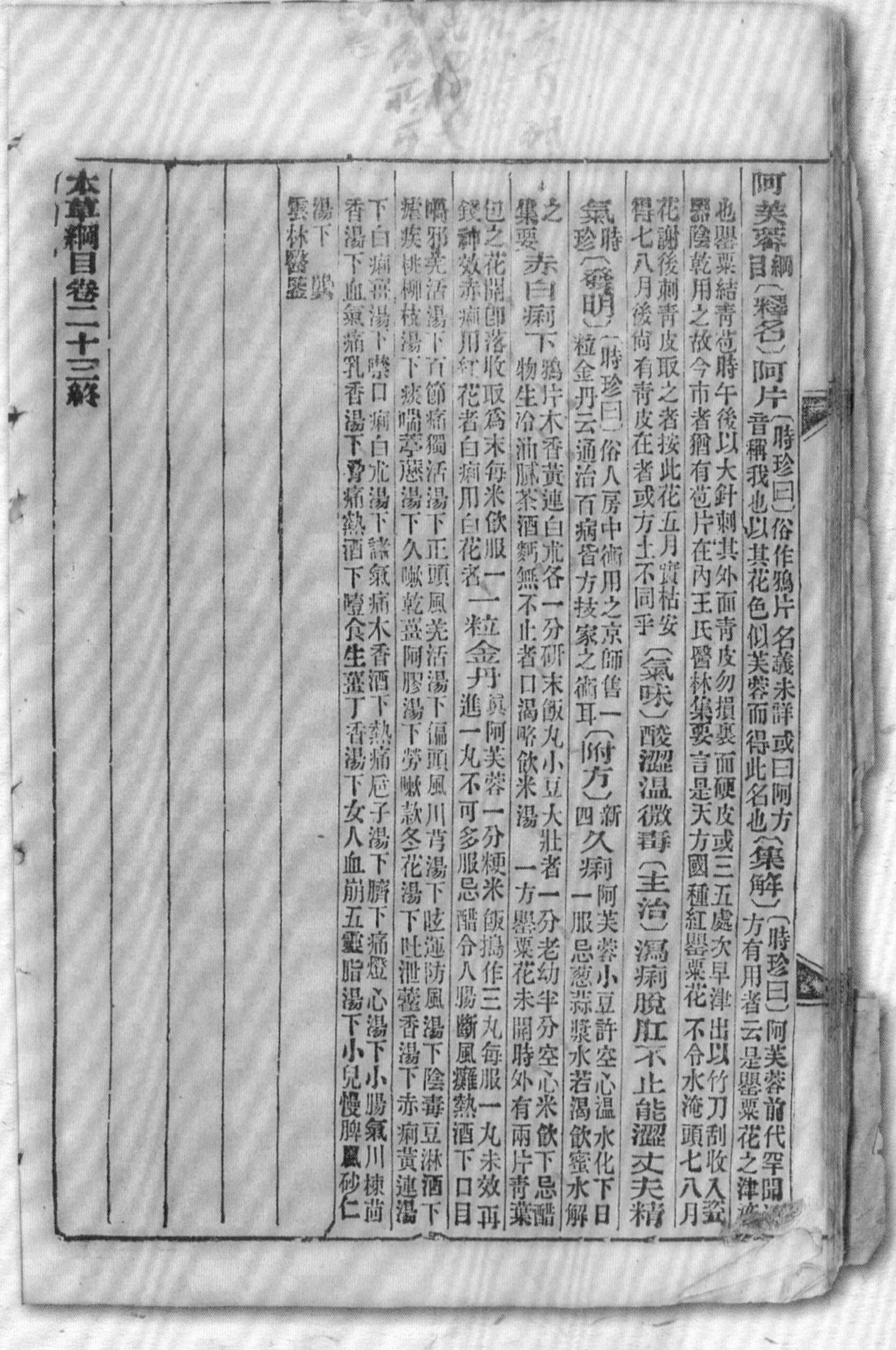
阿芙蓉綱目〔釋名〕阿片〔時珍曰〕俗作鴉片名義未詳或曰阿方音稱我也以其花色似芙蓉而得此名也〔集解〕〔時珍曰〕阿芙蓉前代罕聞近方有用者云是罌粟花之津液
也罌粟結青苞時午後以大針刺其外面青皮勿損裏面硬皮或三五處次早津出以竹刀刮收入瓷
器陰乾用之故今市者猶有苞片在內王氏醫林集要言是天方國種紅罌粟花不令水淹頭七八月
花謝後刺青皮取之者按此花五月實枯安得七八月後尚有青皮在者或方土不同乎〔氣味〕酸澀溫微毒〔主治〕瀉痢脫肛不止能澀丈夫精
氣時珍〔發明〕〔時珍曰〕俗人房中術用之京師售一粒金丹云通治百病皆方技家之術耳〔附方〕新四久痢阿芙蓉小豆許空心溫水化下日一服忌蔥蒜漿水若渴飲蜜水解
之集要赤白痢下鴉片木香黃連白朮各一分研末飯丸小豆大壯者一分老幼半分空心米飲下忌酸物生冷油膩茶酒麪無不止者口渴略飲米湯一方罌粟花未開時外有兩片青葉
包之花開即落收取為末每米飲服一錢神效赤痢用紅花者白痢用白花者一粒金丹真阿芙蓉一分粳米飯搗作三丸每服一丸未效再進一丸不可多服忌醋令人腸斷風癱熱酒下口目
喎邪羌活湯下百節痛獨活湯下正頭風羌活湯下偏頭風川芎湯下眩運防風湯下陰毒豆淋酒下
瘧疾桃柳枝湯下痰喘葶藶湯下久嗽乾薑阿膠湯下勞嗽款冬花湯下吐泄藿香湯下赤痢黃連湯
下白痢薑湯下噤口痢白朮湯下諸氣痛木香酒下熱痛梔子湯下臍下痛燈心湯下小腸氣川楝茴
香湯下血氣痛乳香湯下脅痛熱酒下噎食生薑丁香湯下女人血崩五靈脂湯下小兒慢脾風砂仁
湯下雲林醫鑒

本草綱目卷二十三終

阿芙蓉

清代印版的《本草綱目》

明代李時珍於明萬曆六年（1578年）編撰的《本草綱目》，是將鴉片收入「穀部」的阿芙蓉綱目。當時藥用的鴉片又稱阿片、阿芙蓉，此藥典將鴉片列為藥品，並列出其藥效及用法。《本草綱目》亦記載從罌粟花的青苞收採鴉片之方法。

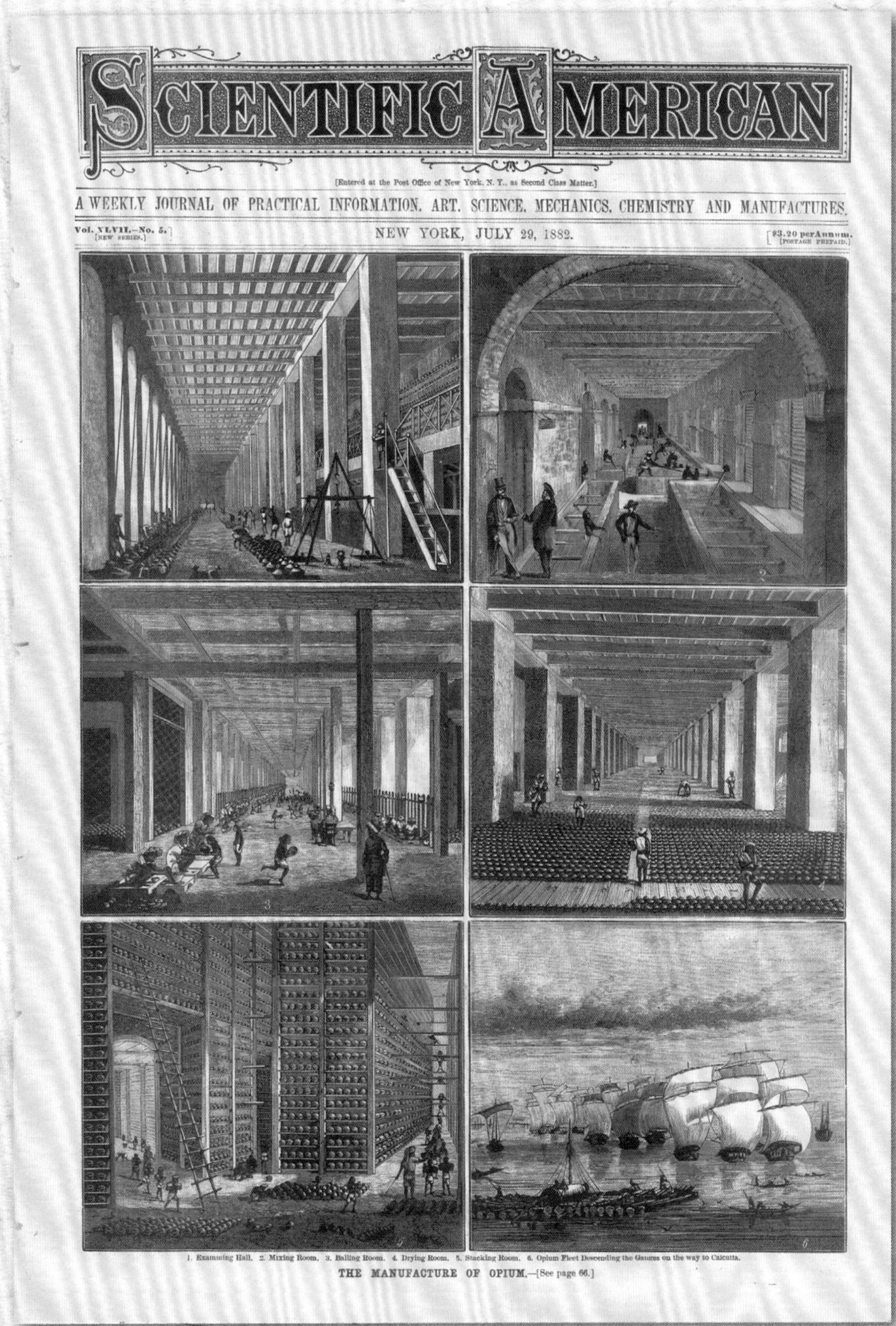

SCIENTIFIC AMERICAN

[Entered at the Post Office of New York, N. Y., as Second Class Matter.]

A WEEKLY JOURNAL OF PRACTICAL INFORMATION, ART, SCIENCE, MECHANICS, CHEMISTRY AND MANUFACTURES.

Vol. XLVII.—No. 5. [NEW SERIES.] | NEW YORK, JULY 29, 1882. | [$3.20 per Annum. POSTAGE PREPAID.]

1. Examining Hall. 2. Mixing Room. 3. Balling Room. 4. Drying Room. 5. Stacking Room. 6. Opium Fleet Descending the Ganges on the way to Calcutta.

THE MANUFACTURE OF OPIUM.—[See page 66.]

鴉片的加工製造

1882年7月美國《科學人》*Scientific American* 科普雜誌

鴉片的加工製造 — 銅版畫

（1）鴉片檢驗廠房

（2）鴉片混成廠房

（3）鴉片制球廠房

（4）鴉片乾燥廠房

（5）鴉片倉庫

（6）鴉片運送加爾各答

壟斷印度鴉片的英國東印度公司

英國東印度公司（British East India Company），是一個股份公司。於1600年12月31日由英格蘭女王伊莉莎白一世授予該公司皇家特許狀，給予它在印度貿易的特權而組成。隨着時間變遷，東印度公司從一個商業貿易企業變成印度的實際主宰者。在1858年被解除行政權力前，它還有協助統治和軍事職能。

在1773年，東印度公司在孟加拉取得了鴉片貿易的獨佔權。但由於東印度公司的船隻被禁止運送鴉片到中國，所以在孟加拉地區生產的鴉片要先在加爾各答出售，再轉運到中國。

英國東印度公司倫敦總部

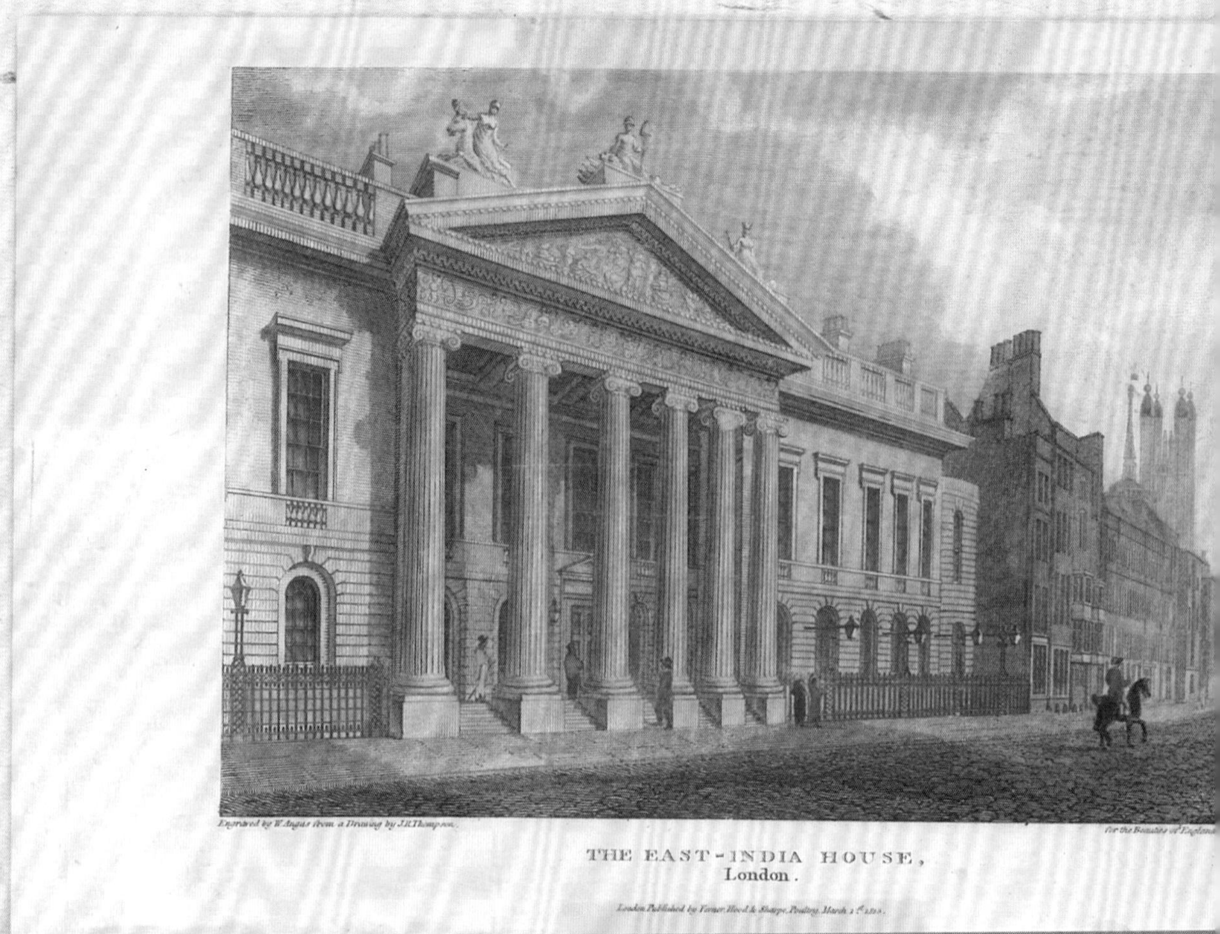

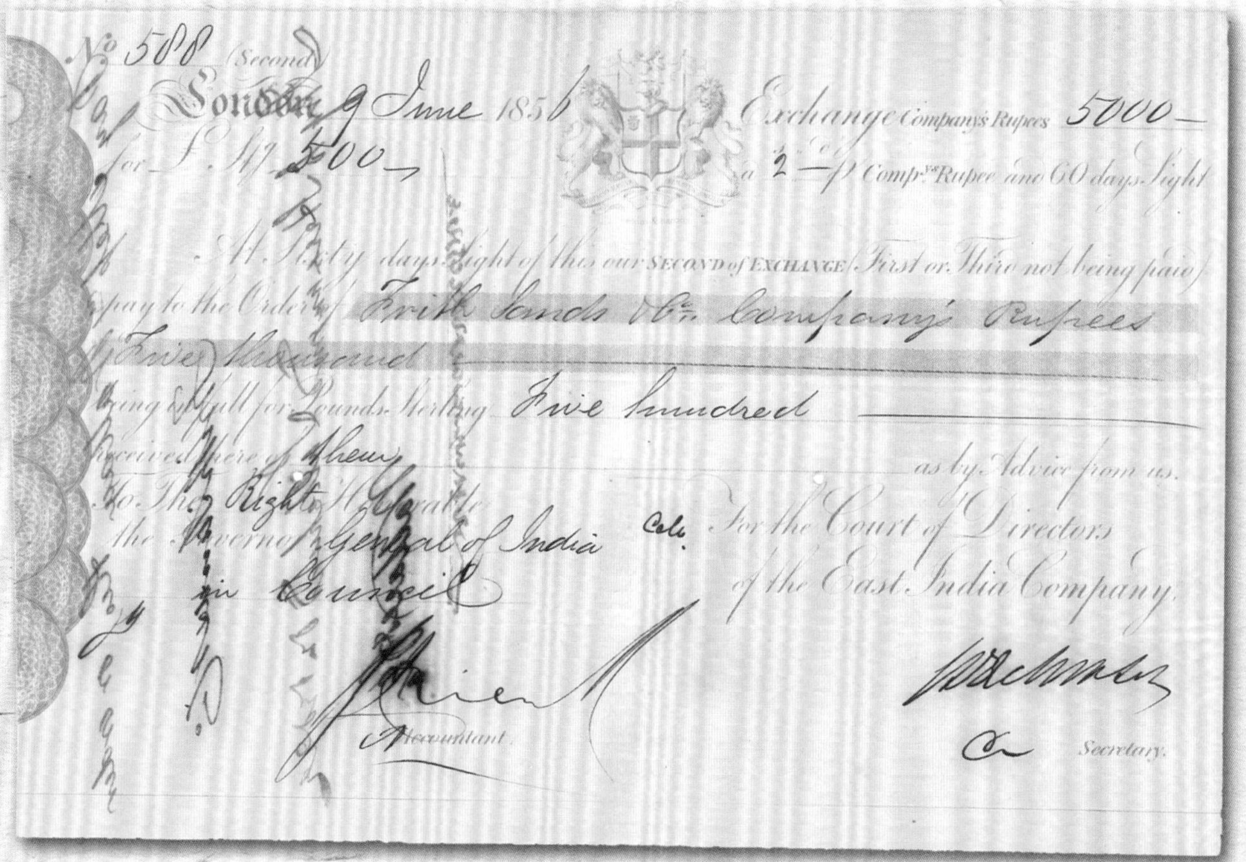
No. 588 (Second)
London 9 June 1856 Exchange Company's Rupees 5000—
For £ 500— a 2/- p Compy's Rupee and 60 days Sight
At Sixty days Sight of this our SECOND of EXCHANGE (First or Third not being paid) pay to the Order of Frith Sands & Co. Company's Rupees Five thousand being in full for Pounds Sterling Five hundred received here of them as by Advice from us.
To The Right Honble the Governor General of India in Council Calc.
For the Court of Directors of the East India Company.
Accountant
Secretary

東印度公司鴉片貿易匯票

一八五六年六月，英國東印度公司鴉片貿易匯票

19世紀走私鴉片的西方遠洋船舶

OPIUM SMUGGLING.

快蟹與飛剪

刊於1843年6月8日英國《倫敦新聞圖報》*The Illustrated London News*之木刻版畫

19世紀中國式「快蟹」鴉片走私船以及西方運載鴉片的飛剪帆船。

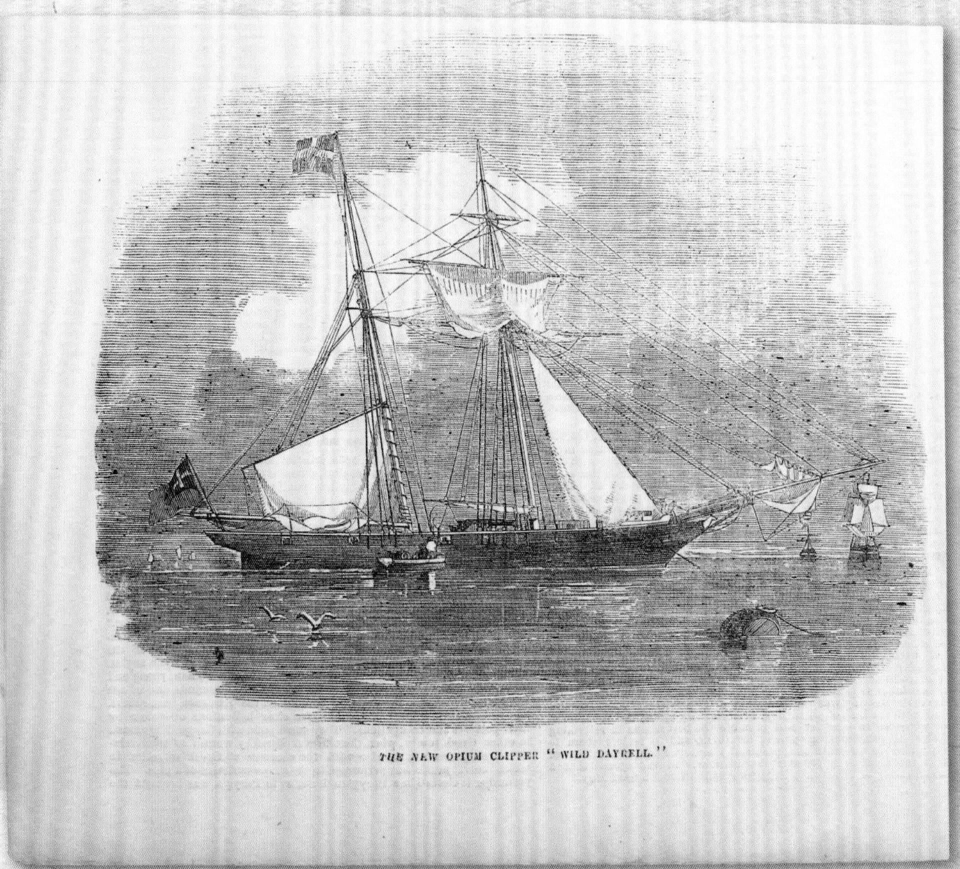
THE NEW OPIUM CLIPPER "WILD DAYRELL."

鯉魚門號

刊於1860年7月14日英國《倫敦新聞圖報》的銅刻版畫

19世紀中葉，專為鴉片貿易新建造，速度快、載貨量大的LY-EE-MOON號（鯉魚門號）快剪蒸汽帆船。

飛剪帆船

刊於1855年英國《倫敦新聞圖報》的木刻版畫

19世紀西方的新式運載鴉片飛剪帆船Wild Dayrell號。

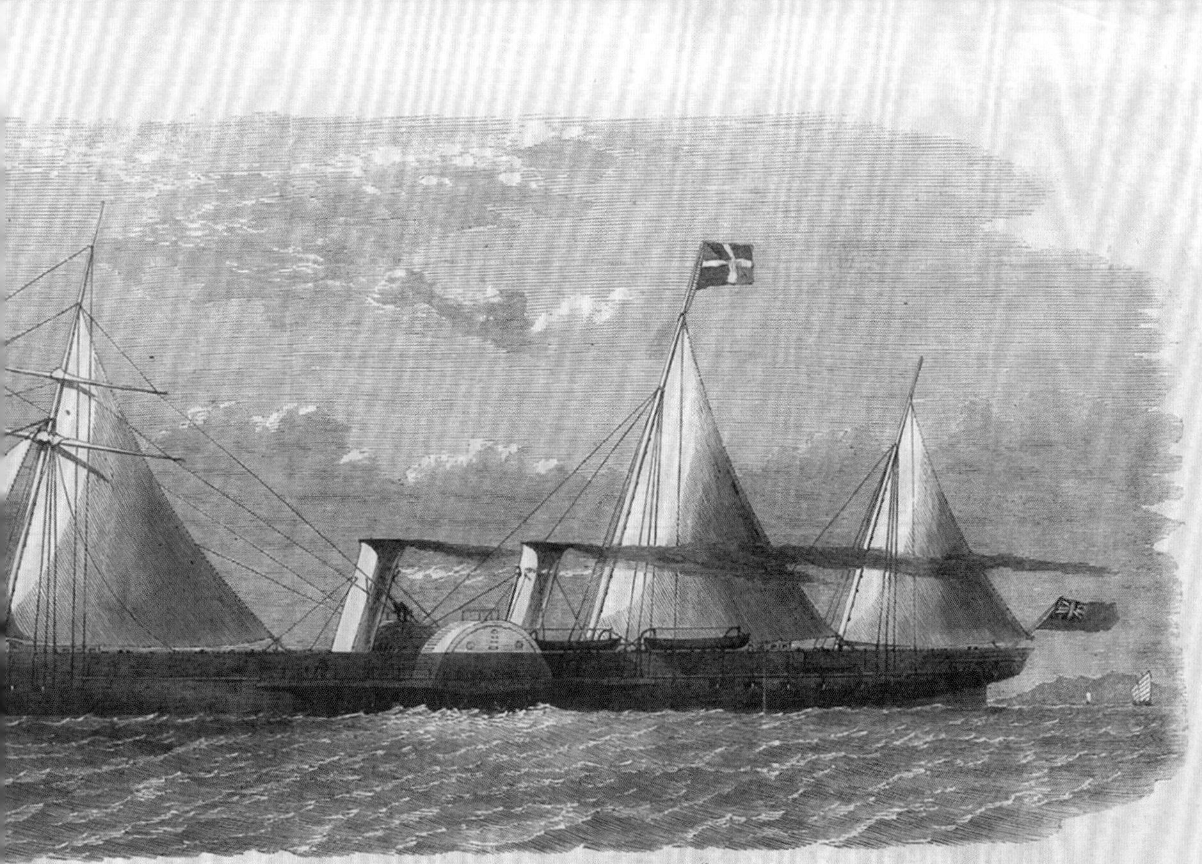

STEAM-SHIP "LY-EE-MOON," BUILT FOR THE OPIUM TRADE.—SEE SUPPLEMENT, PAGE 42.

OPIUM PACKAGES.

孟加拉鴉片「大土」

刊於1843年6月8日英國《倫敦新聞圖報》的木刻版畫。

1842年英國東印度公司生產孟加拉鴉片「大土」，每箱含四十個鴉片球，淨重164磅。

DISCHARGING OPIUM FROM THE "PEKIN."

華籍苦力卸載鴉片

刊於1857年英國《倫敦新聞圖報》的木刻版畫

19世紀中葉，鴉片源源不絕運銷中國，畫像描繪西方貨船北京號(Peking)，從英屬印度運銷鴉片到香港，並由華籍搬運工人將鴉片貨箱卸下，再轉銷中國。

19世紀鴉片貿易文件

運貨單

一八六〇年印度加爾各答輪船運付運鴉片往香港的運貨單

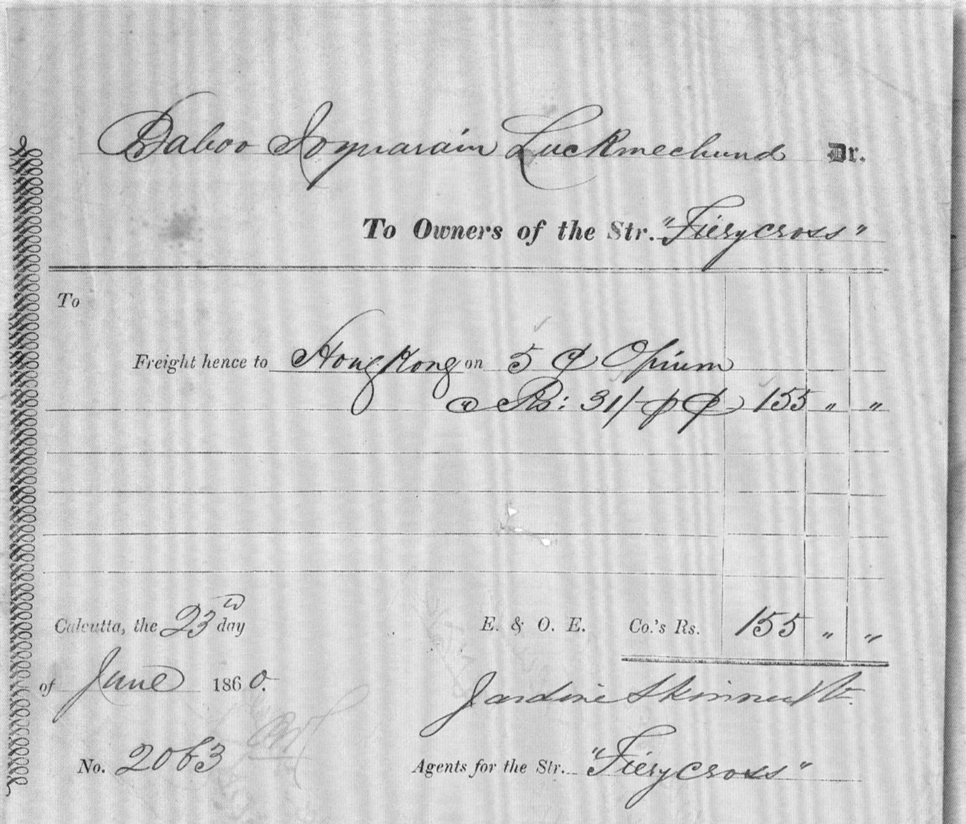

Baboo Soynarain Luckmechund Dr.

To Owners of the Str. "Fierycross"

To

Freight hence to Hongkong on 5 C Opium @ Rs: 31/- p C 155 " "

Calcutta, the 23d day of June 1860.

E. & O. E. Co.'s Rs. 155 " "

No. 2063

Jardine Skinner & Co.

Agents for the Str. "Fierycross"

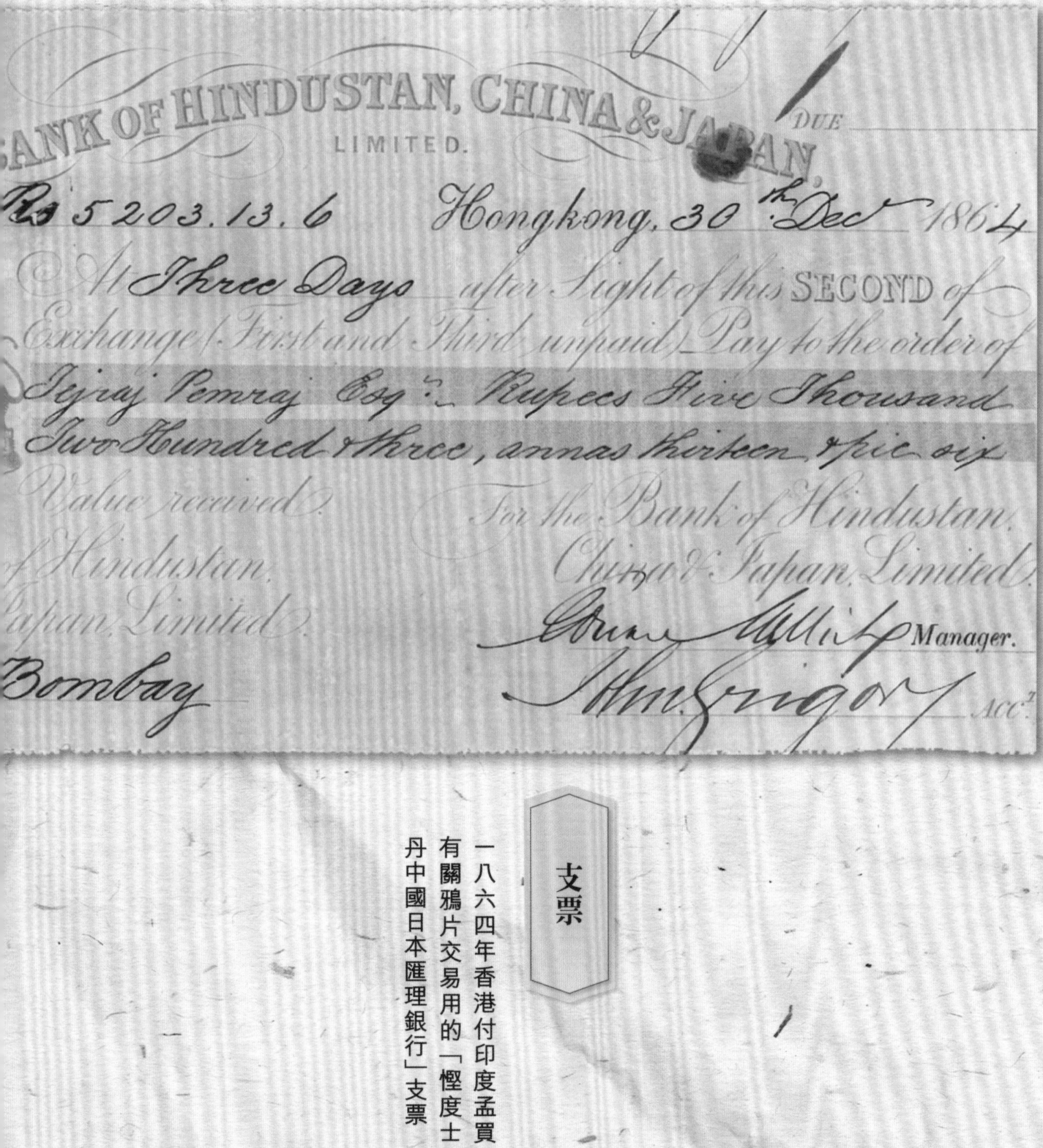
BANK OF HINDUSTAN, CHINA & JAPAN,
LIMITED.
DUE

Rs 5203.13.6 Hongkong, 30th Dec 1864

At Three Days after Sight of this SECOND of Exchange (First and Third unpaid) Pay to the order of Tejraj Pemraj Esq.re Rupees Five Thousand Two Hundred & three, annas thirteen & pie six

Value received.

For the Bank of Hindustan, China & Japan Limited.

Manager.

of Hindustan,
Japan Limited.
Bombay

Acc.t

支票

一八六四年香港付印度孟買有關鴉片交易用的「慳度士丹中國日本匯理銀行」支票

清末明信片
碇泊在黃浦江的鴉片——貨倉躉船

ghai. 4229 Opium Godown, Shanghai.

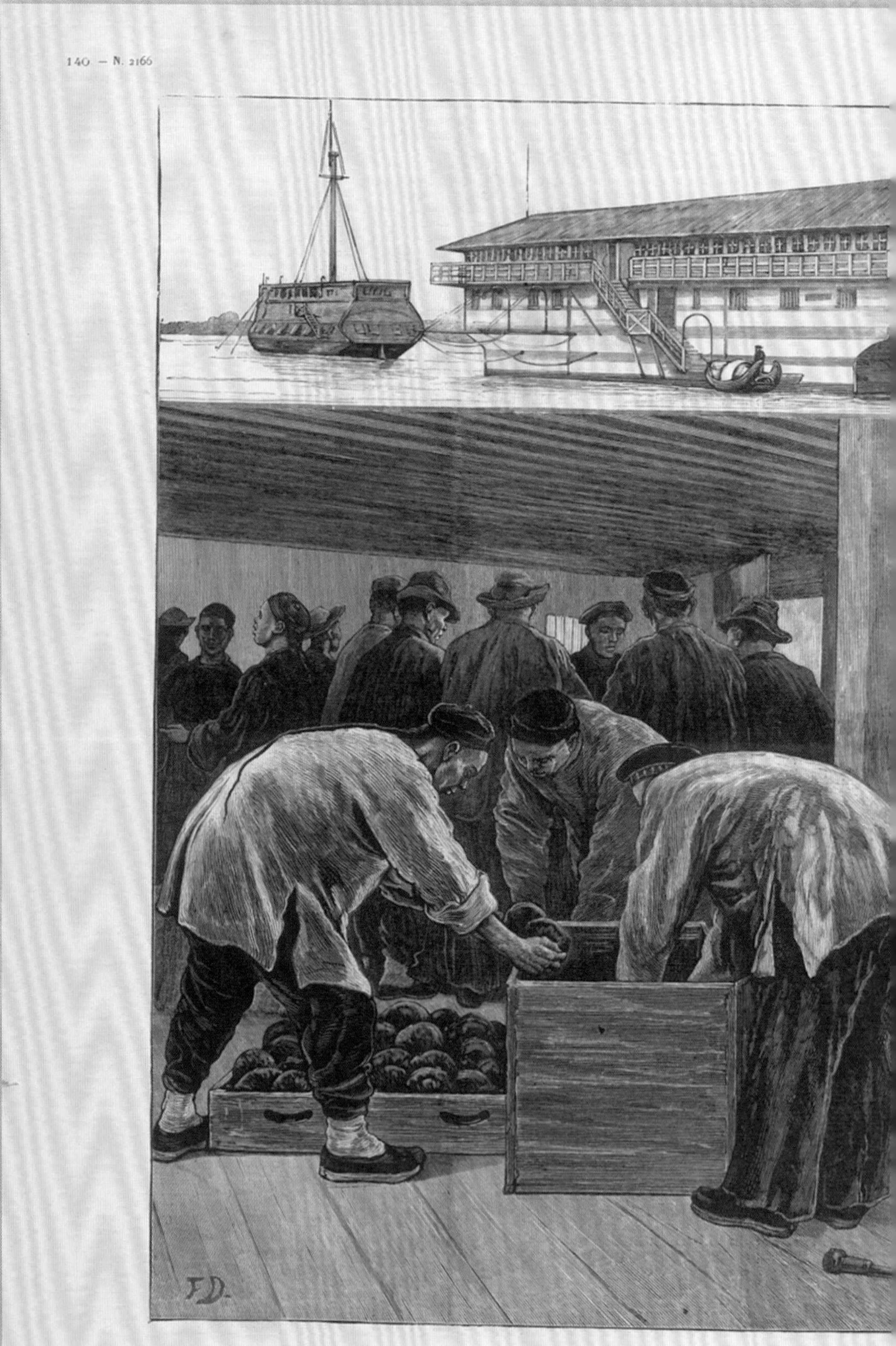

上海黃浦江
鴉片躉船集裝鴉片

一八八四年（清光緒十年）八月三十日
法國L' ILLUSTRATION畫報木刻版畫

L'ILLUSTRATION

30 AOUT 1884. — 141

: UN PONTON-DOCK A OPIUM A SHANGHAÏ

英國佔領香港初期「鴉片貿易」信函

英國佔領香港初期，1854年「鴉片貿易」的信。函中、英鴉片戰爭後清廷依《南京條約》於1842年將香港島割讓予英國成為殖民地。從首任總督砵甸乍開始，香港成為公開的英商鴉片貿易場所及鴉片的儲藏、轉運的主要中轉站。

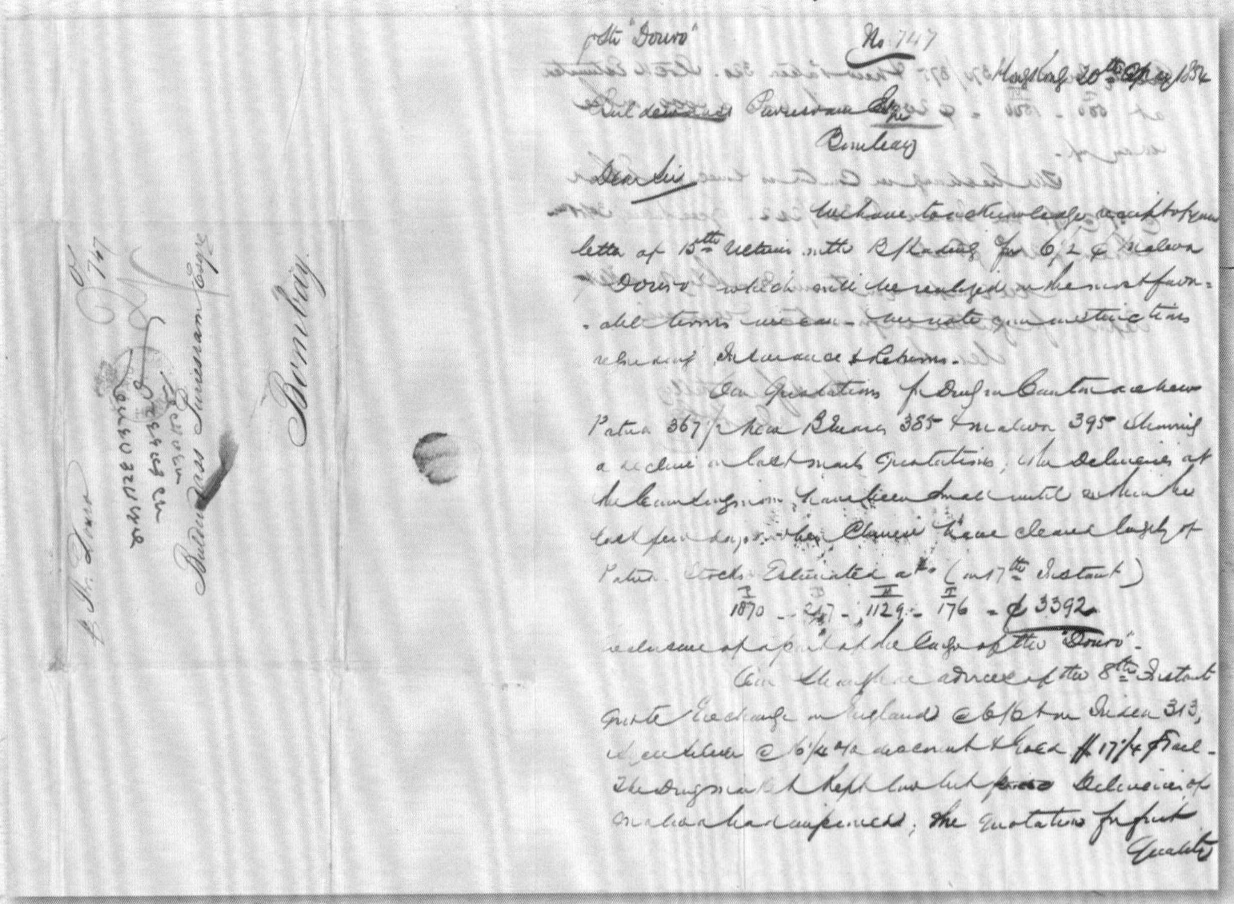

洽購鴉片書信一

1854年4月20日，香港寄往英屬印度孟買洽購鴉片的書信。當時香港尚未發行郵票，僅蓋「維多利亞皇冠」的郵資已付紅色單圈圓印再加蓋香港黑色郵政日戳。

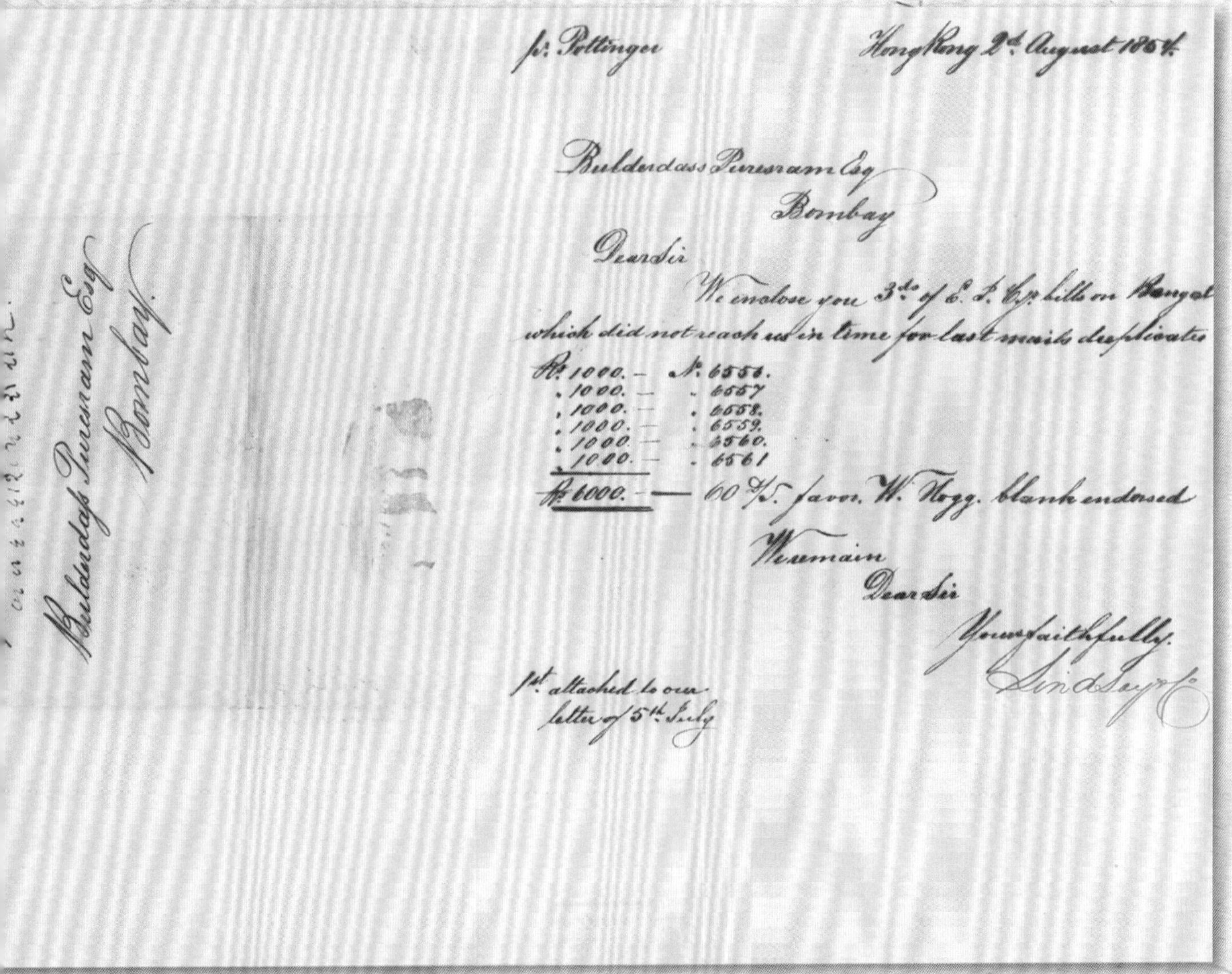

p. Pottinger   Hong Kong 2d. August 1854.

Buldeedass Puresram Esq
Bombay

Dear Sir

We enclose you 3ds of E. I. Co's bills on Bengal which did not reach us in time for last mail's duplicates

Rs. 1000.– No. 6556.
1000.– 6557
1000.– 6558.
1000.– 6559.
1000.– 6560.
1000.– 6561

Rs. 6000.– 60 D/S favor. W. Hogg. blank endorsed

We remain
Dear Sir
Yours faithfully
Lindsay & Co

1st attached to our letter of 5th July

Buldeedass Puresram Esq
Bombay

洽購鴉片書信二

1854年8月2日，由香港鴉片商LINDSAY&CO.寄往英屬印度孟買的信函，洽商購買孟加拉生產的鴉片。

19世紀鴉片貿易文件

清末1859、1860年印度加爾各答之輪船運往香港付運「鴉片」之運貨單

運貨單

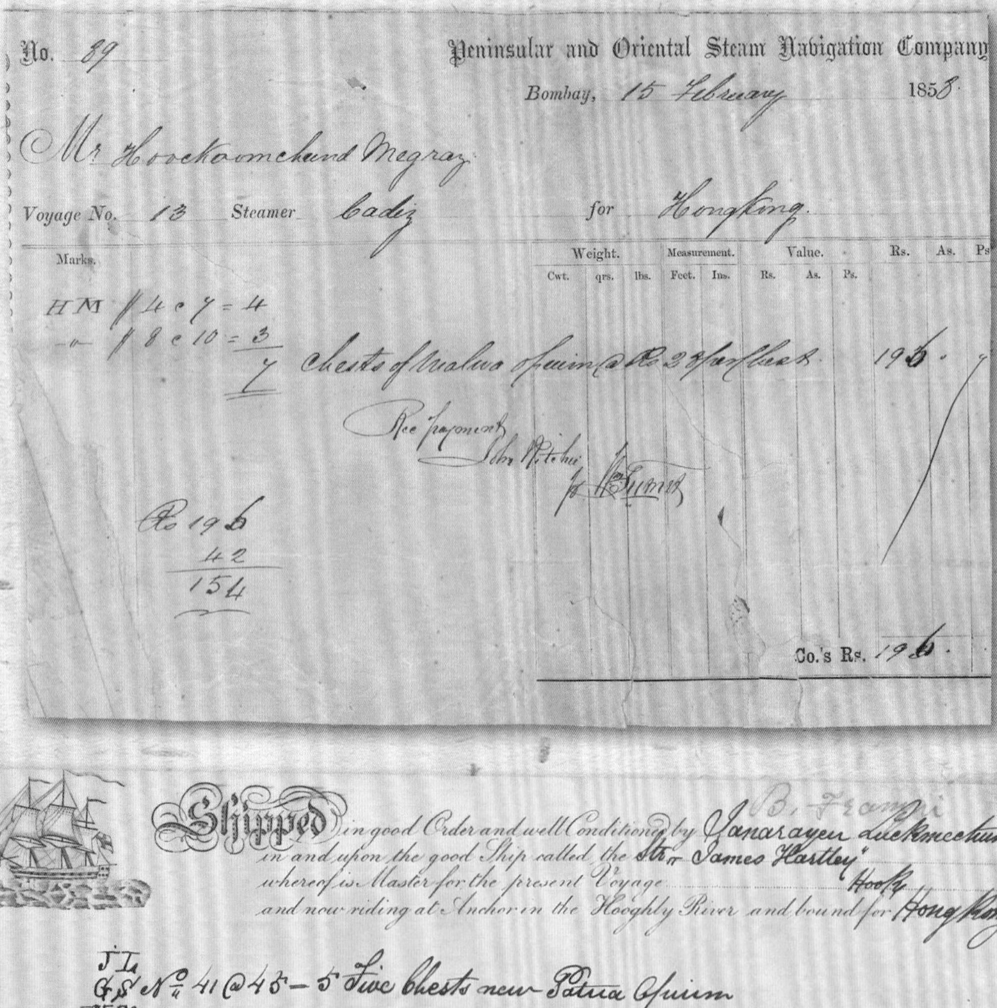

No. 89 Peninsular and Oriental Steam Navigation Company

Bombay, 15 February 185[illegible]

Mr Hoockoomchund Megraj

Voyage No. 13 Steamer Cadiz for Hongkong

Marks.		Weight. Cwt.	qrs.	lbs.	Measurement. Feet.	Ins.	Value. Rs.	As.	Ps.	Rs.	As.	Ps.
HM 4 c 7 = 4 8 c 10 = 3 7	Chests of Malwa Opium @ Rs 28 per chest									196		

Recd payment

Rs 196
42
154

Co.'s Rs. 196

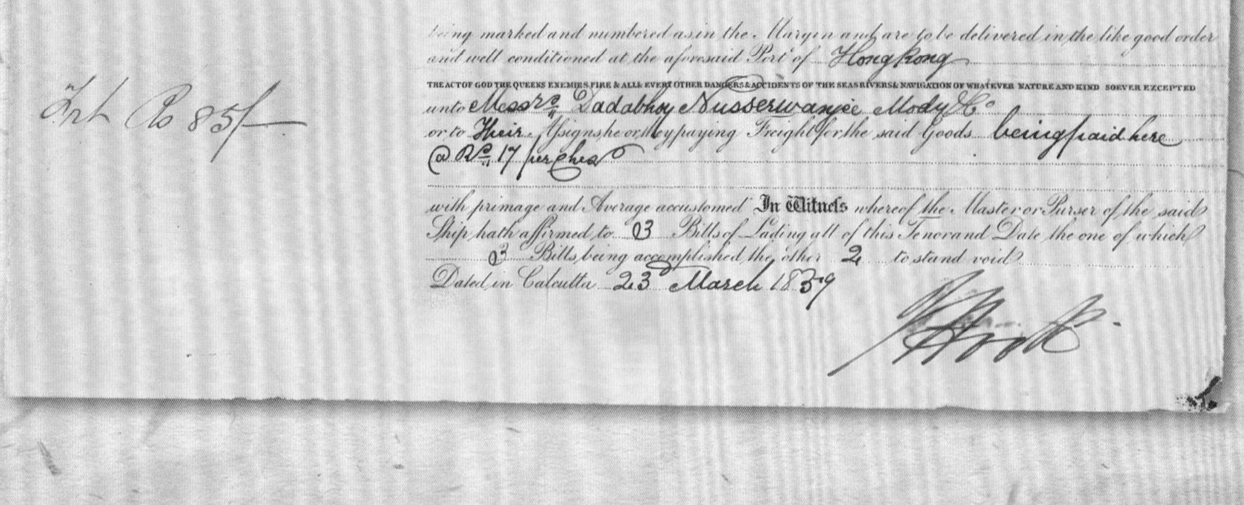

Shipped in good Order and well Conditioned by Janarayen Luckmechum in and upon the good Ship called the Str "James Hartley" whereof is Master for the present Voyage Hook and now riding at Anchor in the Hooghly River and bound for Hongkong

No 37

JL GS No 41 @ 45 – 5 Five Chests new Patna Opium

being marked and numbered as in the Margin and are to be delivered in the like good order and well conditioned at the aforesaid Port of Hongkong

THE ACT OF GOD THE QUEENS ENEMIES FIRE & ALL & EVERY OTHER DANGERS & ACCIDENTS OF THE SEAS RIVERS & NAVIGATION OF WHATEVER NATURE AND KIND SOEVER EXCEPTED

unto Messrs Dadabhoy Nusserwanjee Mody & Co or to their Assigns he or they paying Freight for the said Goods being paid here @ Rs 17 per chest

Frt Rs 85/-

with primage and Average accustomed In Witness whereof the Master or Purser of the said Ship hath affirmed to 3 Bills of Lading all of this Tenor and Date the one of which 3 Bills being accomplished the other 2 to stand void.

Dated in Calcutta 23 March 1859

1873年「倫敦東方航運保險公司」由印度孟買付運鴉片到香港船運保險單

保險單

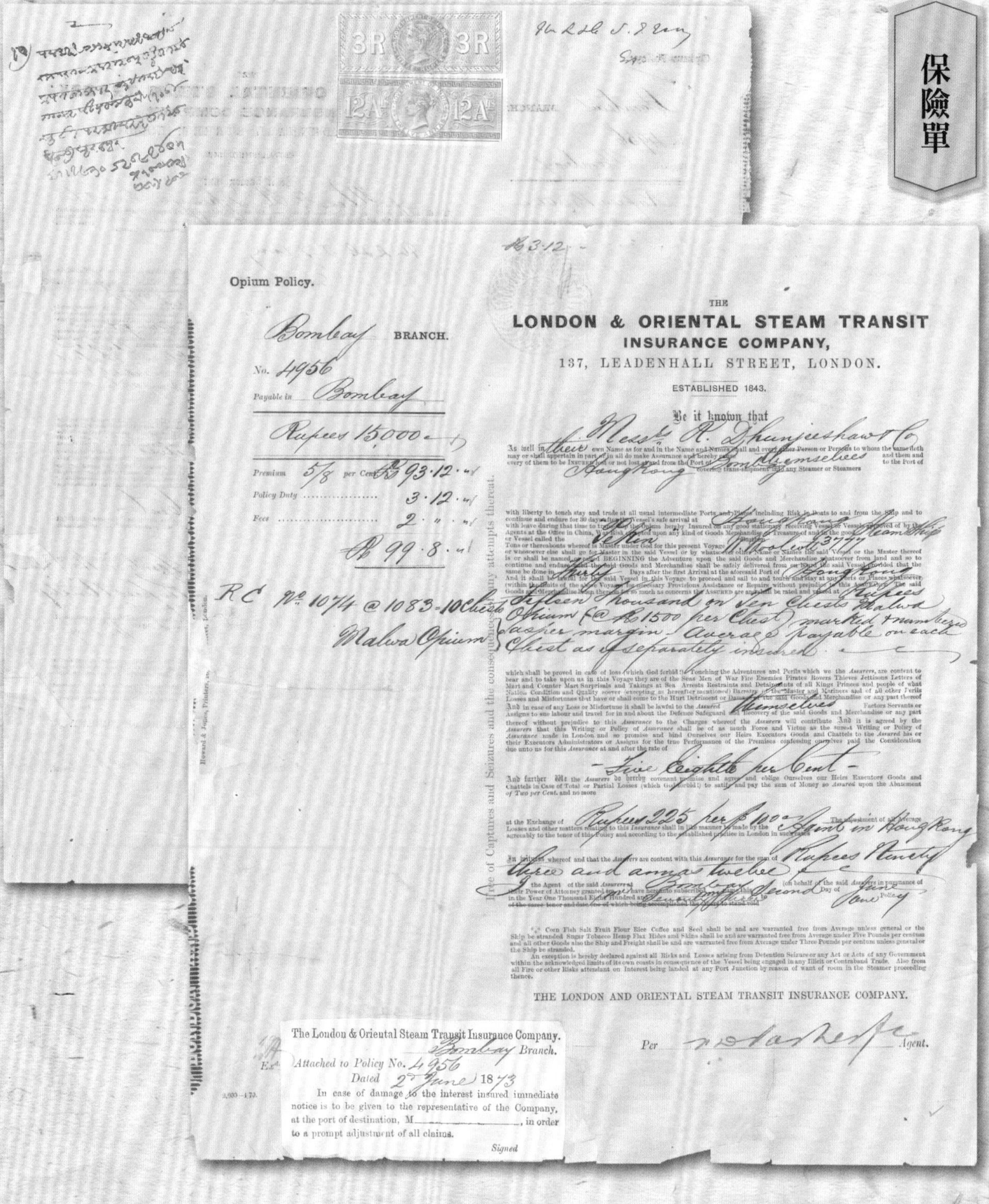

Opium Policy.

Bombay BRANCH.

No. 4956

Payable in Bombay

Rupees 15,000

Premium 5/8 per Cent Rs 93.12.–

Policy Duty 3.12.–

Fees 2.–.–

Rs 99.8.–

Free of Captures and Seizures and the consequences of any attempts thereat.

THE

LONDON & ORIENTAL STEAM TRANSIT INSURANCE COMPANY,

137, LEADENHALL STREET, LONDON.

ESTABLISHED 1843.

Be it known that Messrs. R. Dhunjeeshaw & Co

As well in their own Name as for and in the Name and Names of all and every other Person or Persons to whom the same doth may or shall appertain in part or in all do make Assurance and hereby cause themselves and them and every of them to be Insured lost or not lost at and from the Port of Bombay to the Port of Hongkong covering trans-shipment into any Steamer or Steamers

with liberty to touch stay and trade at all usual intermediate Ports and Places including Risk in Boats to and from the Ship and to continue and endure for 30 days after the Vessel's safe arrival at Hongkong with leave during that time to tranship the Opium hereby Insured on any good stationary receiving Vessel or Vessels approved of by the Agents at the Office in China, War Risk excepted upon any kind of Goods Merchandise or Treasure of and in the good Steamship or Vessel called the Tehran Burthen 3777 Tons or thereabouts whereof is Master under God for this present Voyage W. Woolcott or whosoever else shall go for Master in the said Vessel or by whatsoever other Name or Names the said Vessel or the Master thereof is or shall be named or called BEGINNING the Adventure upon the said Goods and Merchandise whatsoever from land and so to continue and endure until the said Goods and Merchandise shall be safely delivered from on board the said Vessel provided that the same be done in thirty Days after the first Arrival at the aforesaid Port of Hongkong And it shall be lawful for the said Vessel in this Voyage to proceed and sail to and touch and stay at any Ports or Places whatsoever (within the limits of the above Voyage) for necessary Provisions Assistance or Repairs without prejudice to this Assurance The said Goods and Merchandise been thereon for so much as concerns the Assured are and shall be rated and valued at Rupees Fifteen Thousand on Ten Chests Malwa Opium (@ Rs 1500 per Chest) marked & numbered as per margin. Average payable on each Chest as if separately insured.

which shall be proved in case of loss (which God forbid!) Touching the Adventures and Perils which we the *Assurers*, are content to bear and to take upon us in this Voyage they are of the Seas Men of War Fire Enemies Pirates Rovers Thieves Jettisons Letters of Mart and Counter Mart Surprisals and Takings at Sea Arrests Restraints and Detainments of all Kings Princes and people of what Nation Condition and Quality soever (excepting as hereafter mentioned) Barratry of the Master and Mariners and of all other Perils Losses and Misfortunes that have or shall come to the Hurt Detriment or Damage of the said Goods and Merchandise or any part thereof And in case of any Loss or Misfortune it shall be lawful to the *Assured* themselves Factors Servants or Assigns to sue labour and travel for in and about the Defence Safeguard and Recovery of the said Goods and Merchandise or any part thereof without prejudice to this *Assurance* to the Charges whereof the *Assurers* will contribute And it is agreed by the *Assurers* that this Writing or Policy of *Assurance* shall be of as much Force and Virtue as the surest Writing or Policy of *Assurance* made in London and so promise and bind Ourselves our Heirs Executors Goods and Chattels to the *Assured* his or their Executors Administrators or Assigns for the true Performance of the Premises confessing ourselves paid the Consideration due unto us for this *Assurance* at and after the rate of

– Five Eighths per Cent –

And further We the *Assurers* do hereby covenant promise and agree and oblige Ourselves our Heirs Executors Goods and Chattels in Case of Total or Partial Losses (which God forbid!) to satisfy and pay the sum of Money so *Assured* upon the Abatement *of Two per Cent.* and no more

at the Exchange of Rupees 225 per £100 The adjustment of all Average Losses and other matters relating to this *Insurance* shall in like manner be made by the Agent in Hongkong agreeably to the tenor of this Policy and according to the established practice in London in such cases

In witness whereof and that the *Assurers* are content with this *Assurance* for the sum of Rupees Ninety three and annas twelve

I the Agent of the said *Assurers* at Bombay (on behalf of the said *Assurers* in pursuance of their Power of Attorney granted to me) have hereunto subscribed my name this Second Day of June in the Year One Thousand Eight Hundred and Seventy three

*** Corn Fish Salt Fruit Flour Rice Coffee and Seed shall be and are warranted free from Average unless general or the Ship be stranded Sugar Tobacco Hemp Flax Hides and Skins shall be and are warranted free from Average under Five Pounds per centum and all other Goods also the Ship and Freight shall be and are warranted free from Average under Three Pounds per centum unless general or the Ship be stranded.

An exception is hereby declared against all Risks and Losses arising from Detention Seizure or any Act or Acts of any Government within the acknowledged limits of its own coasts in consequence of the Vessel being engaged in any Illicit or Contraband Trade. Also from all Fire or other Risks attendant on Interest being landed at any Port Junction by reason of want of room in the Steamer proceeding thence.

THE LONDON AND ORIENTAL STEAM TRANSIT INSURANCE COMPANY.

Per [illegible] Agent.

The London & Oriental Steam Transit Insurance Company.

Bombay Branch.

Attached to Policy No. 4956

Dated 2d June 1873

In case of damage to the interest insured immediate notice is to be given to the representative of the Company, at the port of destination, M________, in order to a prompt adjustment of all claims.

Signed

Shanghai Stocks of Malwa and Bengal Opium.

		MALWA.	BENGAL.	MALWA.	BENGAL.
1883—May	3, Remaining Stock,			5,699½ chts.	2,989 chts.
,,	3, Ex *Sutlej*	41½	—		
,,	4, ,, *Tunsin*, ...	7	12		
,,	5, ,, *Kiangpiau*,.........	1	—		
,,	5, ,, *Pekin*,...............	—	1		
,,	7, ,, *Ichang*, ...	5	—		
,,	8, ,, *Ningpo*, ...	22	116		
,,	9, ,, *Kiangkwan*, ...	11	—		
,,	10, ,, *Pautah*, ...	—	1		
,,	10, ,, *Liban*, ...	—	125		
,,	11, ,, *Oxus*, ...	—	200		
,,	11, ,, *Posang*, ...	—	45		
,,	14, ,, *Kiangfoo*, ...	2	—		
,,	15, ,, *Kiangteen*, ...	7	—		
,,	15, ,, *Nanzing*,...........	2	5		
,,	15, ,, *Chinkiang*, ...	—	80		
,,	16, ,, *Tunsin*, ...	5	—		
				103½ chts.	585 chts.
				5,803 chts.	3,574 chts.
	Deliveries, ...			1,278½ ,,	536 ,,
	Remaining Stock, ...			4,524½ chts.	3,038 chts.
	Same time last year			4,895 ,,	3,043 ,,
	Decrease...			370½ chts.	5 chts.

Note.—In addition to the above stock, the Str. *Mirzapore* at Woosung has on board 812 chests Opium.

Of the above *Malwa* 1,200 chests are bargained.

QUOTATIONS.

Malwa, *New*, ...	Tls.	362 *a* 380.
Old, ...	,,	400 *a* 416.
Persian, ...	,,	200 *a* 295.
Patna, *Old*, ...	,,	418.
Benares, *New*, ...	,,	410.
Old, ...	,,	423.

Wm. Dobie.

"Yuen Fah,"
Shanghai, *17th May, 1883.*

存貨報單

1883年5月17日上海Yuen Fah公司《上海的印度麻哇及孟加拉鴉片存貨報單》

從報單看到這公司在中國各大城市的鴉片存貨，包括碇泊吳淞江上一艘貨輪上的鴉片新貨。

鴉片栽種及製造

世界鴉片產地

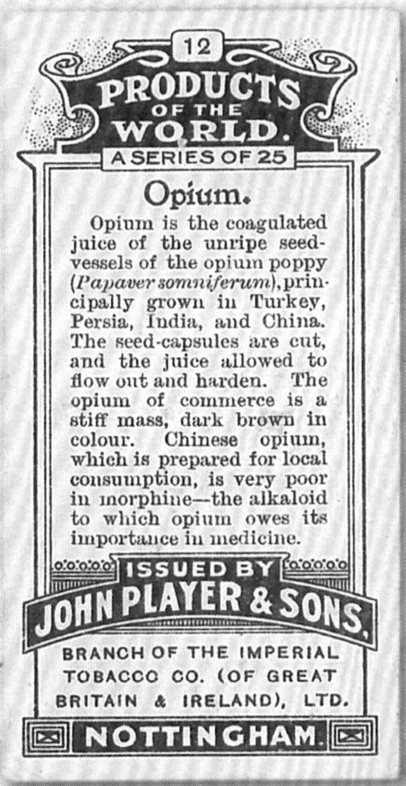

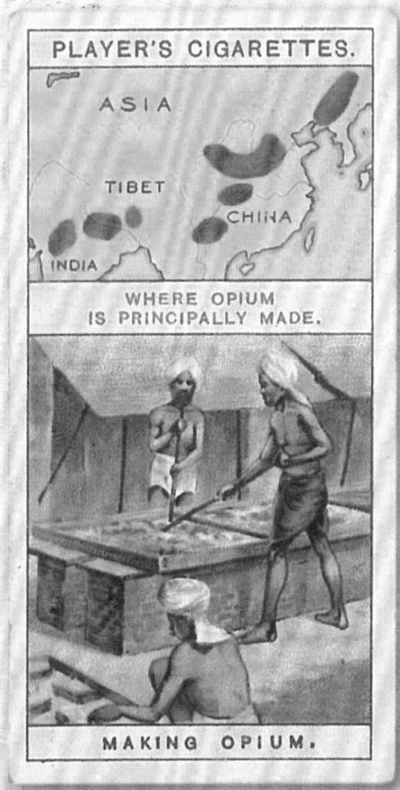

19世紀英帝國煙草公司香煙「世界產業系列」畫片

畫片描繪世界主要的鴉片生產地為土耳其、波斯、印度和中國的東北、華北、華中、西南地區，以及描繪印度工人在製造鴉片。

鴉片田

清末東北滿州地區鴉片田栽種罌粟立體照

華人在英商鴉片工廠加工煮制鴉片

一八八一年（清光緒七年）四月英國《倫敦新聞圖報》木刻版畫

AND TESTING OPIUM IN CHINA.—SEE PAGE 380.

香港鴉片煙店

19世紀末期香港石印畫—香港市街上的鴉片煙店
(圖畫左上角招牌標示「公煙」)

中國鴉片煙店

刊於1882年2月出版的英國《倫敦新聞圖報》之木刻版畫

一名中國人在經營零售鴉片煙膏的生意，正在包裝零售的鴉片煙膏。

上海鴉片煙店

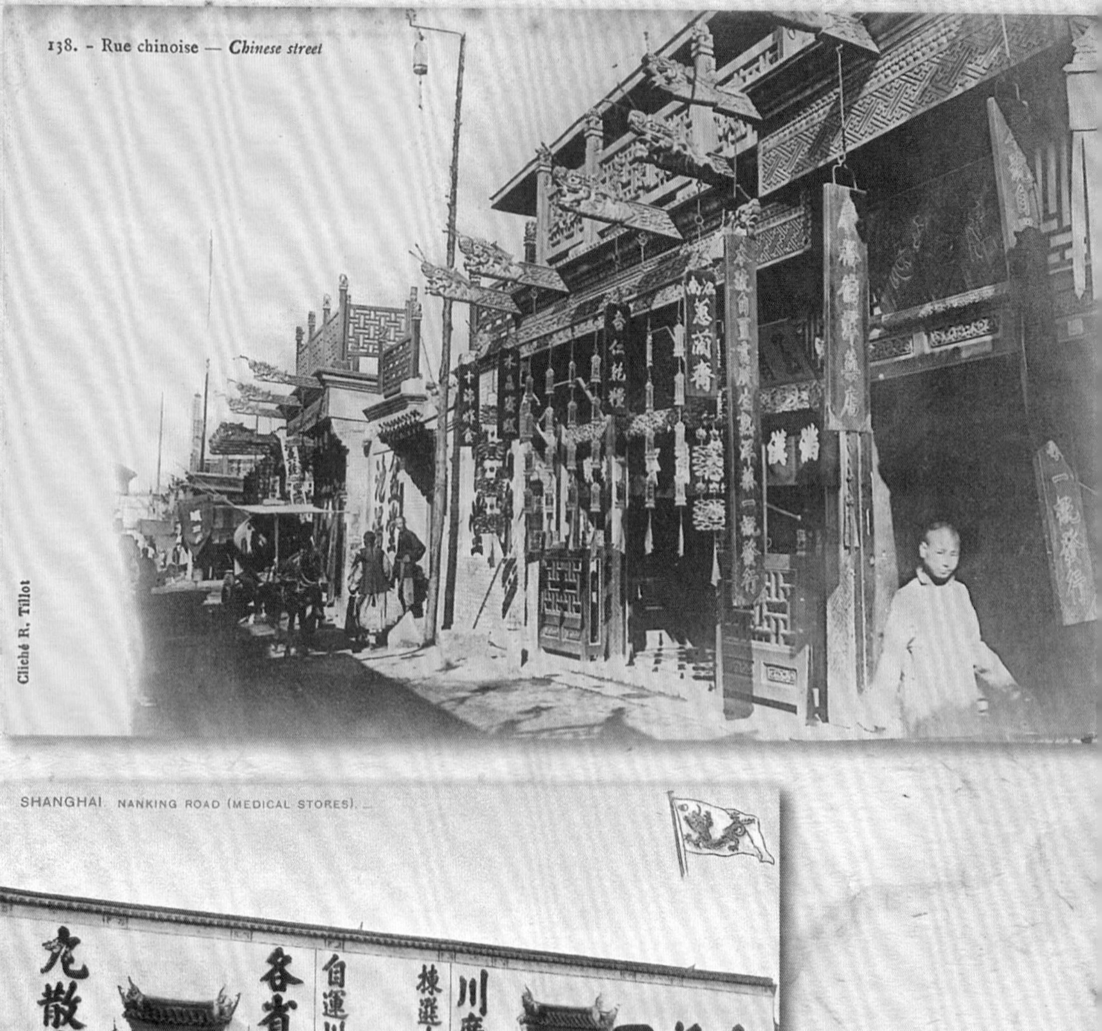

廣裕德洋藥店

「廣裕德洋藥店」招牌標示發行「雲廣生熟洋藥」

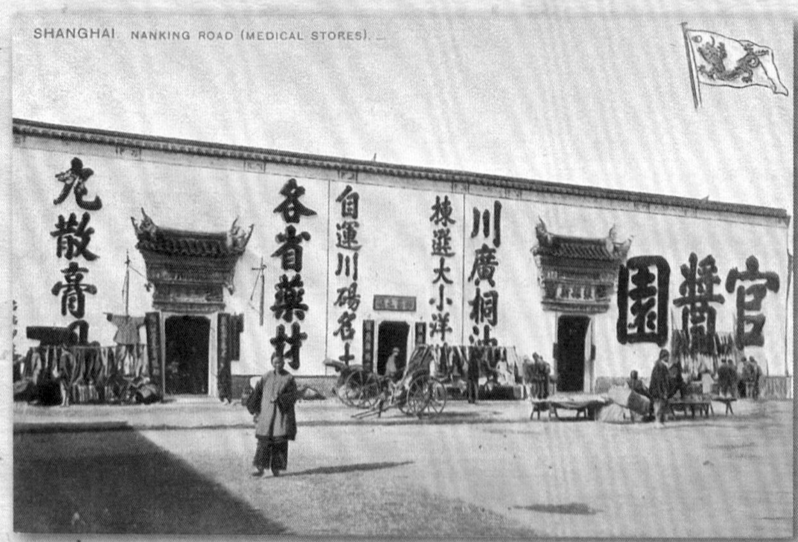

復昌土棧

清末明信片—上海南京路「復昌土棧」上海鴉片煙店

招牌標示「揀選大小洋藥、自運川碭名土」。「川碭」為當時栽種鴉片地區。「川」即四川，「碭」是民國時期的江蘇省碭山縣（今屬安徽省）。

洽鑫洋藥棧

上海寶善街「洽鑫洋藥棧」發行「洋土、公煙」。

坐票執照

清光緒二十年（1894年）販賣鴉片商舖的「坐票執照」

此「坐票執照」由盛京軍督部堂、奉天府尹堂衙門裕祿發給一間在金州的美記號鴉片商舖，繳納每年捐銀二十四両得以經營「洋藥」、「土藥」鴉片。

盛京即今遼寧省瀋陽，盛京軍督部堂即統領東三省的軍、政最高長官。執照上説明根據「戶部議奏開源節流籌備軍餉章程」而發給此執照，可見清廷當時之財政緊拙。

清光緒十年，清廷接納戶部議奏而推出一系列徵收税捐的措施。當時滿清政府對鴉片政策，以「寓禁於徵」，不分洋藥土藥，發給華商行、坐部票，按票捐銀。行票是發給運送鴉片的商人，而商行戶是發給坐票每年捐銀24両。東北地區是首先聞風而動。

坐票執照

盛京軍督部堂
奉天撫尹堂衙門

為給發坐票執照事照得現
准户部議奏開源節流籌備軍餉章程內開不分洋藥土藥發給行
坐部票按票捐銀其行票隨時另行給發外惟坐票填寫舖户姓名
字號住址無論資本大小按年捐銀貳拾肆兩每年換票一次如無
票者不准開舖售賣並行懲治等因遵辦在案現在部票尚未頒到
自應先行發給印票以憑稽查今據商人　　請領坐票在金州城
開設美　記號　賣洋藥土藥照章納捐銀貳拾肆兩如數
收訖為此票給該商收執以憑稽查倘此外各商等如有並未領票
私行開舖售賣煙土者一經查出定行照章懲辦　為此票仰須至票者
右票仰　　准此
光緒貳拾年五月　　日發
俟部票到時
再行更換

清末鴉片煙館

照片顯示當時中國的上等鴉片煙館以及在館內吸食鴉片的煙民。

煙館裝飾佈置富麗堂皇，而顧客衣着華麗。當中，在煙榻上的煙館侍應服侍顧客，以熟練的技術代客烤炊煙膏煙泡。

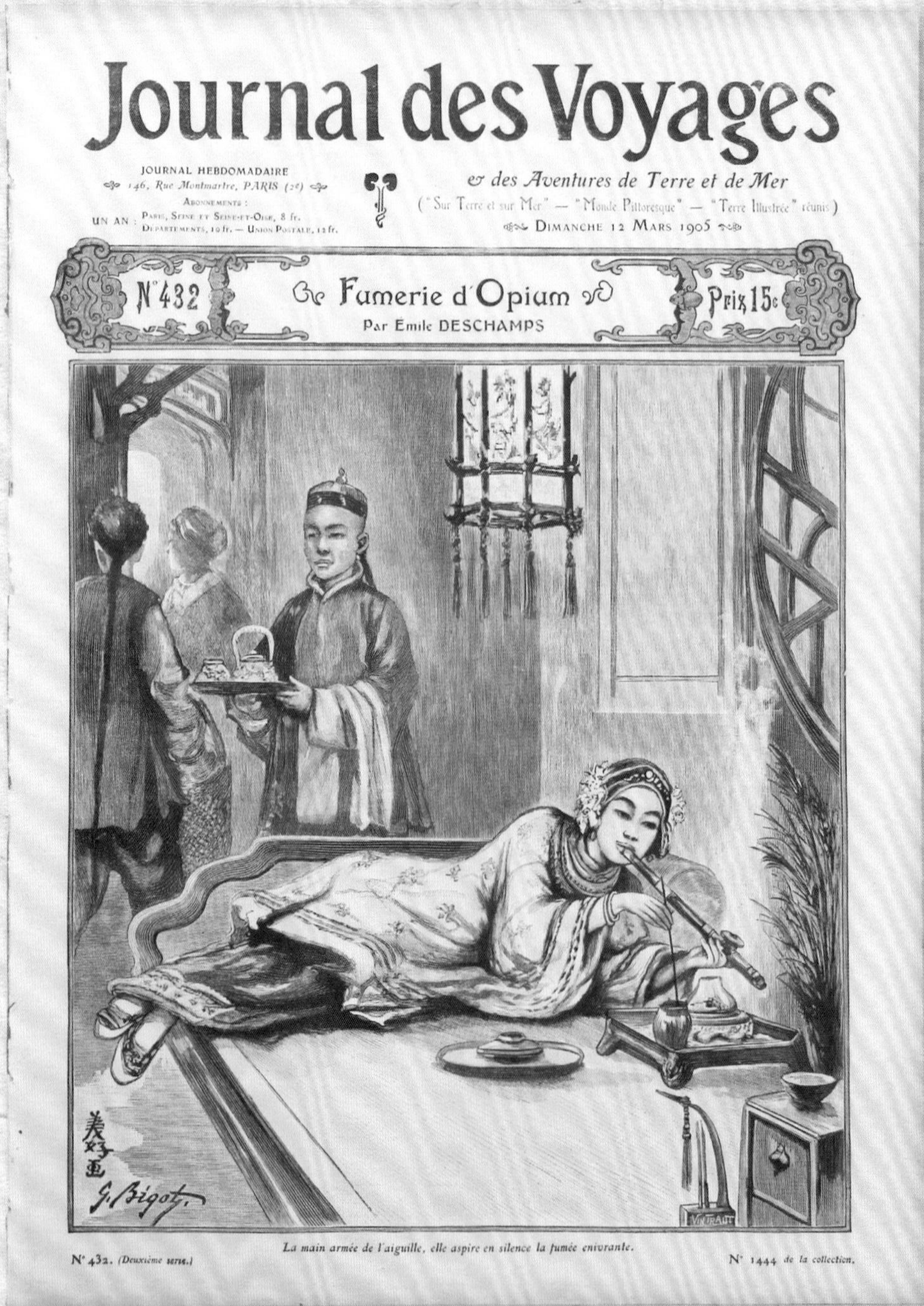

Journal des Voyages

JOURNAL HEBDOMADAIRE
146, Rue Montmartre, PARIS (2e)
Abonnements :
UN AN : Paris, Seine et Seine-et-Oise, 8 fr. Départements, 10 fr. — Union Postale, 12 fr.

& des Aventures de Terre et de Mer
("Sur Terre et sur Mer" — "Monde Pittoresque" — "Terre Illustrée" réunis)
Dimanche 12 Mars 1905

N° 432 — Fumerie d'Opium — Prix 15c
Par Émile DESCHAMPS

La main armée de l'aiguille, elle aspire en silence la fumée enivrante.

N° 432. (Deuxième série.) N° 1444 de la collection.

高級豪華的鴉片煙館

1905年3月法國《旅遊通訊》*Journal des Voyages* 封面

China. Opium Shop.

Opium and Pipe Smokers.
Sold by O. F. Ribeiro, Hongkong. No. 121

第二次鴉片戰爭之後的鴉片貿易合法化釐捐制度

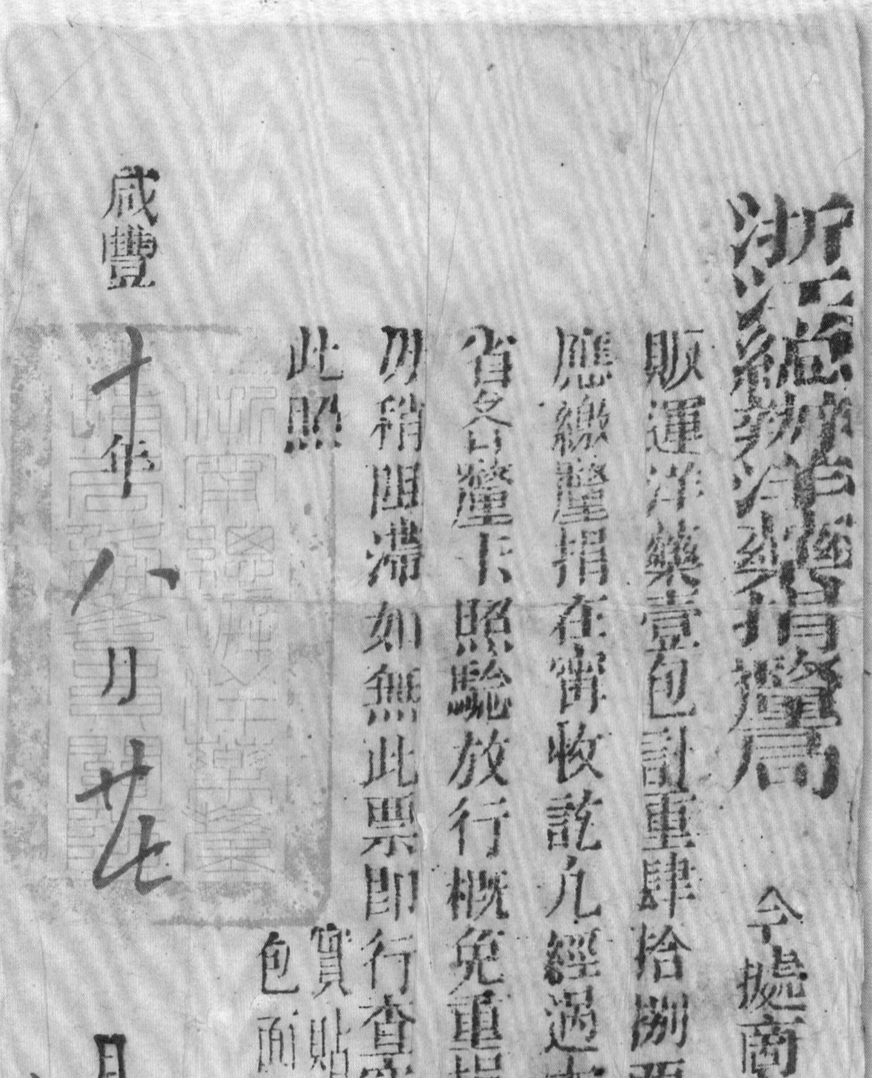
浙江總辦洋藥捐釐局 今據商人
販運洋藥壹包計重肆拾捌两
應繳釐捐在甯收訖凡經過本
省各釐卡照驗放行概免重捐
如稍阻滯如無此票即行查究 實貼
此照 包面
咸豐十年八月廿 日

洋藥釐捐票

清咸豐十年（1860年）浙江總辦洋藥捐釐局「釐捐票」

清廷徵收進口鴉片釐金是始於咸豐四年，清廷於咸豐八年（1858年）被迫與英國簽訂《通商章程善後條約》，允許鴉片作為「洋藥」經繳納税銀後公開入口，這即為鴉片貿易的合法化，而清廷的鴉片税釐逐漸成為清廷財政收入的重要來源。此款「釐捐票」為貼於販運鴉片的貨包面，作為已釐繳税銀的證明。

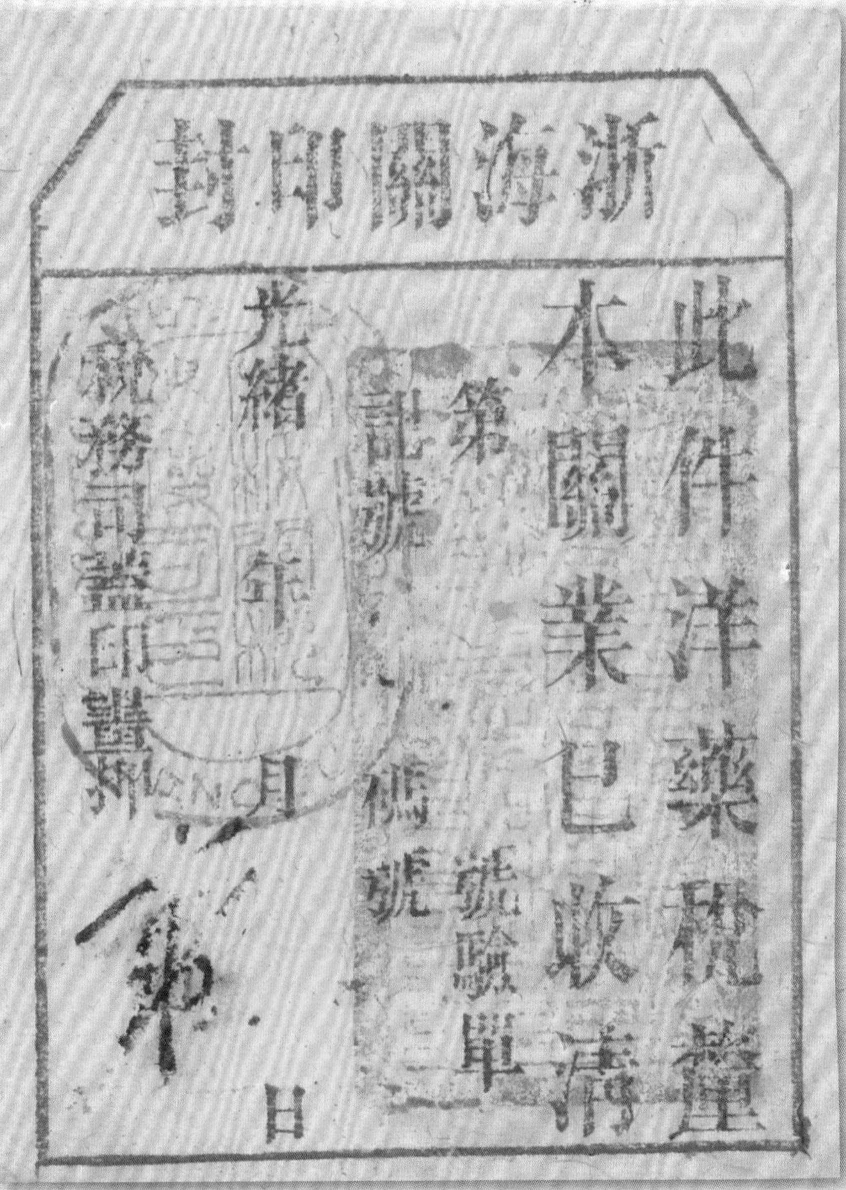
浙海關印封

此件洋藥稅釐

本關業已收清

第　　號驗單

記號　　碼號

光緒　　年　　月　　日

浙海關印封

清光緒年間浙江省「洋藥」即進口鴉片稅釐並繳的「浙海關印封」紙簽

清朝光緒十三年至三十四年（1887-1908年）期間，對從外地進口的「洋藥」即鴉片稅釐並徵的納稅憑證。

「洋藥」稅釐是對外國進口的鴉片徵收關稅以外，再抽取釐金徵課的雙重稅收，是當時滿清政府對鴉片煙毒「寓禁於徵」的政策。此種「印封」紙簽一般是粘貼在付運的鴉片包裹或貨箱的表面之處，是已付稅釐的簽記。

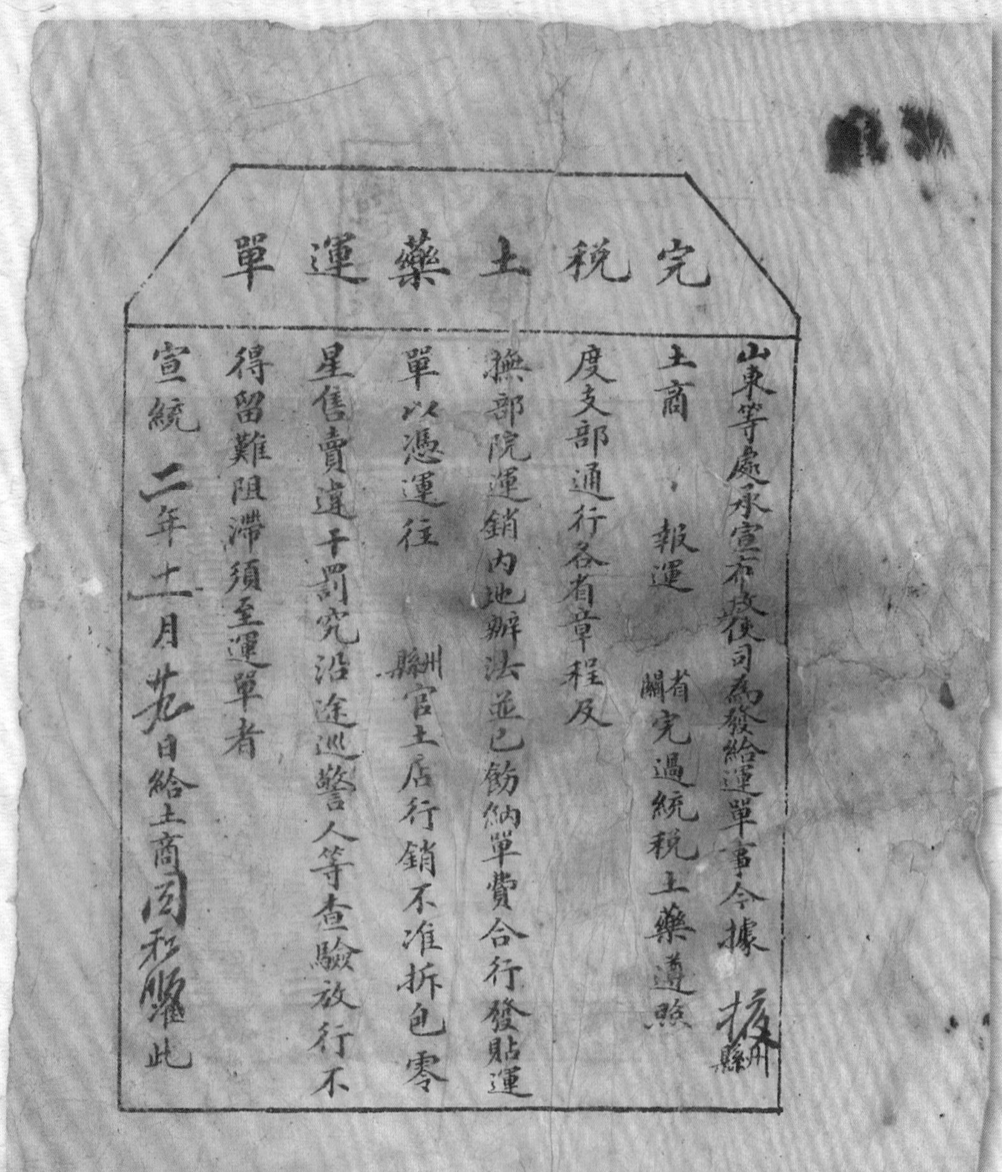

完稅土藥運單

山東等處承宣布政使司為發給運單事今據掖縣
土商　報運　省關完過統稅土藥遵照
度支部通行各省章程及
撫部院運銷內地辦法並已飭納單費合行發貼運
單以憑運往　州縣官土店行銷不准拆包零
星售賣違干罰究沿途巡警人等查驗放行不
得留難阻滯須至運單者
宣統　二年十一月廿日給土商周和順准此

完稅土藥運單

清末宣統二年（1910年）山東等處承宣布政使司發出完稅「土藥」運單

山東省掖縣銷往內地並經度支部及各省撫部經抽稅後，行文運往內地的「土藥」合法運單。第二次鴉片戰爭後，清政府開放煙禁，並准許民眾種植鴉片，以土產鴉片對抗進口的洋鴉片。當時將土產的鴉片稱為「土藥」，這種寓禁於徵的政策至少還能挽回經濟上的利權。

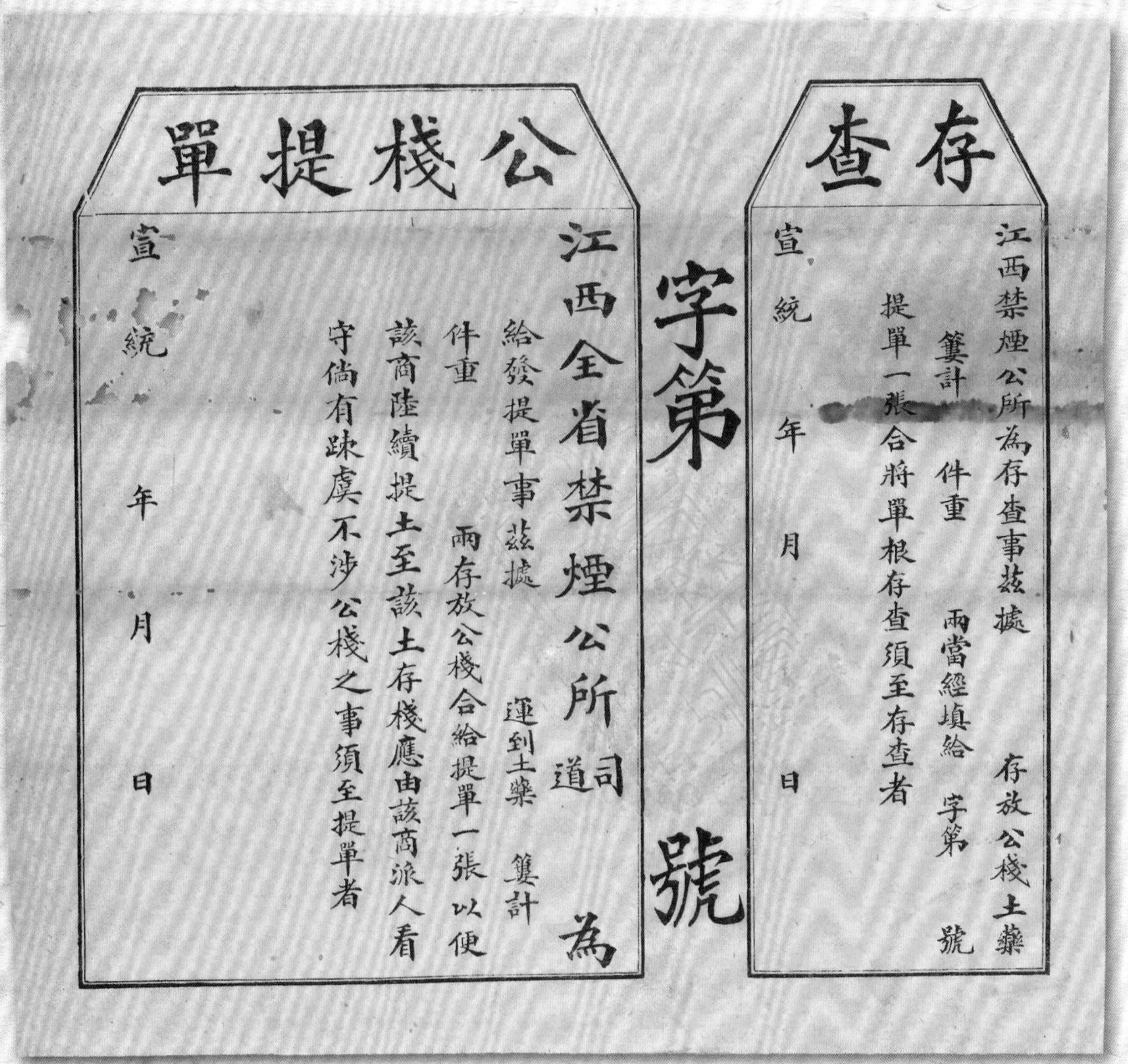

公棧提單

江西全省禁煙公所司道為
給發提單事茲據 運到土藥 簍計
件重 兩存放公棧合給提單一張以便
該商陸續提土至該土存棧應由該商派人看
守倘有踈虞不涉公棧之事須至提單者
宣統 年 月 日

字第 號

存查

江西禁煙公所為存查事茲據 存放公棧土藥
簍計 件重 兩當經填給 字第 號
提單一張合將單根存查須至存查者
宣統 年 月 日

公棧提單

清末宣統年間（1909-1911年）江西全省禁煙公所之「土藥」存放「公棧提單」附存根

清末新政時期於1906年（光緒三十二年）9月20日，清廷推出禁制煙毒新政，着定十年以內將洋藥、土藥（即進口及土產鴉片）之害一律革除淨盡。其中規定所有土產鴉片煙土運到，必須將運到之煙土存放於鴉片公棧，並且發給一張列明存入鴉片簍數及重量，以便所屬的鴉片貨商其後陸續提取所存放的煙土，而該貨商將土產鴉片存入公棧時，亦需自己派人看守。

19至20世紀的澳門鴉片經濟

早於1767年以前，早着天時地利的葡萄牙商人用船將土耳其鴉片運到澳門後再大肆走私到中國，可說是最早向中國銷售鴉片毒品的西方商人，也是最早獲得豐厚利益的一批人。澳門因為是葡萄牙租借地的特殊政治環境，得而成為葡萄牙商人對中國從事鴉片貿易和走私的最早據點及重要基地。

其後，逐利的英、美及其他西方商人參與對華鴉片走私活動，大量鴉片船集結在伶仃洋而逐漸成為鴉片走私巢穴，致使澳門於1814年前後開始失去鴉片貿易基地的地位。鴉片戰爭之後，英國人割占香港，以及中國五口開放通商，加上澳門港口淤積等原因，開埠初期的香港已經取代澳門而成為對中國的鴉片貿易及走私中心，是向中國傾銷鴉片的跳板。澳葡政府為了彌補在鴉片經濟上的損失，先後在澳門推出兩個主要階段的鴉片專營「承充制度」即包稅專營制度以擴大財政收入，分別為1846年至1927年的「招標承充」，以及1927年至1946年澳門禁制鴉片前的「政府自營」階段。在澳門從事鴉片承充的鴉片煙商，主要是經營將生鴉片煮成熟膏，經包裝入罐後供應給本澳或出口消費的生意。期間，澳門的鴉片專營承充制度得使承充商營利滿溢，而亦是澳門政府的財政收入之重要來源。

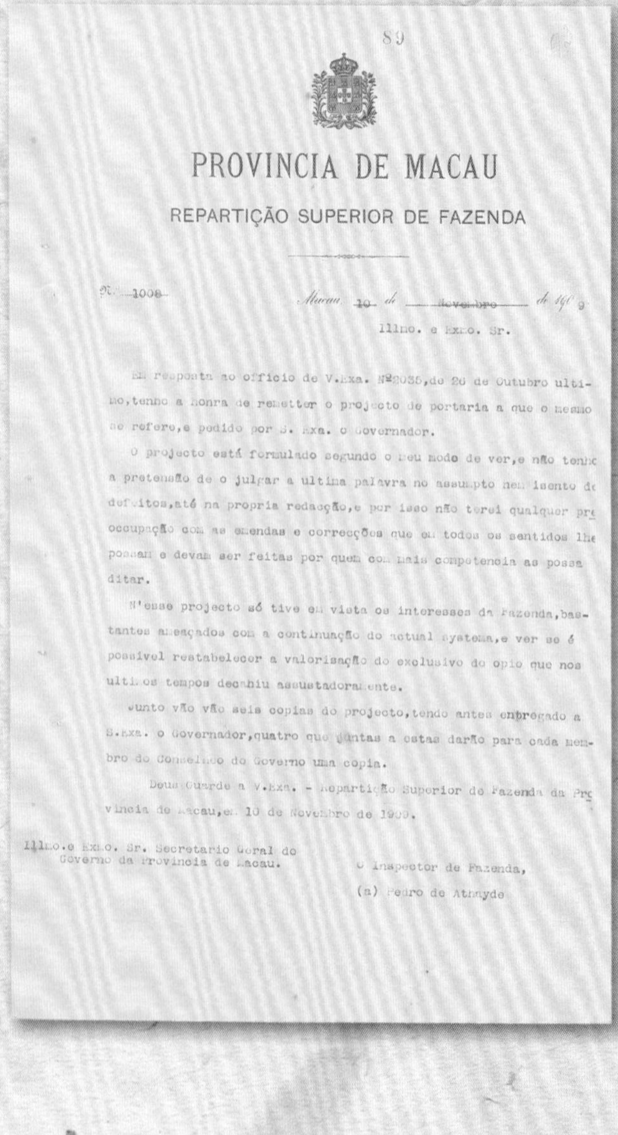
89

PROVINCIA DE MACAU

REPARTIÇÃO SUPERIOR DE FAZENDA

Nº 1008 Macau 10 de Novembro de 1909

Illmo. e Exmo. Sr.

Em resposta ao officio de V.Exa. Nº2035,de 26 de Outubro ultimo,tenho a honra de remetter o projecto de portaria a que o mesmo se refere,e pedido por S. Exa. o Governador.

O projecto está formulado segundo o meu modo de ver,e não tenho a pretensão de o julgar a ultima palavra no assumpto nem isento de defeitos,até na propria redacção,e por isso não terei qualquer preoccupação com as emendas e correcções que em todos os sentidos lhe possam e devam ser feitas por quem com mais competencia as possa ditar.

N'esse projecto só tive em vista os interesses da Fazenda,bastantes ameaçados com a continuação do actual systema,e ver se é possivel restabelecer a valorisação do exclusivo do opio que nos ultimos tempos decahiu assustadoramente.

Junto vão vão seis copias do projecto,tendo antes entregado a S.Exa. o Governador,quatro que juntas a estas darão para cada membro do Conselho do Governo uma copia.

Deus Guarde a V.Exa. - Repartição Superior de Fazenda da Provincia de Macau,em 10 de Novembro de 1909.

Illmo.e Exmo. Sr. Secretario Geral do Governo da Provincia de Macau.

O Inspector de Fazenda,

(a) Pedro de Athayde

Secretaria Geral do Governo
da Provincia de

MACAU

-:(O):-

27

C O P I A.

Instrucções sobre o opio.

O fabrico ou preparação do opio em Macau e suas dependencias será administrado pelo Governo da Provincia por intermedio da firma Tai-Hang em quanto esse exclusivo não fôr novamente concedido em arrematação.

Junto da fabrica de preparar opio, haverá um delegado fiscal do governo que terá a seu cargo:

a) Montar a escripturação do movimento da fabrica, por forma que no fim de cada mez se conheça a quantidade, e importancia em patacas, do opio crú adquirido e entrado na mesma fabrica; - a quantidade de opio cosido produsido; - a quantidade vendida para consumo de Macau, Taipa e Colovane e a respectiva importancia em patacas; e a quantidade em taeis vendida para o estrangeiro e o correspondente em patacas; quantidade e o seu valor em patacas correspondente ao saldo existente no fim de cada mez tanto em opio crú como em opio preparado; despesas realisadas com o pessoal empregado no fabrico do opio, com a compra de material e outros, por forma a saber-se todo o movimento havido durante cada mez, e o saldo liquido resultante.

b) Pôr o visto nas requisições e outros documentos de acquisição de opio crú.

c) Informar-se dos encargos verdadeiros do fabrico do opio, do estado em que se encontram os mercados e da maior ou menor facilidade na exportação; das localidades extrangeiras para onde possa haver maior exportação; da maior ou menor facilidade local para o contrabando feito da Lapa para Macau e dependencias.

d) Mandar diariamente á Capitania um mappa do movimento do opio havido na fabrica.

e) Formular no fim do mez o balanço geral de todo o movimento occorrido durante o mesmo mez, enviando uma copia á Repartição Superior da Fazenda.

f) Assignar as guias das importancias que tenham de dar entrada no cofre da fazenda, proveniente do rendimento do opio.

A' firma administradora Tai-Hang compete a Direcção technica do fabrico, preparação e venda do opio, devendo dar todos os esclarecimentos que o fiscal do Governo, ou os empregados seus auxiliares lhe pedirem para o desempenho dos serviços que lhe são incumbidos.

Secretaria

Secretaria Geral do Governo em Macau, 11 de Maio de 1909.

O Chefe da Repartição civil,

(ass) S. J. Encarnação.

1º Official.

- Está conforme -

Repartição Superior de Fazenda da Provincia de Macau, em 12 de Maio de 1909.

O Official,

Certidão

Certifico eu abaixo assinado que, em cumprimento do mandado retro, intimei hoje pelas 11.45 horas o china Leung Tsok Lam na qualidade de procurador de Lee Ngan, para o conteúdo do mesmo mandado e ele assinou, dou por intimado e assim o cumpo.

Macau, 28 de Agosto de 1920.

Leung Tsok Lam

Bellarmino Eustaquio da Silva
Oficial de diligencias

Arthur Francisco Maria Gracias, secretario oficial, provisorio da Direcção dos Serviços de Fazenda, Servindo de Secretario de Fazenda.

Mando ao Oficial de diligencias Bellarmino Eustaquio da Silva que intime Leung-tsok-lam, na qualidade de procurador de Lee-ngan concessionario do exclusivo do Opio, para no prazo de cinco dias, reclamar, querendo, da avaliação constante de fls. quarenta destes autos. - Eu, José Pedro de Alcantara Silva, o escrevi.

Repartição de Fazenda do Concelho de Macau, 28 de Agosto de 1920.

Servindo de Secretario de Fazenda,
Arthur Francisco Maria Gracias

澳門公鈔局長羅鄭為
速差飭利義奉票傳
諸聯興烟公司專牛
之代理人馮竹臨限
五日內粟明此法價
之價值特此通知
西曆千年八月廿八日發

煙膏銅罐

十九世紀至二十世紀的「澳門利成鷹嘜公煙」煙膏銅罐

香港英國殖民地時期「鴉片公賣」

香港英國殖民地政府因為鴉片豐厚的稅收利益實行「鴉片公賣」，經招商承辦（1844—1913）和政府自營（1914—1941香港淪陷日本侵佔之前）的兩個階段。

其後，英國在日本投降後的1945年9月恢復對香港管治，當時軍政府於9月20日明令禁止販賣與吸食鴉片，方結束歷時百年的香港鴉片專賣制度。

鴉片陶罐

貼有早期香港英國殖民政府標籤的鴉片陶罐

民國北洋政府時期煙毒票證

民國北洋政府時期，各地軍閥為加實力，以鴉片煙稅為財源，競相開放鴉片煙禁。

特別印花稅票

熱河禁煙總局
鴉片特別印花稅票

奉天禁煙總局與奉天禁煙善後局

奉天省（今遼寧省）於奉系軍閥張作霖時代連年戰爭，施行寓禁於徵禁煙劣政，意在增加收入，抵補財政赤字，在奉天省城設禁煙總局，保證餉源。

其後張學良於1928年起嚴禁煙毒，遂將禁煙局撤銷，改設禁煙善後局，以期於1929年3月完全禁絕鴉片。

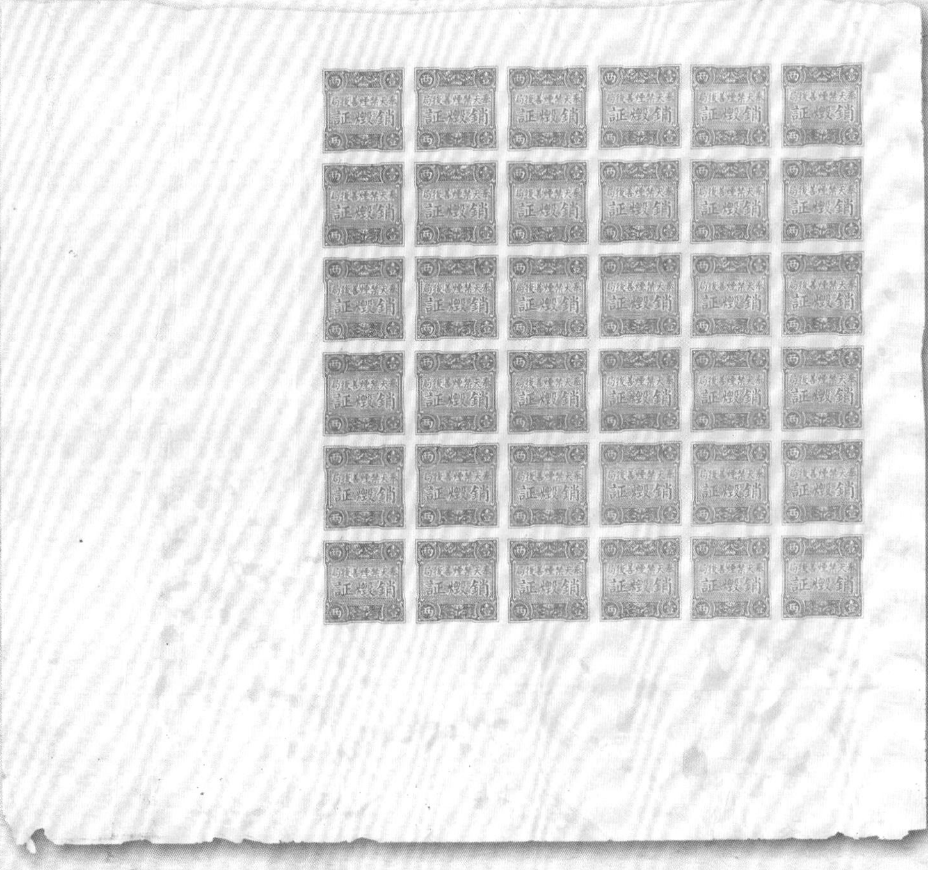

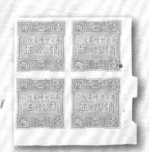

台灣鴉片經濟

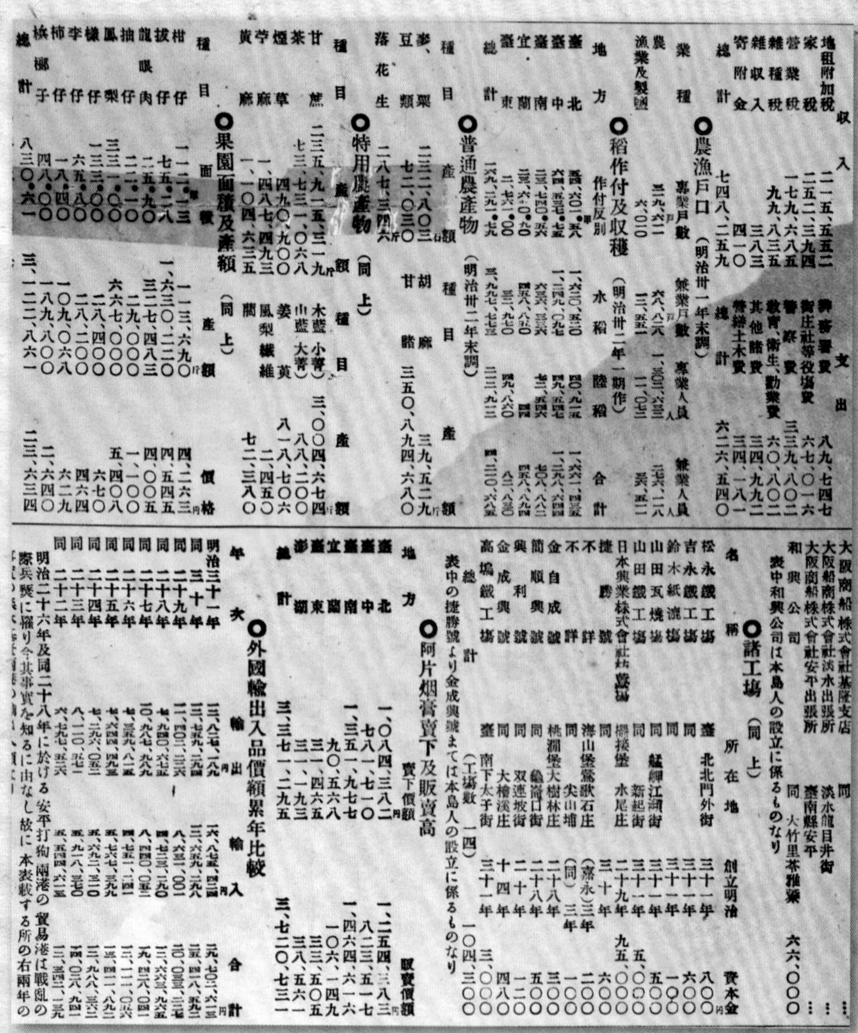
收入
支出
○農漁戶口（明治卅一年末調）
○稻作付及收穫（明治卅二年一期作）
○普通農產物（明治卅二年末調）
○特用農產物（同上）
○果園面積及產額（同上）
○諸工場（同上）
○阿片烟膏賣下及販賣高
○外國輸出入品價額累年比較

台灣鴉片統計資料

1901年日據台灣各地「阿片煙膏賣下及販賣高」
刊印於日據台灣初期《台灣全圖》

第一次中日戰爭（甲午戰爭）之後，日本割據台灣，直至第二次大戰日本投降後台灣光復之前，一般稱為日據台灣時期（1895年至1945年）。

這是於1901年由「成章堂」出版的《台灣全圖》，背面刊載有當時「台灣總督府」管內的重要統計資料，其中印有台灣各地包括台北、台中、台南、宜蘭、台東及澎湖地方的「阿片煙膏賣下及販賣高」即鴉片煙膏賣出和買入價格的統計項目。

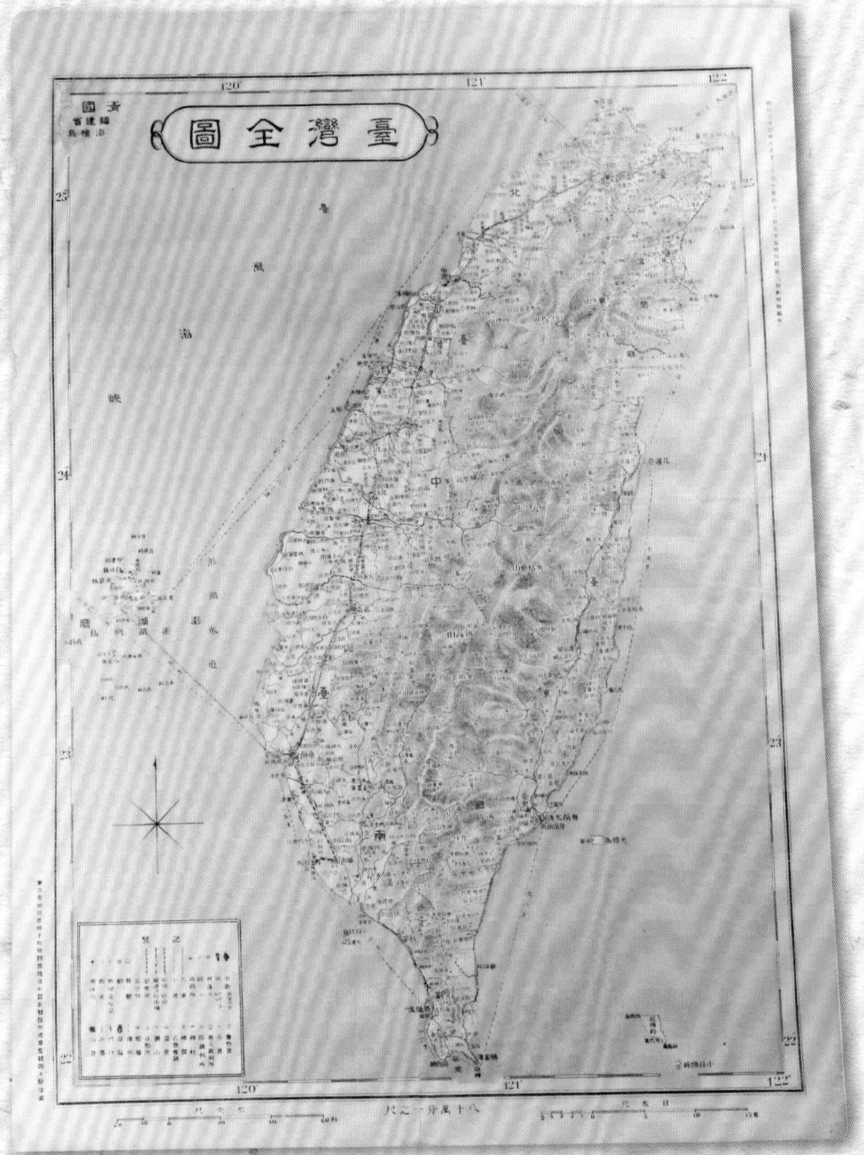

吸食鴉片的老人

台灣日據時代的明信片

廣州淪陷時期鴉片煙毒專賣

1938年至1943年廣州淪陷期間，侵華日軍利用漢奸在廣州建立廣東全省的鴉片煙毒專賣機構「福民堂」。侵華日軍將中國東北生產的「大連土」鴉片供應給「福民堂」，用來生生產「孖金錢牌」及「金鹿牌」等品牌的「公煙」以「戒煙藥膏」的名義出售，毒害淪陷區甚至非淪陷區的人民並掠奪金錢利益。1943年5月合約滿期，福民堂結束，由廣東省禁煙局接辦為直屬單位，正式改名為廣東禁煙局戒煙藥膏專賣所，全體員工留用，禁煙局也過來一起辦公，製造鴉片煙膏，裝於貼有所謂「廣東福民堂公賣戒煙藥膏」標貼的「孖金錢純粹公煙」銅罐，直至日本投降。

孖金錢牌

「孖金錢純粹公煙」銅罐貼有「廣東福民堂公賣戒煙藥膏」

金鹿牌

「金鹿牌」鴉片煙膏銅罐

偽滿洲國鴉片專賣

吸食鴉片的滿洲女人

阿片を吸ふ女

吸食鴉片的滿洲男人

Opium Smoking
(8) HABITS IN MANCHURIA.
滿洲風俗 那君は阿片を吸ひ妾君は水煙を吸ふ

偽滿洲國鴉片專賣宣傳畫

此四款宣傳畫，是偽滿洲國的專賣總署等多個機關的名義聯合公佈，呼籲民眾不得私種鴉片和吸用私煙。

1931年「九一八」事變後，日本仿效英國在中國東北實施鴉片政策，以此為開支巨大的侵略軍費提供財源。侵華日軍於1932年3月1日至1945年8月18日，在中國東北扶持偽滿洲國傀儡政權。偽滿洲國成立之後便陸續公佈有關管制鴉片的多條法令以鞏固鴉片稅收。1933年1月11日，推行「鴉片專賣制度」，其後設立鴉片專賣特別會計，以控制鴉片專賣收支。偽滿的「專賣總署」是統管鴉片的種植、收購、加工，逐層分撥到零售所賣給領有牌照的煙館或吸毒者。

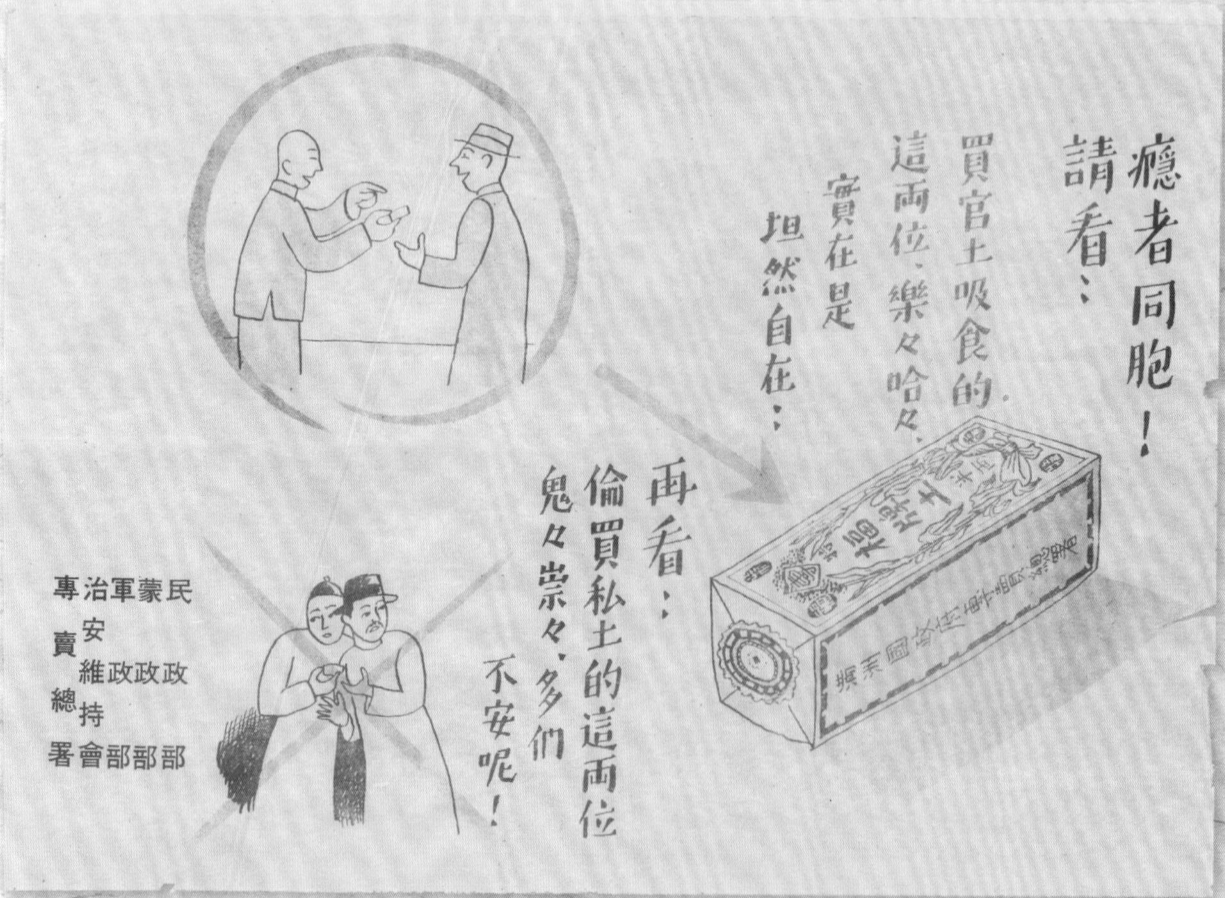

看吧！
被警察用繩子
捆着，向監獄裡
去的二位！
那就是：
私種罌粟，或私販大煙的
歸結，難道說：
不可怕嗎？
民政部
蒙政部
軍政部
治安維持會
專賣總署

喂！私種大煙，終難逃官家的取締，
請看：
這棵正在含苞的罌粟
一剪兩斷！
歸終
白費了
一些人工，和氣力，
多們可惜呀！
趁早把私種的
念頭打消吧！
民政部
蒙政部
軍政部
治安維持會
專賣總署

民家們！要知到！
私種大煙，容或僥倖收割，
可是：早有一些土匪，
在張牙舞爪，等着搶呢！
你們不是白費工夫，
反而招來禍害嗎！
民政部
蒙政部
軍政部
治安維持會
專賣總署

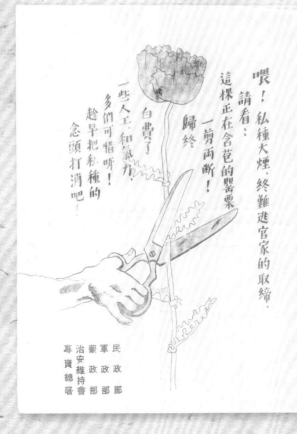

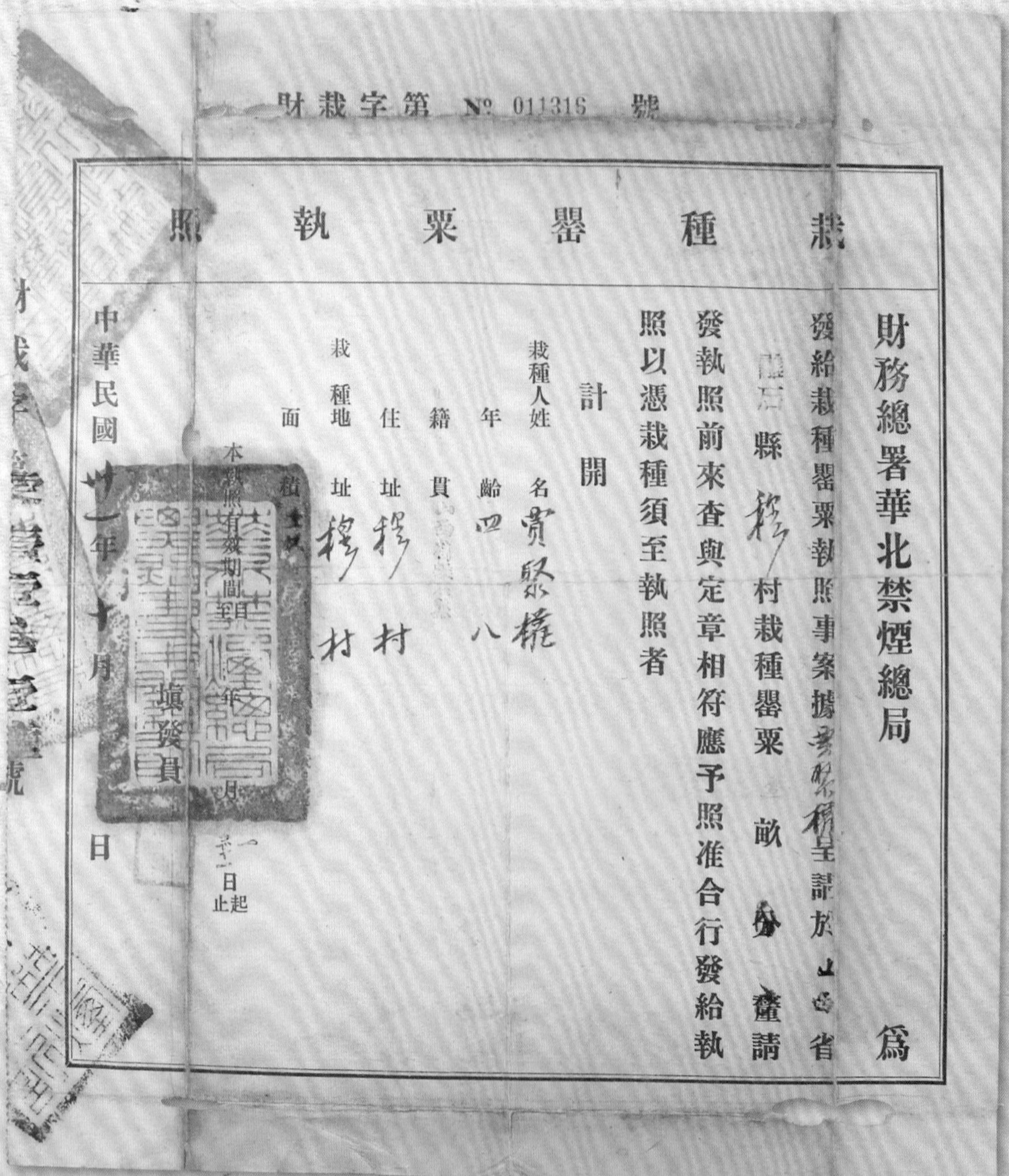
財裁字第 №. 011316 號

栽種罌粟執照

財務總署華北禁煙總局　為

發給栽種罌粟執照事案據賈聚權呈請於山西省

離石縣穆村栽種罌粟　畝　分　呈請

發執照前來查與定章相符應予照准合行發給執

照以憑栽種須至執照者

計開

栽種人姓名 賈聚權

年齡 四八

籍貫

住址 穆村

栽種地址 穆村

面積

本執照有效期間自　年　月　日起　止

填發員

中華民國卅一年十月　日

栽種罌粟執照

民國三十一年（1942 年）華北偽政權「財務總署華北禁煙總局」「栽種罌粟執照」，批准山西省離石縣民栽種罌粟一畝

1937 年侵華日軍發動七七事變，華北地區淪陷後，由華北偽政權「財務總署」設立「華北禁煙總局」作為鴉片煙毒的統制專門機關，實行強制縱毒以謀取暴利及毒害華人。在鴉片栽種方面，頒行《栽植罌粟執照發給辦法》，計劃定在華北各地開種鴉片，其後更勒令大面積種植。

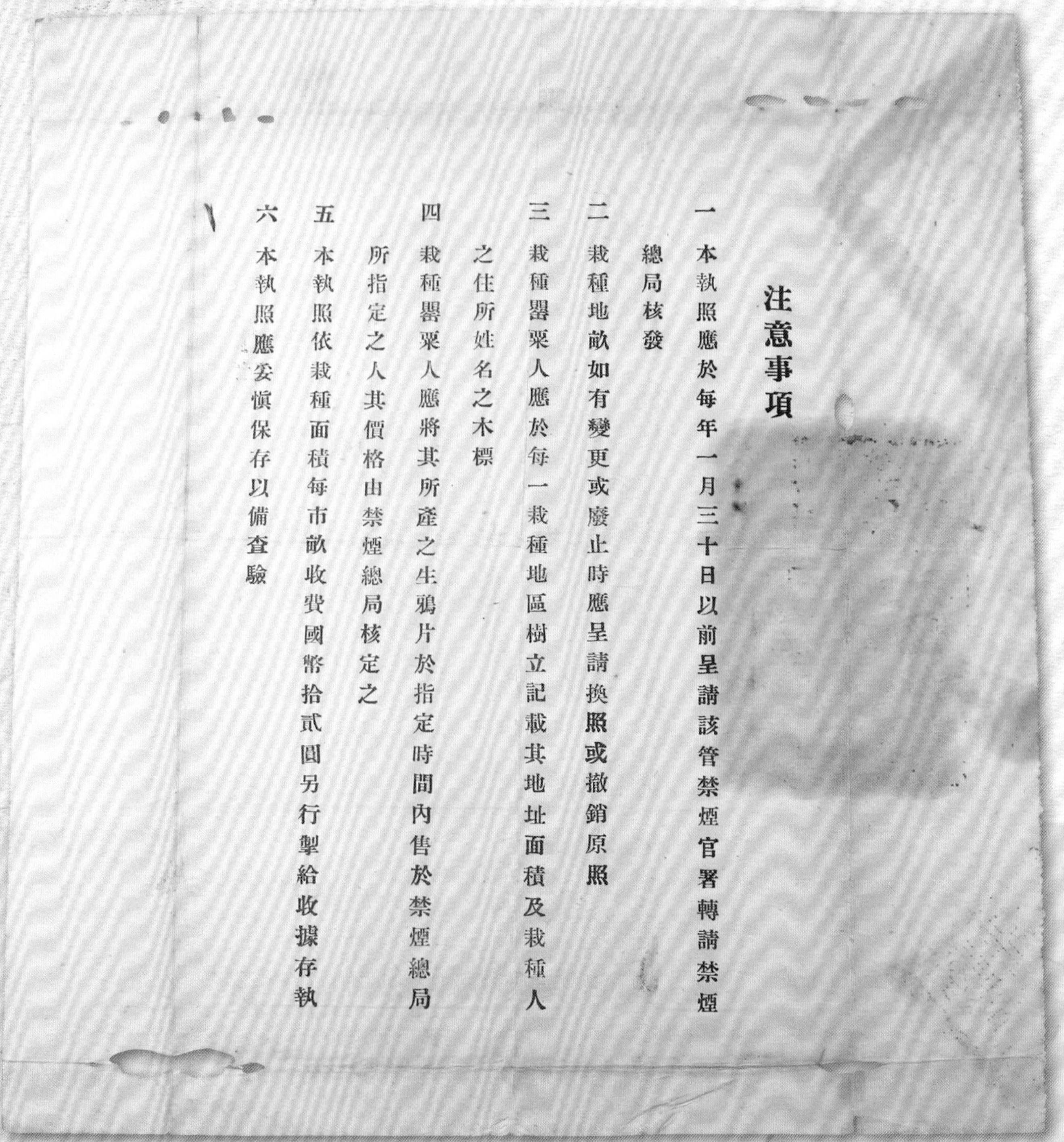

注意事項

一 本執照應於每年一月三十日以前呈請該管禁煙官署轉請禁煙總局核發

二 栽種地畝如有變更或廢止時應呈請換照或撤銷原照

三 栽種罌粟人應於每一栽種地區樹立記載其地址面積及栽種人之住所姓名之木標

四 栽種罌粟人應將其所產之生鴉片於指定時間內售於禁煙總局所指定之人其價格由禁煙總局核定之

五 本執照依栽種面積每市畝收費國幣拾貳圓另行掣給收據存執

六 本執照應妥慎保存以備查驗

日偽「蒙古」政權的鴉片徵稅

日偽「蒙古」政權的「成吉思汗紀元」(成紀)是最先由侵華日軍於1936年在內蒙地區成立的日偽「蒙古軍政府」所使用,是奉成吉思汗登基的西元1206年為成紀元年。1936年是成紀731年直至1945年日本投降結束。

「蒙古聯合自治政府」是於1939年由日軍將內蒙地區的三個日偽政權合併組成。

官印煙膏包裝紙

蒙古聯盟自治政府稅務管理局「官印煙膏包裝紙」

1937年8月27日,日本關東軍攜同蒙古軍攻佔察哈爾省。9月4日成立偽「察南自治政府」。1939年9月併入蒙疆聯合自治政府,後來再併入偽「蒙古聯合自治政府」。

銷毀證

察南自治政府鴉片「銷毀證」

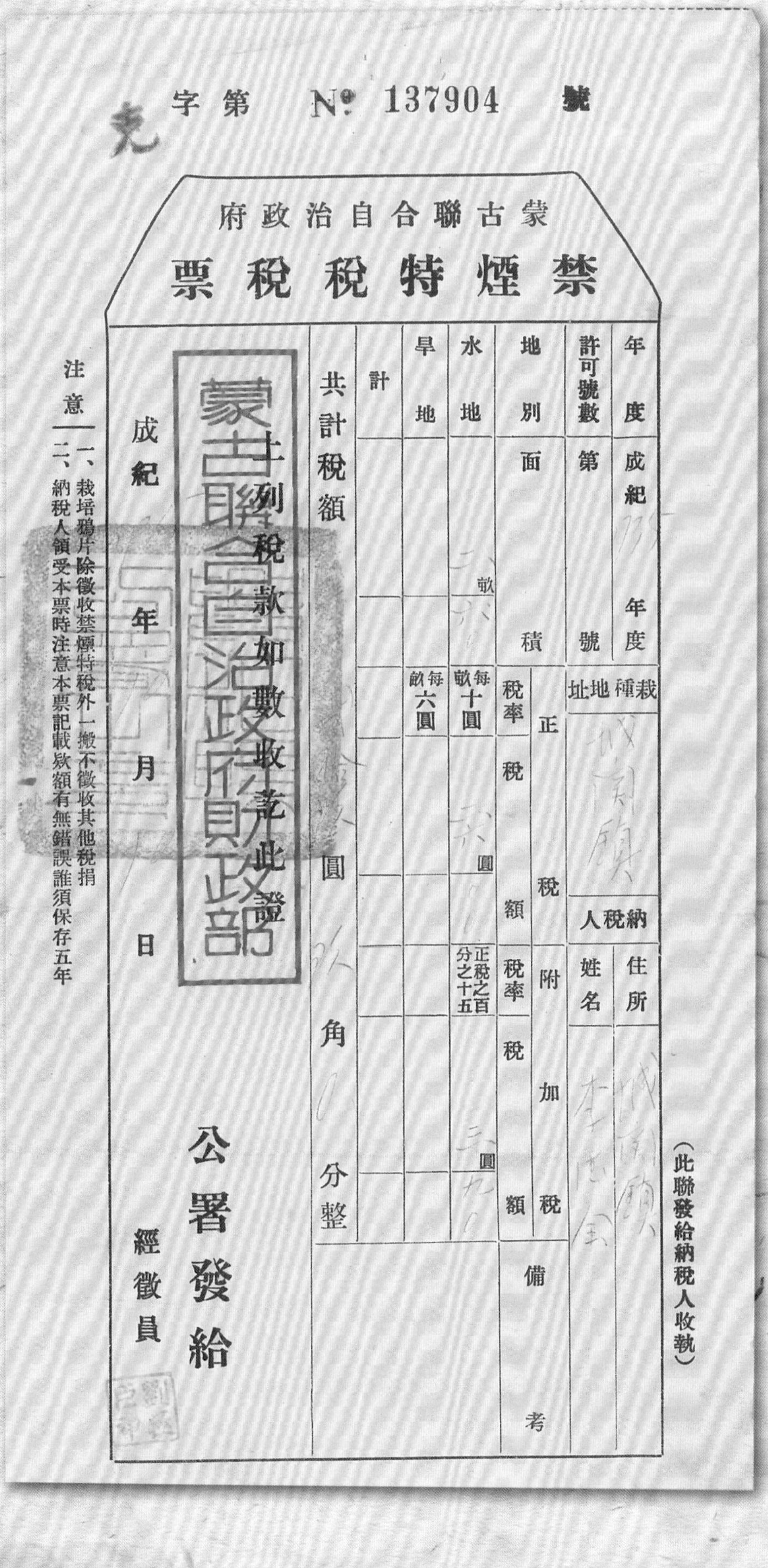

字第 № 137904 號

蒙古聯合自治政府

禁煙特稅稅票

年度	許可號數	地別面積	水地	旱地	計
成紀　年度	第　號		畝		

栽種地址	正稅 稅率	水地 每畝十圓	旱地 每畝六圓
	稅額	圓	

納稅人 住所	姓名	附加稅 稅率	正稅之百分之十五
		稅額	圓

備考

共計稅額　圓　角　分整

上列稅款如數收訖此證

蒙古聯合自治政府財政部

成紀　年　月　日

公署發給

經徵員

注意

一、栽培鴉片除徵收禁煙特稅外一概不徵收其他稅捐

二、納稅人領受本票時注意本票記載欵額有無錯誤誰須保存五年

（此聯發給納稅人收執）

禁煙特稅稅票

成紀七三六年（一九四一年）蒙古聯合自治政府栽種鴉片之「禁煙特稅稅票」

民國時期雲南鴉片

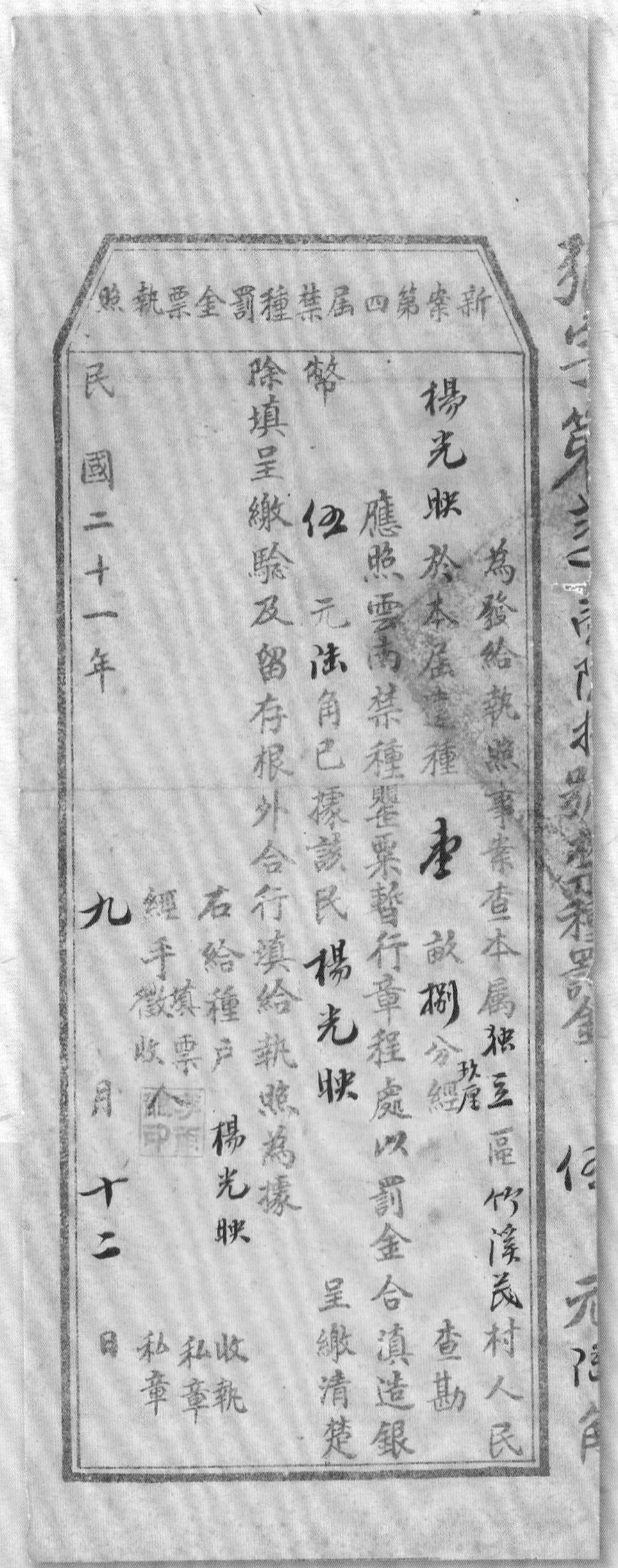

新案第四屆禁種罰金票執照

為發給執照事案查本屬独立區竹溪莪村人民
楊光映於本屆違種壹畝捌分玖厘經查勘
應照雲南禁種罌粟暫行章程處以罰金合滇造銀
幣伍元陸角已據該民楊光映呈繳清楚
除填呈繳驗及留存根外合行填給執照為據
右給種戶楊光映收執
經手徵收 填票 私章 私章
民國二十一年九月十二日

雲南省地處中國西南，自清末以來的各個時期政府，一面採取鴉片禁種、禁運、禁吸的施，另一方面又允許甚至鼓勵地方民眾種植大煙，以收取煙畝罰金、產煙稅與公賣煙等手段獲取巨大的經濟利益。因此，至令西南地區的雲南、貴州等省份的鴉片煙毒問題，最為嚴重。

新案第四屆禁種罰金票執照

民國二十一年（一九三二年）《雲南禁種罌粟暫行章程》之「新案第四屆禁種罰金票執照」

鴉片印花

雲南禁煙局頒發
《鴉片印花》

逕啟者本記創辦煙貿歷有年所自前清同光年間在雲南迤西產煙之地經驗多年攷正此物之良莠乃有山土壩土之區別壩土性味不良惟大山南土有清香撲鼻之美是以小記不惜巨資採辦暢銷各省極得各界歡迎稱為清心解毒之良品並有銷愁添歡之奇功迫得各方函告小記所辦之煙土性味特奇故特加設內票恐有不肖之徒假立名目請認小記和合商標為記恕免遺誤此啟

雲南志記主人謹識

雲南志記

民國時期 雲南志記「和合商標」鴉片煙土廣告紙

廣告紙說明自前清同治年間經已於雲南迤西即西部的大理、麗江和永昌一帶產煙之地採辦優良鴉片，聲稱為「清心解毒」之良品。

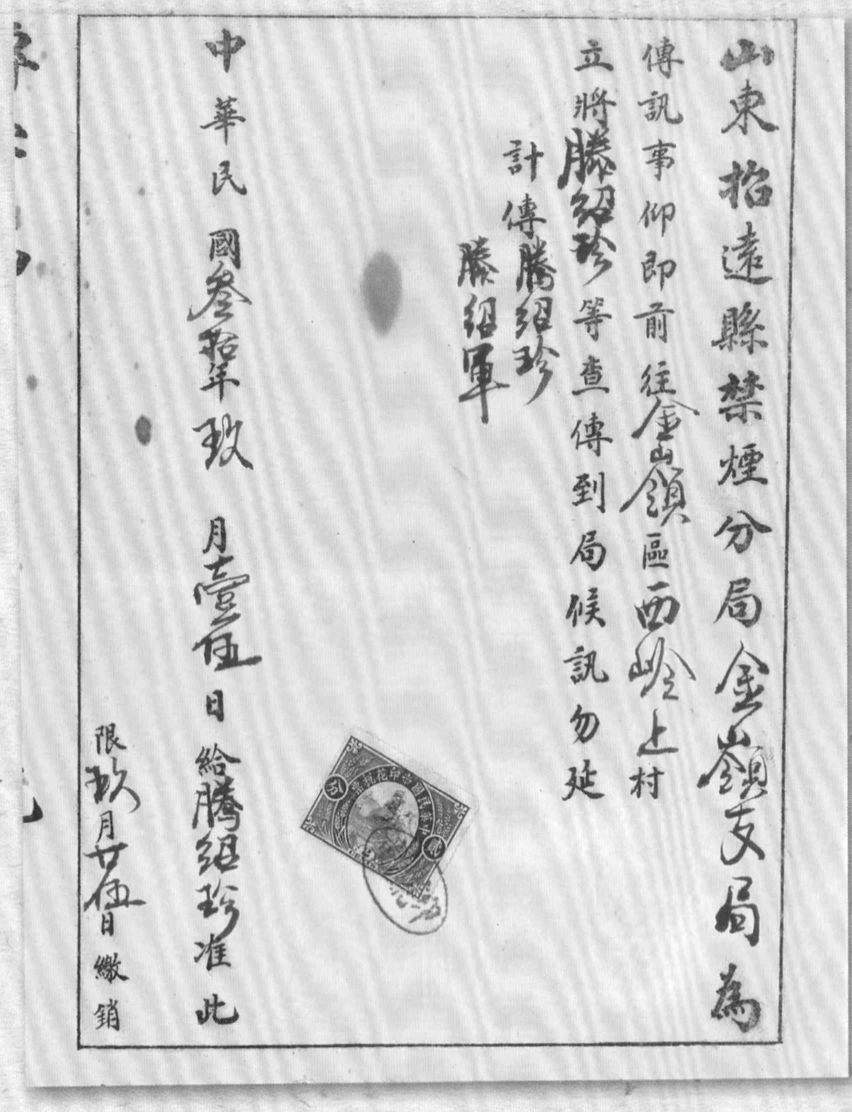

山東招遠縣禁煙分局金嶺支局為

傳訊事仰即前往金山嶺區西岭上村

立將滕紹珍等查傳到局候訊勿延

計傳滕紹珍

滕紹軍

中華民國叁拾年玖月壹伍日給滕紹珍准此

限玖月廿伍日繳銷

禁煙分局傳單

民國北洋政府時期山東招遠禁煙分局傳單（有關傳單上所填寫文字可能為後期填寫）

貴州分處出入證

禁煙督查處貴州分處出入證

山東全省禁煙總局徽章

解放區鴉片（特貨）經濟

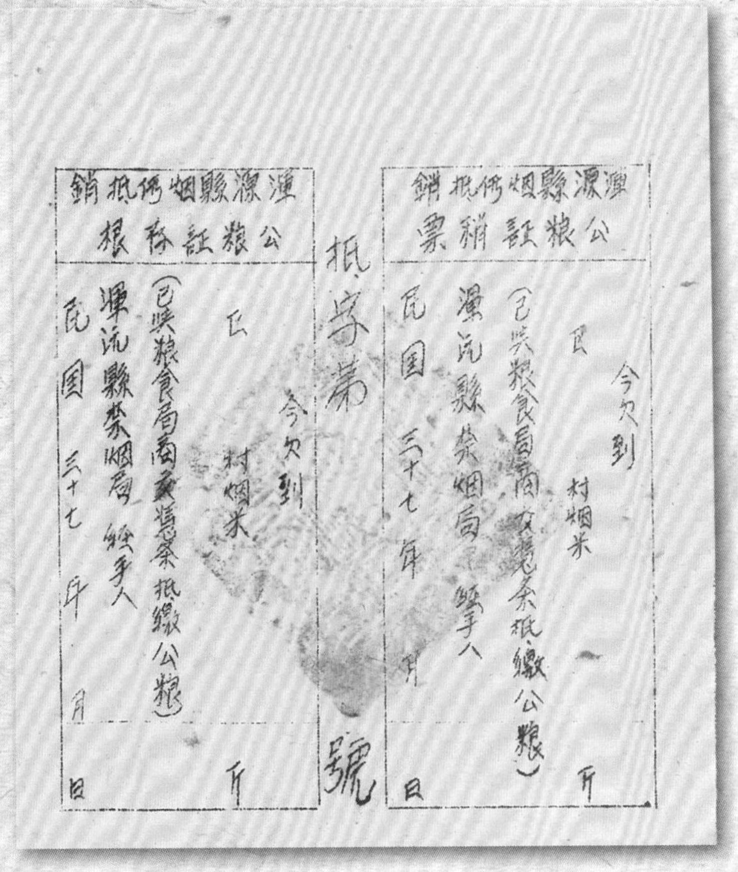

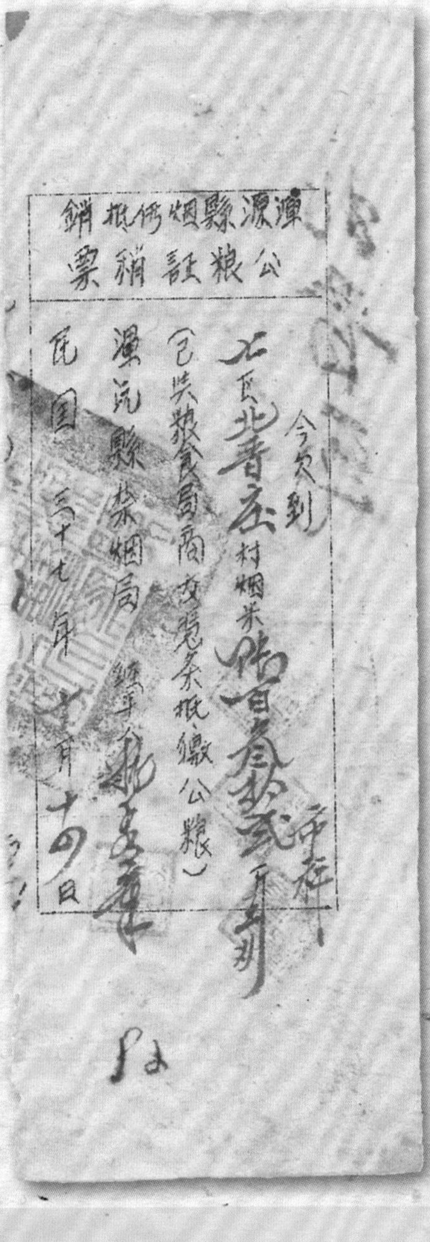

煙價抵銷公糧證

民國三十七年（1948年）解放區察哈爾省雁北專署渾源縣禁煙局「煙價抵銷公糧證」銷票

「公糧」是農業稅的俗稱，是國家對一切從事農業生產、有農業收入的單位和個人徵收的一種稅項。當時解放區種植鴉片的農民向禁煙局繳出鴉片煙土並獲發憑條可向糧食局作為抵銷繳納公糧。

抗日戰爭時期渾源縣境南北山區均為抗日根據地，屬晉察冀邊區。1945年渾源縣解放。1947年屬察哈爾省雁北專署。1952年重歸山西省。

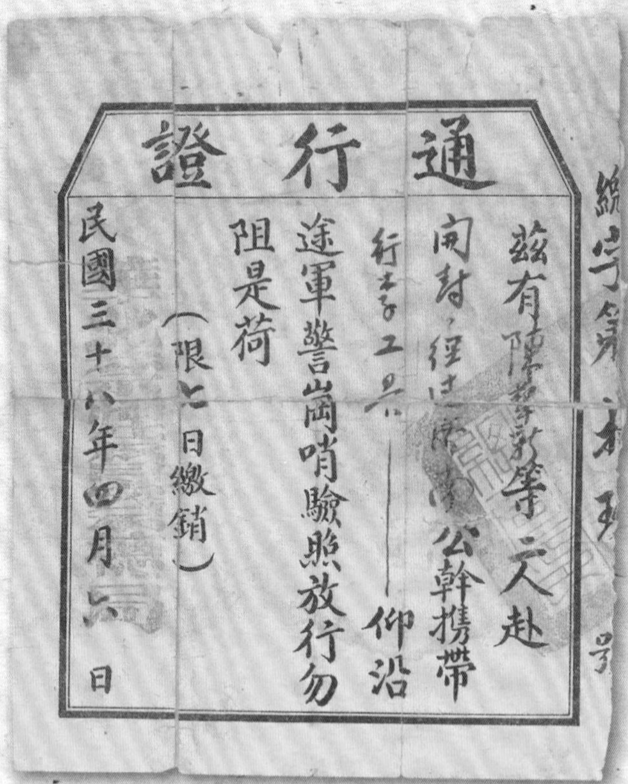

總字第 號

通行證

茲有陳若新等二人赴
開封、經由府 公幹攜帶
行李二只 仰沿
途軍警崗哨驗照放行勿
阻是荷
（限七日繳銷）
民國三十八年四月六日

通行證

民國三十八年（一九四九年）
解放區「華北禁煙督察總局」
「通行證」

特貨轉運攜帶證

中原禁煙督察總局 字第 號

特貨人姓名	特貨品名	數重	轉運何處	限期	備考
韓紹唐	烟土	叁箱	亳州	十五月	

一、凡持此證沿途軍政機關均得保護之必要時須查驗
二、此證不得轉借他人

局長 趙奉初
副局長 方坤
代填機關
代填發人 郭錫三

中華民國三十八年五月三十日填

豫皖蘇辦事處第一站

特貨轉運攜帶證

民國三十八年（1949年）解放區「中原臨時人民政府」「中原禁煙督察總局」「豫皖蘇辦事處第一站」簽發之「特貨轉運攜帶證」

中原地區在解放初期，實行鴉片統購、統運、統銷，維持了特貨統運的禁毒政策。

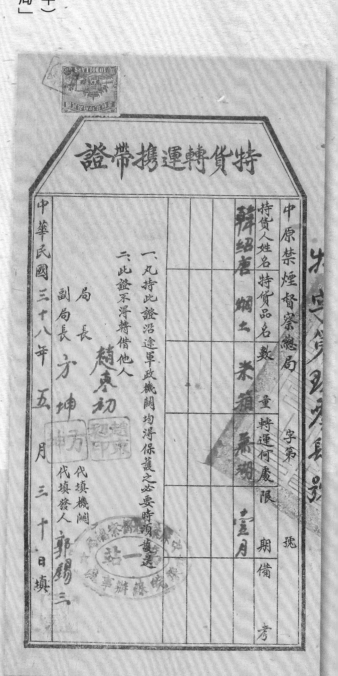

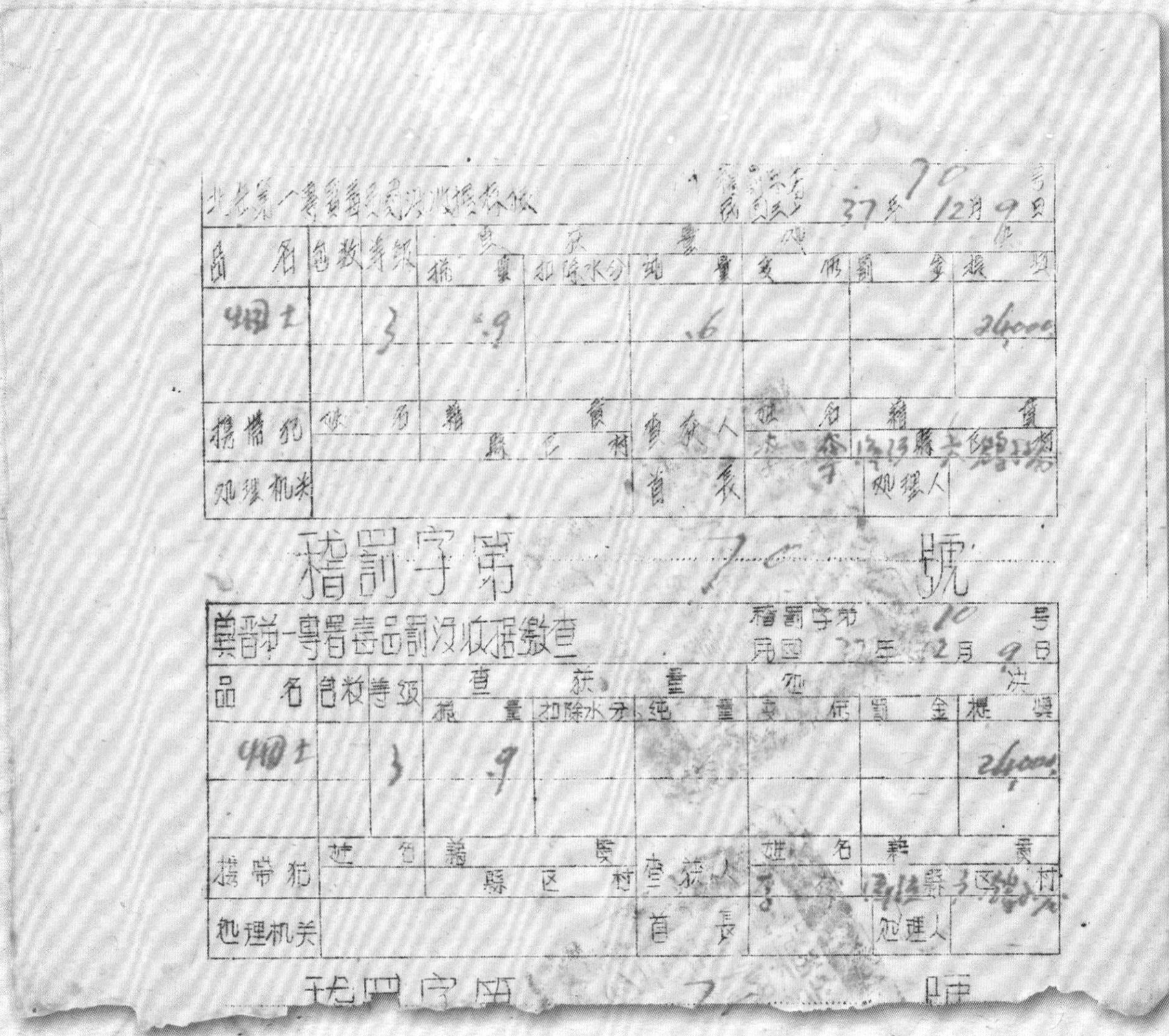

北岳第一專署毒品罰沒收據存根　稽罰字第 70 号　民國 37年 12月 9日

冀晉第一專署毒品罰沒收据繳查　稽罰字第 70 号　民國 37年 12月 9日

毒品罰沒

民國三十七年（1948年）「北岳第一專署毒品罰沒收據存根」以及「冀晉第一專署毒品罰沒收據繳查」兩聯（內容為沒收鴉片煙土）

晉冀魯豫邊區原是中國共產黨領導的敵後抗日根據地之一。於1937年10月首先在山西太行和太岳山區建立，次年4月，擴建為晉冀豫根據地。1941年1月和冀魯豫及魯西根據地合併為「晉冀魯豫邊區政府」。

抗戰期間，晉冀魯豫邊區在行政上劃分為四個行署，即太行行署、太岳行署、冀南行署、冀魯豫行署，26個專署。解放戰爭時期，邊區不斷發展，1948年8月改稱華北人民政府，晉冀魯豫邊區正式結束。

第三章 林則徐與鴉片戰爭

中國歷史上的第一條鴉片禁令是肇端滿清雍正皇朝，這也是世界歷史上的第一條禁毒法令。鴉片毒禍自18世紀末年的嘉慶皇朝已經凸顯，嘉慶雖多次下詔禁制煙毒但成效並不彰顯。到了道光皇朝，以英國人為主的對華鴉片走私更為嚴峻，英國東印度公司壟斷印度所生產的鴉片大量湧入，致令中華帝國白銀嚴重流失，除了經濟嚴重失衡，國民吸食鴉片煙的毒癮更氾濫成災，甚至宗室官弁都有染習毒癖，顯現弱國病民之勢。

鴉片煙毒危及眉睫，道光皇帝於1838年末諭令在湖廣禁毒甚力的林則徐，委為中國歷史上第一個禁煙欽差大臣，詔令前往毒禍最為厲害的廣東煙禁，其後再調任林則徐為兩廣總督，當時的廣東珠江海口是中華帝國南方大門，也是對華鴉片猖獗走私活動之前端。

當時林則徐與一大群貪婪逐利的西方鴉片商人，以及本國的污吏奸民作戰。林則徐雷厲風行的打擊策略，其一是收繳人民的鴉片煙毒和吸食工具；另外是以人即正法、貨即充公之嚴策，繳收以英商為首等鴉片煙販的巨量煙毒。林則徐禁煙運動的最高潮是於1839年6月3日開始，在廣東虎門將繳獲的鴉片煙毒銷毀，長達二十多天的虎門銷煙以及其後驅逐英國人離開，成為英國後來於1840年發動對華的第一次鴉片戰爭的藉口，開戰失利後林則徐被道光皇帝革除官職。

1840年至1842年，英國人向中國發動第一次鴉片戰爭，英國人稱為「通商戰爭」的遠征目的，主要是要打開中國閉鎖着的龐大市場，並且在中國海岸佔領一個據點作為進入中國的橋頭堡。落後於世界潮流的清廷，在英國船堅炮利和沿岸攻破的壓倒性軍事優勢下戰敗投降，喪權辱國的《南京條約》將香港割讓，開放廣州、廈門、福州、寧波、上海為通商口岸，向英國賠償銷毀的鴉片和英軍軍費。香港自割佔後成為公開的英商鴉片走私貿易場所及鴉片的儲藏、轉運的主要中轉站。

1856年至1860年，英國藉口廣東水師在廣州黃埔捕捉中國船「亞羅」號上的海盜，英國人指控水師無權檢查英國註冊的船舶以及扯下英國國旗，於是聯同當時因西林教案與清廷爭執的法國，組成聯軍入侵中國，英國人稱為「亞羅號戰爭」，因為這是第一次鴉片戰爭的延續，因此稱為第二次鴉片戰爭。英法聯軍先攻陷廣州，再沿海岸北上進攻大沽，最後攻陷北京，聯軍火燒圓明園並大肆及劫掠。清廷戰敗，先後簽訂《天津條約》、《北京條約》等，亦是割地賠款等的不平等條約，當中最主要的是鴉片貿易合法化、增加開放通商口岸，以及割讓九龍司即南九龍地方給英國等。

兩岸三地林則徐紀念郵票

名人肖像郵票 林則徐

1973年6月3日台灣郵政部門發行《名人肖像郵票——林則徐》

郵票圖案的林則徐肖像是由林則徐後人林崇墉教授所提供。

郵票是1973年6月3日「六三禁煙節」發行，以示厲行禁煙毒。自從民國十八年（1929年）國民政府頒佈命令，將林則徐於道光十九年（1839年）6月3日在廣東虎門銷煙的首日，定為禁煙紀念日，即「六三禁煙節」。

林則徐誕生二百周年

1985年8月30日中國人民郵政發行《林則徐誕生二百周年》郵票

8分面額為「林則徐畫像」。圖案是中國革命博物館藏的林則徐寫生像，畫面背景為費孝通抄錄林則徐的〈赴戍登程口占示家〉中的兩句詩：「苟利國家生死以，豈因禍福避趨之」。意思是說：如與國家的生死存亡有關，豈能因個人得失，避禍就福。

80分面額為「虎門銷煙」。郵票圖案為人民英雄紀念碑《虎門銷煙》的浮雕。

歷史人物與澳門

2011年10月9日澳門郵政發行「歷史人物與澳門」之林則徐郵票

澳門「歷史人物與澳門」題材之郵票，包括一套四枚的郵票及一枚的郵票小型張，是紀念四名為中國和澳門做出卓越貢獻的歷史名人。

郵票小型張是此套郵票主題的四位歷史名人包括民族英雄林則徐、新四軍軍長葉挺、偉大的音樂家冼星海、愛國商人何賢為圖案。而一套四枚的郵票其中一元五角面額的郵票是民族英雄林則徐的肖像。

澳門林則徐紀念館

2014年11月5日澳門郵政發行《博物館和收藏品（四）澳門林則徐紀念館》郵票及郵票小型張

《博物館和收藏品四 — 林則徐紀念館》郵票一套4枚及小型張一枚。

圖案記述林則徐虎門銷煙、巡閱澳門和接見澳葡官員等事蹟。而澳門林則徐紀念館內有許多珍貴的史料，包括林則徐駐節蓮峰廟召見澳葡官員時的案臺，以及林則徐關於禁煙、銷煙和巡閱澳門情形給道光帝的奏摺等。

1840-42年「第一次」鴉片戰爭

英國遠征軍第一次「中國戰役」獎章

正面：當時的英國君主維多利亞女皇頭像

背面：拉丁文‘ARMIS EXPOSCERE PACEM’

譯文：「他們要通過武力去獲得和平」。

圖案：英軍盾牌，標誌着皇家部隊的武力；虜獲的武器圍繞一株棕櫚樹。在戰利品底下刻鑄英文‘CHINA’，便是對中國進行的征戰。當時英帝國還將這場不公義、不道德的鴉片貿易戰爭，掩飾為和平行動。

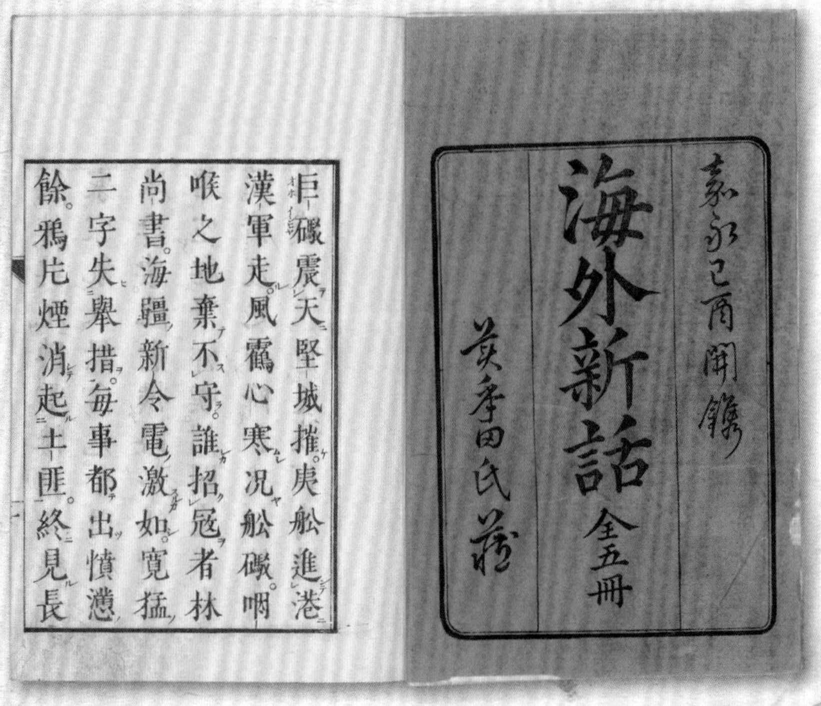

海外新話

《海外新話》五卷，是日本幕府時期嘉永二年（1849年）出版有關中國第一次鴉片戰爭的「阿片風説書」。

作者「楓江釣人」是嶺田楓江的筆名。嶺田楓江是丹後田邊藩藩士，知識淵博，學漢學、漢詩和蘭學，早年研究兵法，有志於海防。34歲時，受到中國鴉片戰爭的震動和刺激，寫作了《海外新話》。

書中使用大量寫實圖片，由浮世繪師橋本貞秀作畫，記載了1840至1842年英國侵略中國的鴉片戰爭。

《海外新話》由於出版前未送官方審查批准，被幕府指責為「異教妄説」，勒令毀版並列為禁書。嶺田楓江被處以禁錮之刑，入獄二年，出獄後還受到三年之內不准在江戶、京都、大阪三地居住的處罰。為此書作畫的浮世繪師橋本貞秀也受株連。

清國略圖

刊於《海外新話．卷一》

可見第一次鴉片戰爭時期英國遠征軍攻打中國沿岸的府縣（參見地圖上用紅點標示）

英國大軍船圖

刊於《海外新話．卷一》

（此圖經過後期拼合）

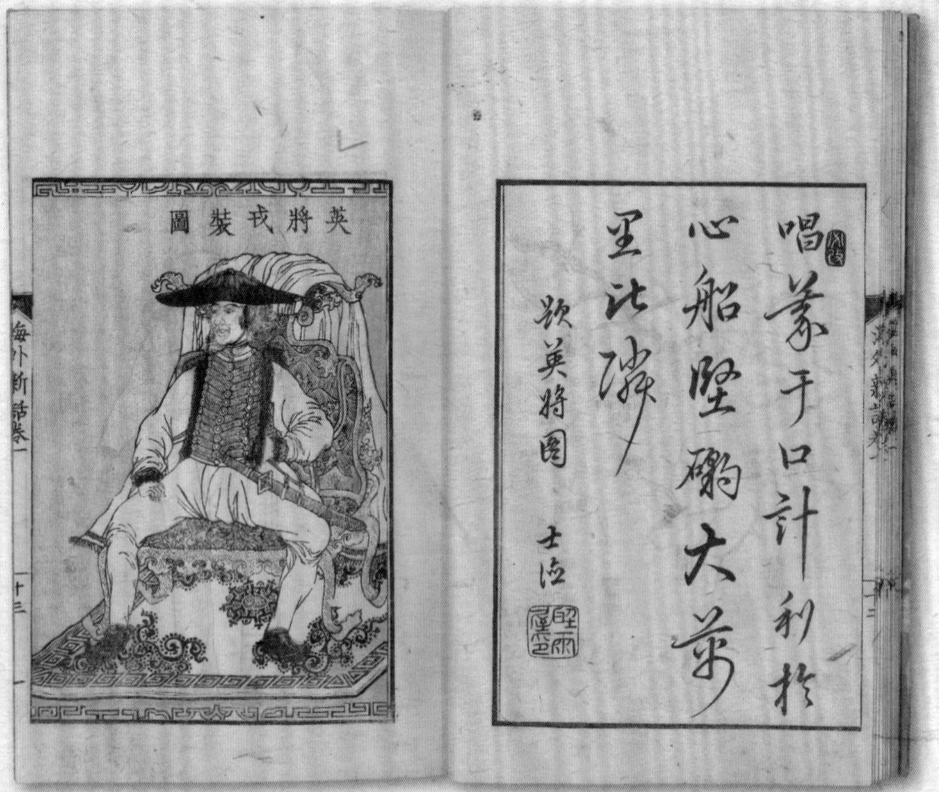

英將戎裝圖

刊於《海外新話．卷一》

第一次鴉片戰爭初期英國對華全權代表查理斯 • 義律 (Charles Elliot)

步卒軍裝前面及側面圖

刊於《海外新話．卷三》

復仇女神號

軍艦「復仇女神號」（HEICS Nemesis）是第一次鴉片戰爭時期英國東印度公司轄下的軍艦。該軍艦是英國第一艘鐵殼戰船，彰顯英國海軍的船堅炮利，是世界海軍船舶科技的最尖端成果，具有重要歷史意義。

「復仇女神號」為鐵殼明輪艦，1839年11月23日下水，船長56.1米，寬8.8米，吃水深度1.8米，排水量660噸，馬力10匹，雙蒸汽引擎，鐵制明輪推進。軍艦上裝備兩門32磅大炮，5門6磅大炮，還有火箭發射器。

東印度公司軍艦

THE NEMESIS STEAMER DESTROYING CHINESE WAR JUNKS, IN CANTON RIVER.
(From a sketch in the possession of the Hon. East India Company.)

英國東印度公司軍艦「復仇女神號」在廣州珠江擊毀中國戰船

英軍攻打福建泉州瓷畫

十九世紀 掛牆瓷畫

英軍攻打福建泉州版畫

《一八四二年英國遠征軍攻打福建泉州》銅刻版畫

一八四三年印製，繪畫T.Allom，刻製C.T.Dixon

描繪一隊英國海軍和步兵搶灘登陸，而清兵向山上撤退。

英軍攻陷鎮江

《一八四二年七月二十一日英國遠征軍攻陷江蘇鎮江》銅刻版畫
一八四二年印製，繪畫H.Warren，
刻製J.Rogers

OUR FIRST FOOTING IN HONG-KONG: THE ISLAND PROCLAIMED BRITISH TERRITORY, JANUARY 20, 1841.
THE BRITISH DOMINIONS BEYOND THE SEAS.—Nos. VII.
DRAWN BY R.

我們踏足香港的第一步

「我們踏足香港的第一步：宣佈香港島是英國屬地」《英國海外領地》石印版畫系列，刊於1903年2月7日英國《倫敦新聞圖報》

1840年11月，清廷於第一次鴉片戰爭臨敗換陣，改任主和派琦善為欽差大臣而裁撤林則徐。琦善在英軍脅迫之下，屈服於英國對華全權代表義律，接受由義律私擬的《穿鼻草約》，其中的條款是將香港島割讓與英國。

於鴉片戰爭仍在進行中的1841年1月26日，義律派出一隊英軍登佔香港島北部一個地方，並稱這地點為「佔領角」，即今日港島上環的水坑口街處，宣佈香港島是英國屬地。

海外新話拾遺

《海外新話拾遺》五卷，是日本幕府時期嘉永二年（1849年）出版有關中國第一次鴉片戰爭的另一套「阿片風説書」

此五卷書冊顧名思義是補充《海外新話》，作者署名種菜翁，但不知其真實姓名。《海外新話拾遺》與《海外新話》相比，增多了廣東三元里抗英、達洪阿台灣抗英等內容，還收錄了三元里人民抗英揭帖。

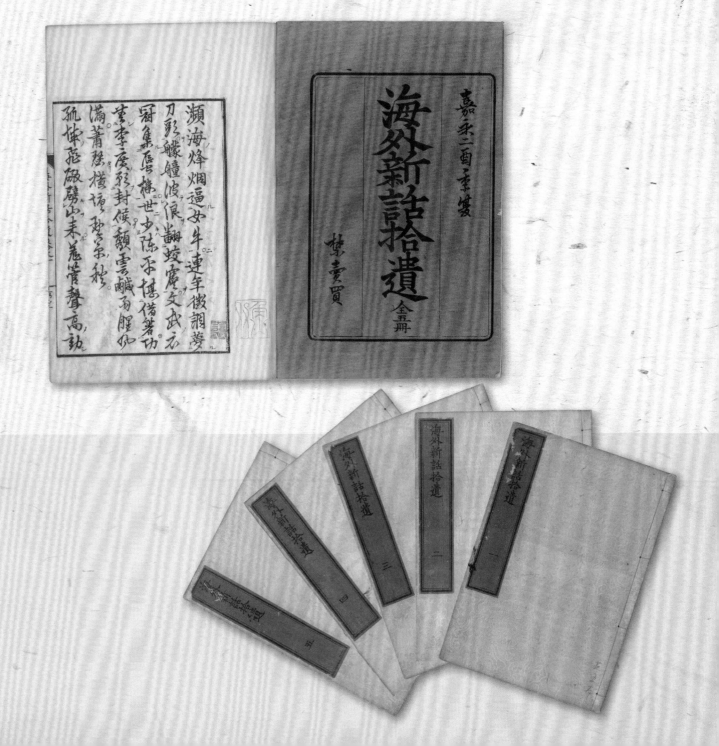

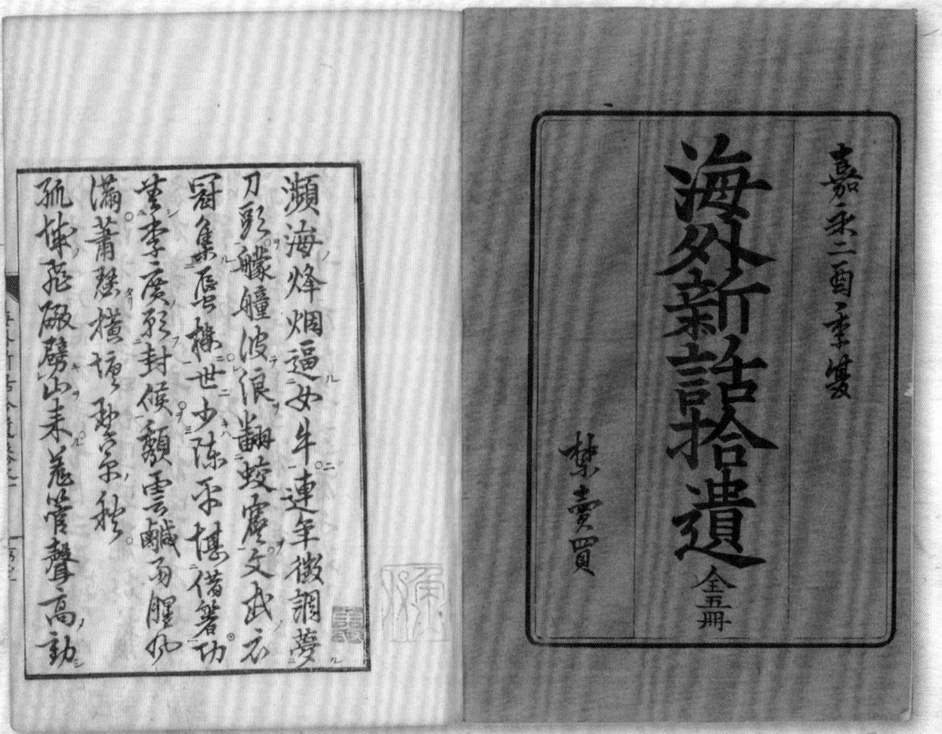

鎮海落城之圖

第一次鴉片戰爭時期「鎮海落城之圖」刊於《海外新話拾遺・卷之三》

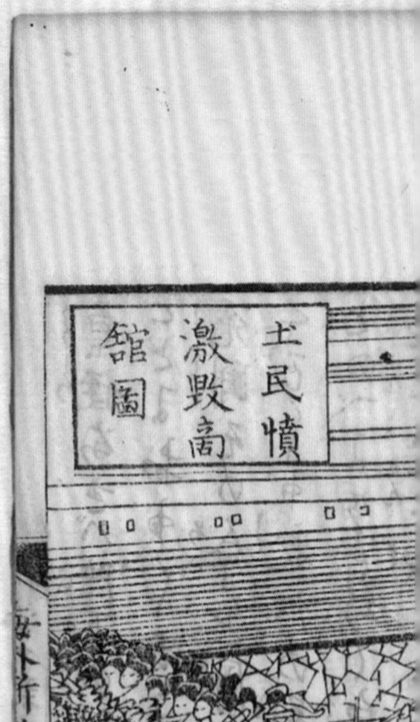

土民憤激毀商館圖

刊於《海外新話拾遺・卷之四》

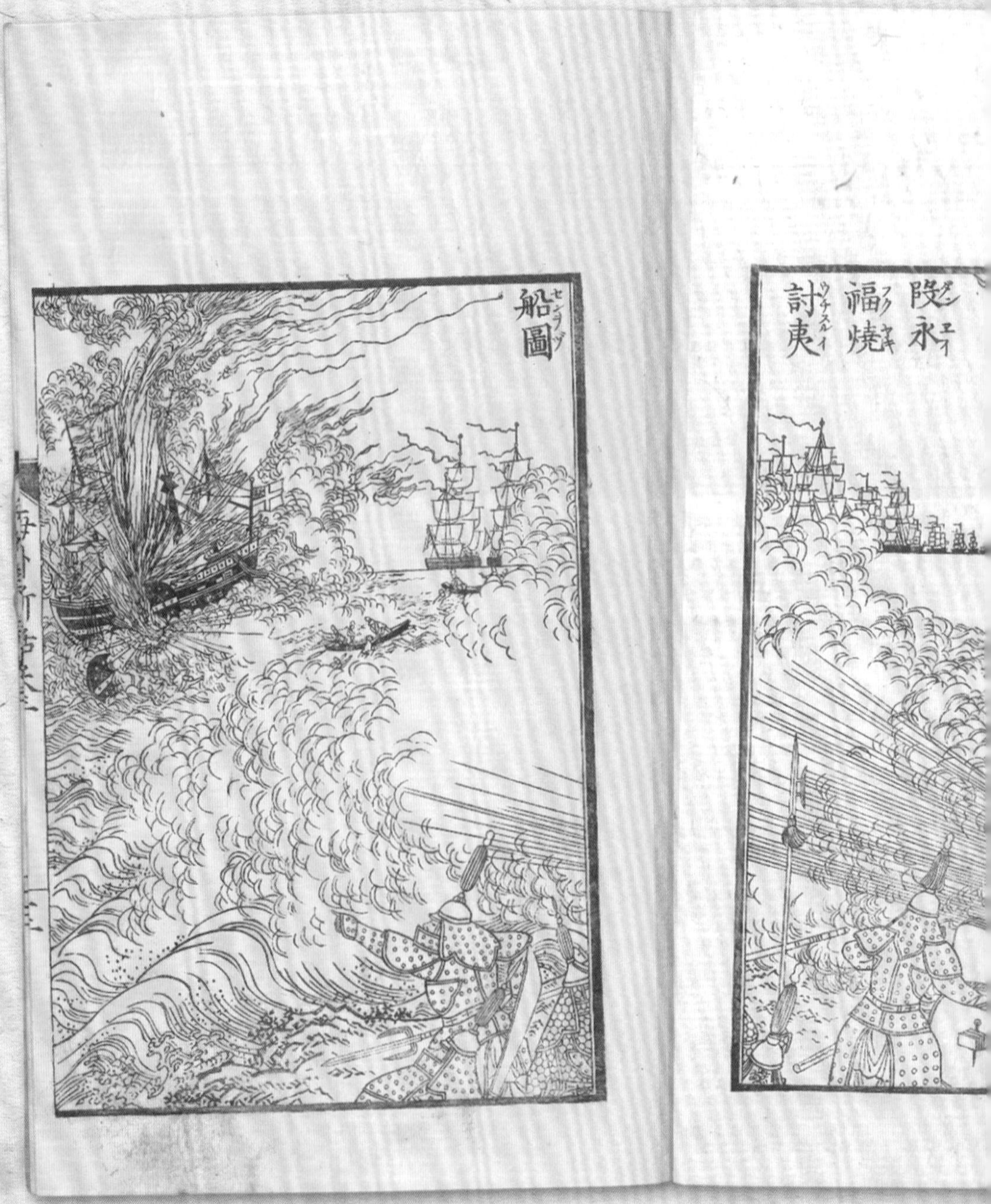

段永福燒討夷船圖

刊於《海外新話・卷三》

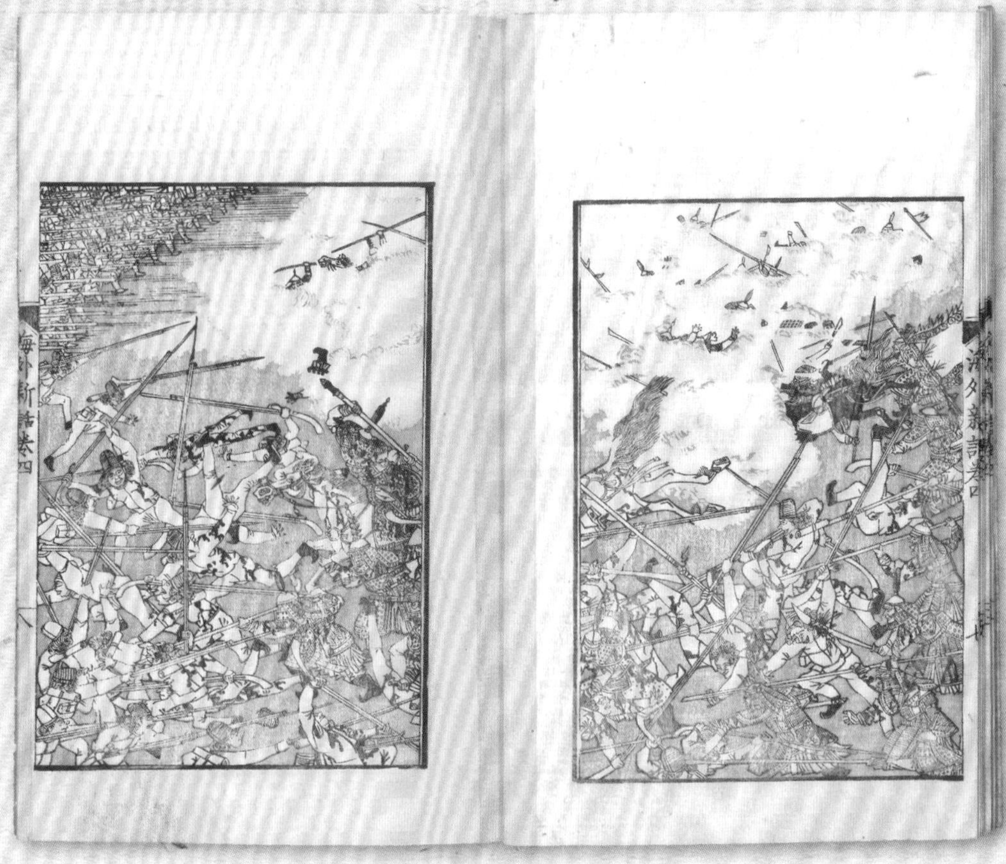

清軍與英軍交戰圖

刊於《海外新話．卷五》

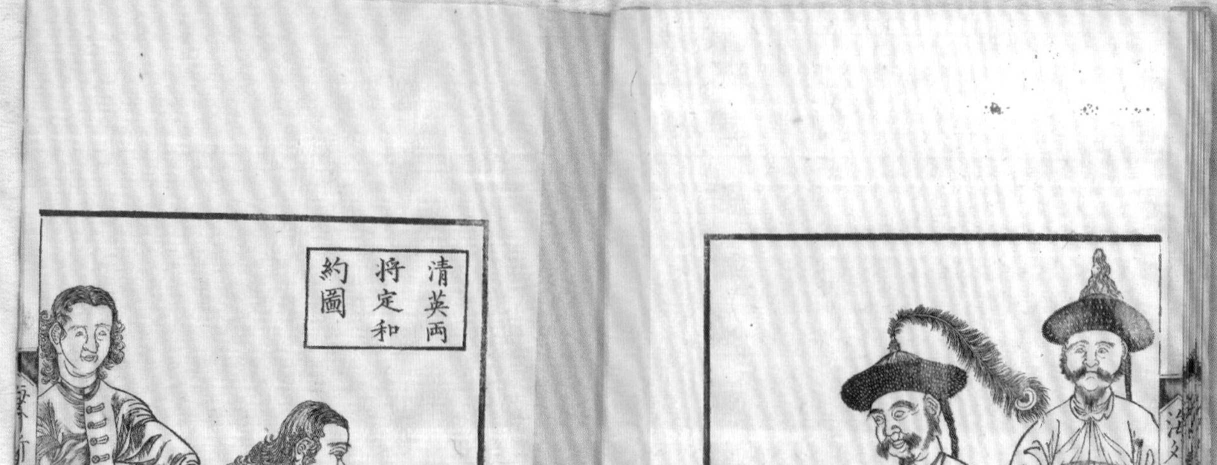

清英兩將定和約圖

刊於《海外新話・卷一》

饗應逆將義律圖

刊於《海外新話・卷一》

饗應逆將
義律

定海縣拒降

十九世紀銅版畫

1840年7月4日，鴉片戰爭期間，浙江省舟山定海縣知縣姚懷祥登上英國戰艦威里士厘號（Wellesley），拒絕英軍交城投降的要求。

Hofmeister Dir.

dem englischen Commodore Bremer und
Gouverneur von Tschusan: auf dem
Juli 1842 im Hafen zu Tschusan.

南京條約

中英簽訂《南京條約》雕刻印畫，1897年出版之《英國海陸戰役》（*British Battles On Land and Sea*）插圖

《南京條約》又稱江寧條約，是清廷因侵華英軍在攻佔華東沿岸多個地方之後，再兵臨南京的壓倒性軍事優勢下，清廷向英國投降所簽訂喪權辱國的議和條款；包括將香港島割讓，開放廣州、廈門、福州、寧波、上海為通商口岸，向英國賠償銷毀的鴉片和英軍軍費。

印畫描繪1842年8月29日清廷代表耆英簽署這條中國近代史上第一條不平等條約的一刻，當時英國由全權代表璞鼎查簽署，地點是在英軍艦隊中璞鼎查的座艦英軍旗艦皋華麗號（HMS Cornwallis）上進行。

SIGNING THE TREATY OF NANKIN.

1856-1860年「第二次」鴉片戰爭

此獎章獲獎者是曾參與以下兩場戰役一八五七年攻打廣州一八五八年攻打大沽口炮台

英國第二次「中國戰役」獎章

英國遠征軍第二次「中國戰役」獎章

正面：當時的英國君主維多利亞女皇頭像
背面：拉丁文‘ARMIS EXPOSCERE PACEM’
譯文：「他們要通過武力去獲得和平」。
圖案：英軍盾牌，標誌着皇家部隊的武力；虜獲的武器圍繞一株棕櫚樹。在戰利品底下刻鑄英文的中國國名‘CHINA’，便是對中國進行的征戰。

當時英帝國將這場不公義、不道德的鴉片貿易戰爭，掩飾為和平行動。

法國「中國征戰」獎章

法國政府於1861年頒發給參與第二次鴉片戰爭期間參與遠征中國之將士的銀質獎章

正面：法國第二帝國拿破崙三世頭像
背面：1860年「遠征中國」，並列出法軍最具代表性的「大沽口」、「張家灣」、「八里橋」以及「北京」的四次戰役。
綬帶：黃色綬帶繡有藍色「北京」的漢字。

「第二次鴉片戰爭」侵華英法聯軍重要人物

英國對華全權專使 額爾金伯爵

英國對華全權專使（Earl of Elgin）
載於1859年英國《倫敦新聞圖報》木刻版畫（根據John Watkin原照片刻制）

額爾金伯爵，原名詹姆斯•布魯斯(James Bruce ,1811 - 1863)。於「第二次鴉片戰爭」英法聯軍之役中，他於1857年7月擔任「英國對華全權專使」。1857年12月，額爾金與法國全權專使葛羅率英法聯軍在香港集結。12月29日，英法聯軍攻佔廣州。1858年春天，聯軍戰艦北上天津。於5月，攻陷大沽炮臺。1859年6月，脅迫清政府簽訂《中英天津條約》，之後1859年回國。

不久，由於清廷拖延履行條約，額爾金再獲任為英國對華全權專使，聯同法國全權專使葛羅復率英法聯軍侵華。1860年8月，又陷大沽炮臺，攻佔天津。10月，攻佔北京後，額爾金下令軍隊「火燒圓明園」。其後，按英國外交部訓令，脅迫清政府簽訂《中英北京條約》，割讓「粵東九龍司」一地。1861年南下香港，依約劃割九龍半島。1月10日，在港督府舉行受地典禮。1月19日，參加接收九龍土地的儀式。旋即率英軍離港回國。1863年死於印度總督任上。

LE MONDE ILLUSTRÉ

JOURNAL HEBDOMADAIRE.

ABONNEMENTS :
PARIS ET DÉPART. : Un an, 18 fr.—Six mois, 9 fr.—Trois mois, 5 fr.
(Pour l'Étranger, le port en sus.)
Prix du numéro, à Paris : 30 c. — Dans les départements : 35 c.

2me Année. — N° 77.
2 Octobre 1858.

BUREAUX :
A la LIBRAIRIE NOUVELLE, 15, boulevard des Italiens.
La reproduction et la traduction sont interdites.

SOMMAIRE

Courrier de Paris, par JULES LECOMTE. — Courses de taureaux à Bayonne. — Chronique de la province et de l'étranger, par FELGENCE GIRARD. — Le capitaine Fracasse, par de LA LANDELLE. — Mémoires d'un musicien, par H. BERLIOZ. — Fête vénitienne, par Mme ROGER DE BEAUVOIR. — Courrier du Palais, par PETIT-JEAN. — Théâtres, par LE MONNIER. — Chronique musicale, par ALBERT DE LASALLE. — FEUILLETON Aimer, par PAUL FÉVAL.

GRAVURES : Le baron Gros. — Courses de taureaux. — Camp de Châlons : tente impériale ; quartier du 9e chasseurs. — Jonques chinoises. — Hospice du Vésinet. — Signature du traité chinois. — Église de Montfort. — Vue de Montfort. — Fête de Neuilly. — L'automne. — Cloche chinoise. — Rébus.

MORIN — H. LINTON

M. le baron Gros, sénateur, ambassadeur plénipotentiaire en Chine

法國全權專使葛羅

法國全權專使葛羅（Jean-Baptiste Louis Gros）
1858年10月法國《世界畫報》*Le Monde Illustre* 封面 木刻版畫

讓・巴蒂斯特・路易・葛羅（1793-1870），法國男爵，法國外交官。1857年，法國藉口法國傳教士於1856年在廣西西林縣被官府處死與清廷爭議。其後，法國將西林教案事件升級，與英國組成侵華的英法聯軍，進攻中國。

法國於1857年任命葛羅男爵為「法國全權專使」，聯同英國對華全權專使額爾金在香港集結聯軍，揮軍北上，後來佔領天津，脅迫清廷簽署《中法天津條約》。

不久，由於清廷拖延履行條約，法國再委任葛羅為全權專使，與額爾金復率英法聯軍侵華，再由香港出兵，聯軍後來佔領北京，脅迫清廷簽訂《中法北京條約》。

SIR HOPE GRANT AND THE STAFF OF THE BRITISH EXPEDITION IN CHINA.—FROM A PHOTOGRAPH BY SIGNOR F. BEATO.

英國遠征軍司令霍普・格蘭特

英國遠征軍司令霍普 • 格蘭特
載於1860年10月英國《倫敦新聞圖報》銅刻版畫

版畫刻畫英國侵華遠征軍司令霍普 • 格蘭特（Hope Grant）以及他的將領和軍官（根據原照片刻制）。霍普 • 格蘭特（1808 —1875）是「第二次鴉片戰爭」英法聯軍的英國侵華遠征軍司令，當時為陸軍中將。格蘭特於蘇格蘭出生，1826年參軍，曾參加第一次鴉片戰爭，其後調到印度參加第一次英國錫克戰爭及鎮壓印度民族起義。

格蘭特於1860年擔任英軍駐香港司令，並在第二次鴉片戰爭時獲委任為英法聯軍的英國遠征軍司令。1860年10月，在佔領清廷帝都北京城時，由他的部下執行額爾金的「火燒圓明園」命令。

火燒圓明園英軍指揮官約翰・米啟爾少將

約翰•米啟爾（John Michel）於1804年在英國出生，於1886年逝世，享年81歲。他於19歲參軍，22歲晉升上尉，36歲時升為少校，38歲升為中校，50歲升為上校，再於54歲升為少將。

1860年8月，米啟爾從印度調派到華北參加第二次鴉片戰爭即英法聯軍之役，負責指揮英軍的第一師團，曾經參加攻打天津大沽口炮臺及攻佔清廷帝都的北京之戰。

英法聯軍於10月6日佔領清帝的離宮圓明園，從第二天開始，軍官和士兵對圓明園進行搶劫和破壞。英國公使額爾金和英軍統帥格蘭特為迫使清廷盡速接受議和條件，以清廷曾將英法被俘人員囚禁在圓明園及殺死部份俘員為藉口，特指令米啟爾少將於10月18日率領侵略軍3500餘人火燒圓明園。米啟爾少將是當時執行「火燒圓明園」行動的英軍最高指揮官。

米啟爾少將於1861至1862年出任英軍駐華及香港的英軍司令。其後他調往北美、愛爾蘭等地。於1886年3月晉升為元帥，三個月後在英國逝世。

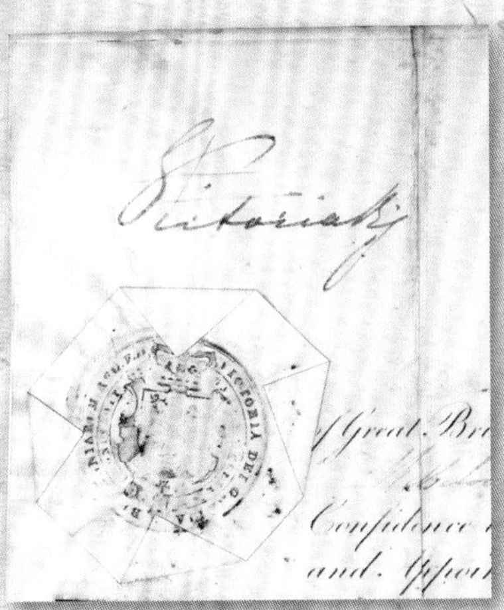

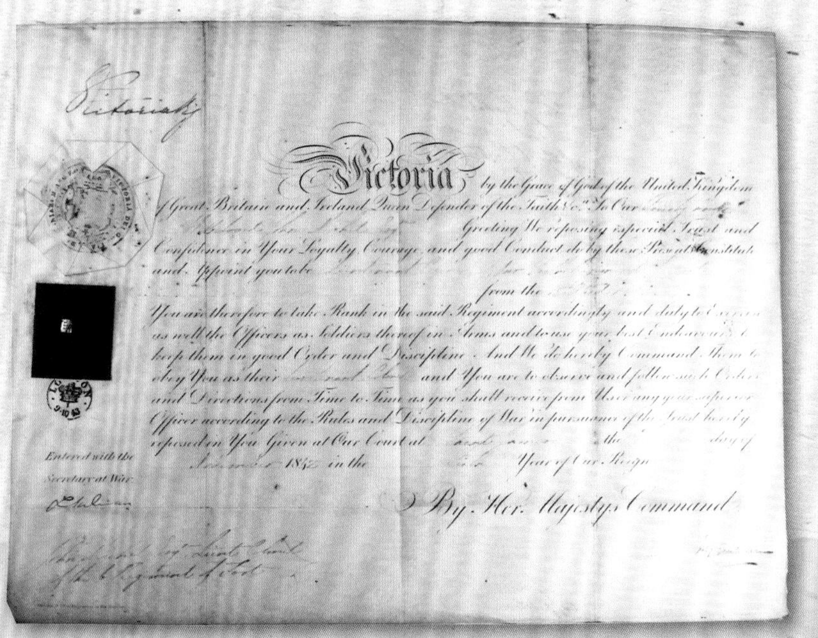
Victoria by the Grace of God of the United Kingdom of Great Britain and Ireland Queen Defender of the Faith &c. To Our ... Greeting We reposing especial Trust and Confidence in Your Loyalty Courage, and good Conduct do by these Presents Constitute and Appoint you to be ... from the ... You are therefore to take Rank in the said Regiment accordingly and duly to Exercise as well the Officers as Soldiers thereof in Arms and to use your best Endeavours to keep them in good Order and Discipline. And We do hereby Command them to obey You as their ... and You are to observe and follow such Orders and Directions from Time to Time as you shall receive from Us or any your superior Officer according to the Rules and Discipline of War in pursuance of the Trust hereby reposed in You. Given at Our Court at ... the ... day of ... 1842 in the ... Year of Our Reign.

By Her Majesty's Command

Entered with the Secretary at War

皇家令狀

1842年11月12日英國女皇維多利亞御筆簽署之委任約翰•米啟爾升任中校軍職的《皇家令狀》

這是由當時「大不列顛及愛爾蘭聯合王國」女皇維多利亞御筆簽署的《皇家令狀》，委任約翰•米啟爾為英軍「第6步兵團」中校軍職。

此《皇家令狀》的左上角為英女皇維多利亞的禦筆簽署，簽署之下方是英女皇維多利亞的御用璽章，而左下角文字「第6步兵團約翰•米啟爾中校」，亦是英女皇維多利亞的御筆。

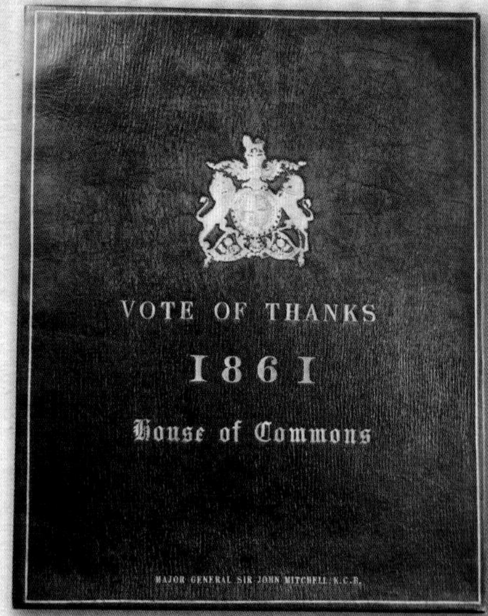

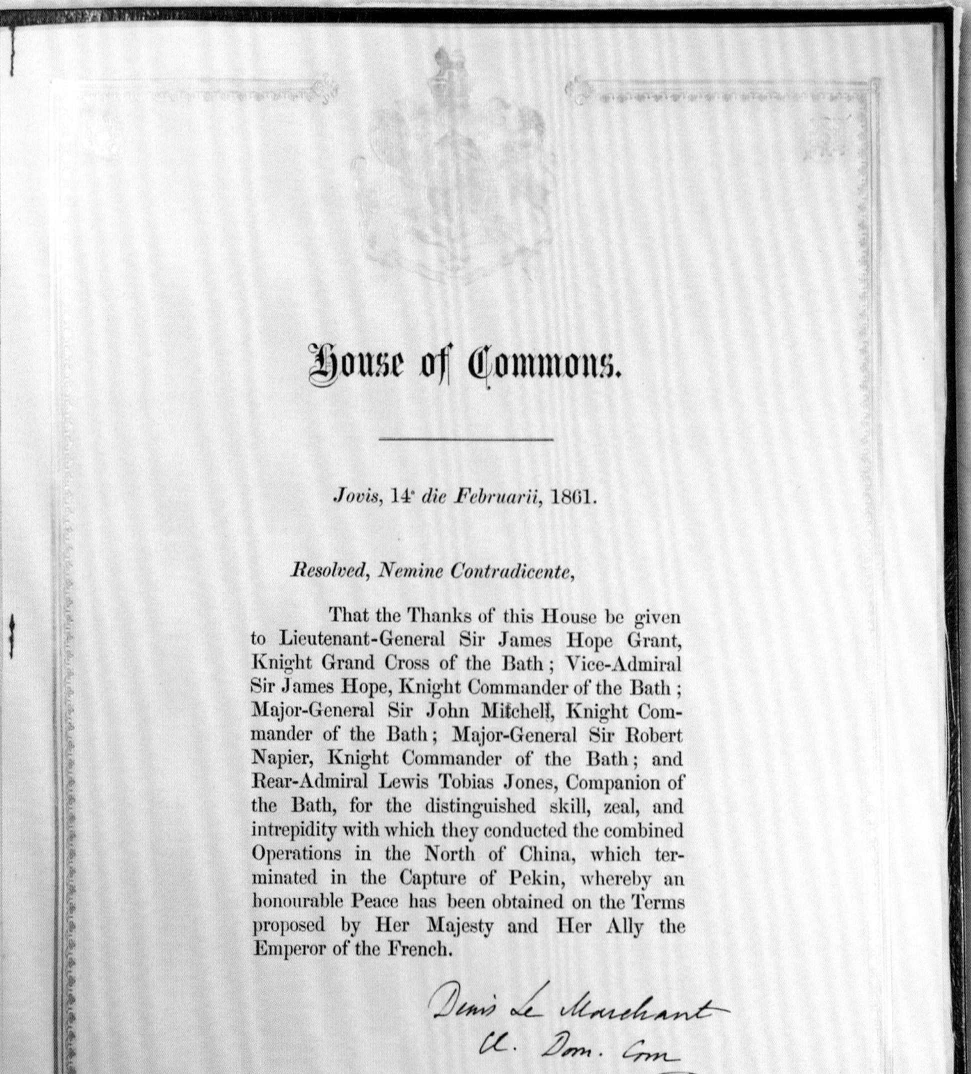

House of Commons.

Jovis, 14° die Februarii, 1861.

Resolved, Nemine Contradicente,

That the Thanks of this House be given to Lieutenant-General Sir James Hope Grant, Knight Grand Cross of the Bath; Vice-Admiral Sir James Hope, Knight Commander of the Bath; Major-General Sir John Mitchell, Knight Commander of the Bath; Major-General Sir Robert Napier, Knight Commander of the Bath; and Rear-Admiral Lewis Tobias Jones, Companion of the Bath, for the distinguished skill, zeal, and intrepidity with which they conducted the combined Operations in the North of China, which terminated in the Capture of Pekin, whereby an honourable Peace has been obtained on the Terms proposed by Her Majesty and Her Ally the Emperor of the French.

Denis Le Marchant
Cl. Dom. Com

下議院致謝動議

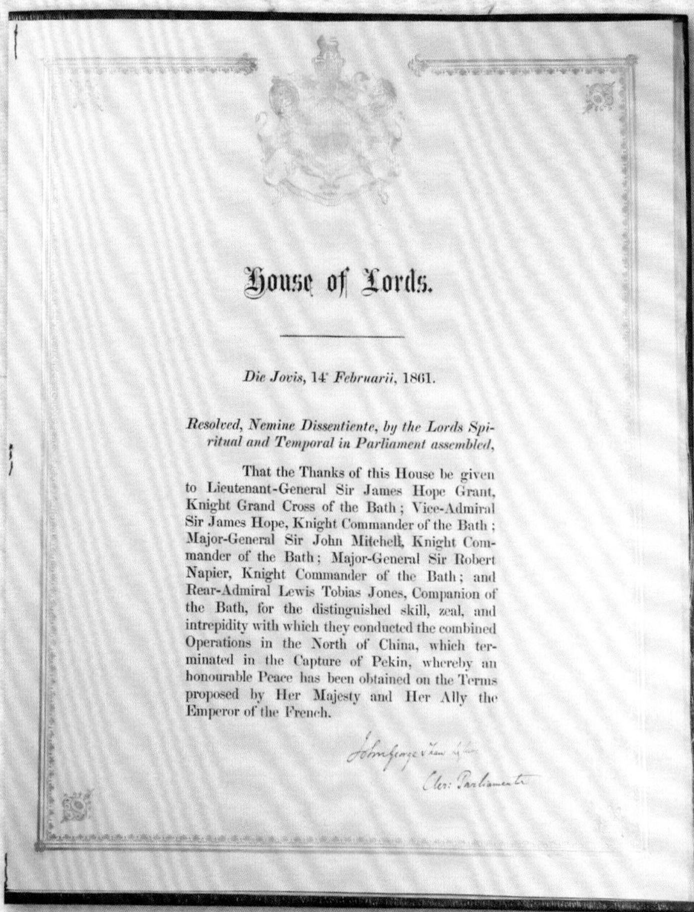

House of Lords.

Die Jovis, 14° Februarii, 1861.

Resolved, Nemine Dissentiente, by the Lords Spiritual and Temporal in Parliament assembled,

That the Thanks of this House be given to Lieutenant-General Sir James Hope Grant, Knight Grand Cross of the Bath; Vice-Admiral Sir James Hope, Knight Commander of the Bath; Major-General Sir John Mitchell, Knight Commander of the Bath; Major-General Sir Robert Napier, Knight Commander of the Bath; and Rear-Admiral Lewis Tobias Jones, Companion of the Bath, for the distinguished skill, zeal, and intrepidity with which they conducted the combined Operations in the North of China, which terminated in the Capture of Pekin, whereby an honourable Peace has been obtained on the Terms proposed by Her Majesty and Her Ally the Emperor of the French.

上議院致謝動議

1861年2月14日英國「上議院」及「下議院」分別頒給英軍少將米啟爾的《致謝動議》皮紙文書

這兩份「皮紙文書」是當時英國的上議院和下議院分別對侵華英軍將領在英法聯軍的華北戰役中，佔據清朝帝都北京軍功的《致謝動議》。這兩份「皮紙文書」均是頒發給少將米啟爾。

上、下兩院的《致謝動議》內容都是對英法聯軍的5位英軍將領致謝，表揚英軍統帥陸軍中將格蘭特、海軍中將鶴庇、陸軍少將米啟爾、陸軍少將納皮埃以及海軍少將鐘士，在聯軍的征戰行動中表現傑出技術、熱忱和無畏精神，得以佔領北京，致令英女皇陛下及其盟邦法國皇帝在其中獲得榮譽的議和條款。

但是，這兩份「皮紙文書」的封面和內頁文書都將米啟爾少將的“Michel”姓氏錯寫為“Mitchell”，內文並有用筆塗改的筆跡。

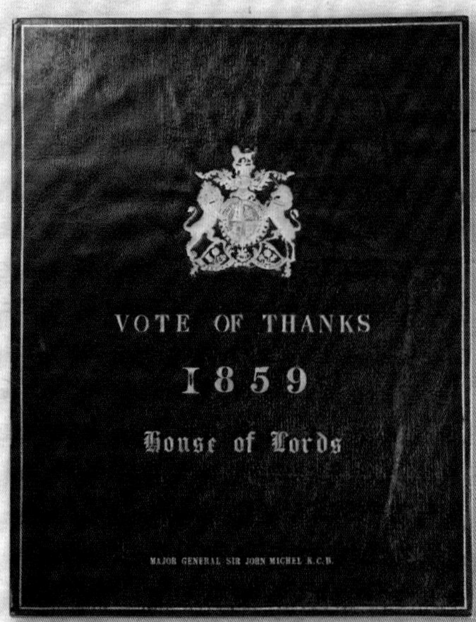

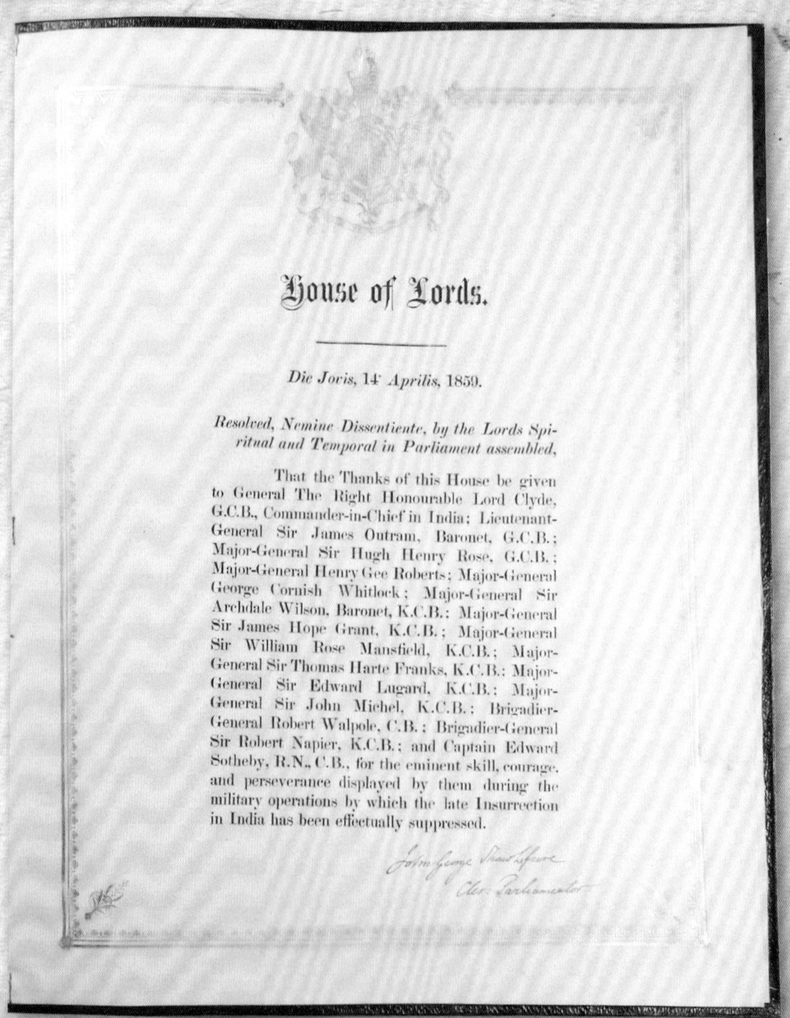

House of Lords.

Die Jovis, 14° Aprilis, 1859.

Resolved, Nemine Dissentiente, by the Lords Spiritual and Temporal in Parliament assembled,

That the Thanks of this House be given to General The Right Honourable Lord Clyde, G.C.B., Commander-in-Chief in India; Lieutenant-General Sir James Outram, Baronet, G.C.B.; Major-General Sir Hugh Henry Rose, G.C.B.; Major-General Henry Gee Roberts; Major-General George Cornish Whitlock; Major-General Sir Archdale Wilson, Baronet, K.C.B.; Major-General Sir James Hope Grant, K.C.B.; Major-General Sir William Rose Mansfield, K.C.B.; Major-General Sir Thomas Harte Franks, K.C.B.; Major-General Sir Edward Lugard, K.C.B.; Major-General Sir John Michel, K.C.B.; Brigadier-General Robert Walpole, C.B.; Brigadier-General Sir Robert Napier, K.C.B.; and Captain Edward Sotheby, R.N., C.B., for the eminent skill, courage, and perseverance displayed by them during the military operations by which the late Insurrection in India has been effectually suppressed.

上議院致謝動議（鎮壓印度暴動）

1859年4月14日英國「上議院」頒發給英軍少將米啟爾的《致謝動議》皮紙文書

這份「皮紙文書」是頒發給少將約翰•米啟爾的上議院《致謝動議》，內容都是對米啟爾等14位將士致謝，表揚這些將士在英佔印度鎮壓印度人起義的軍功。

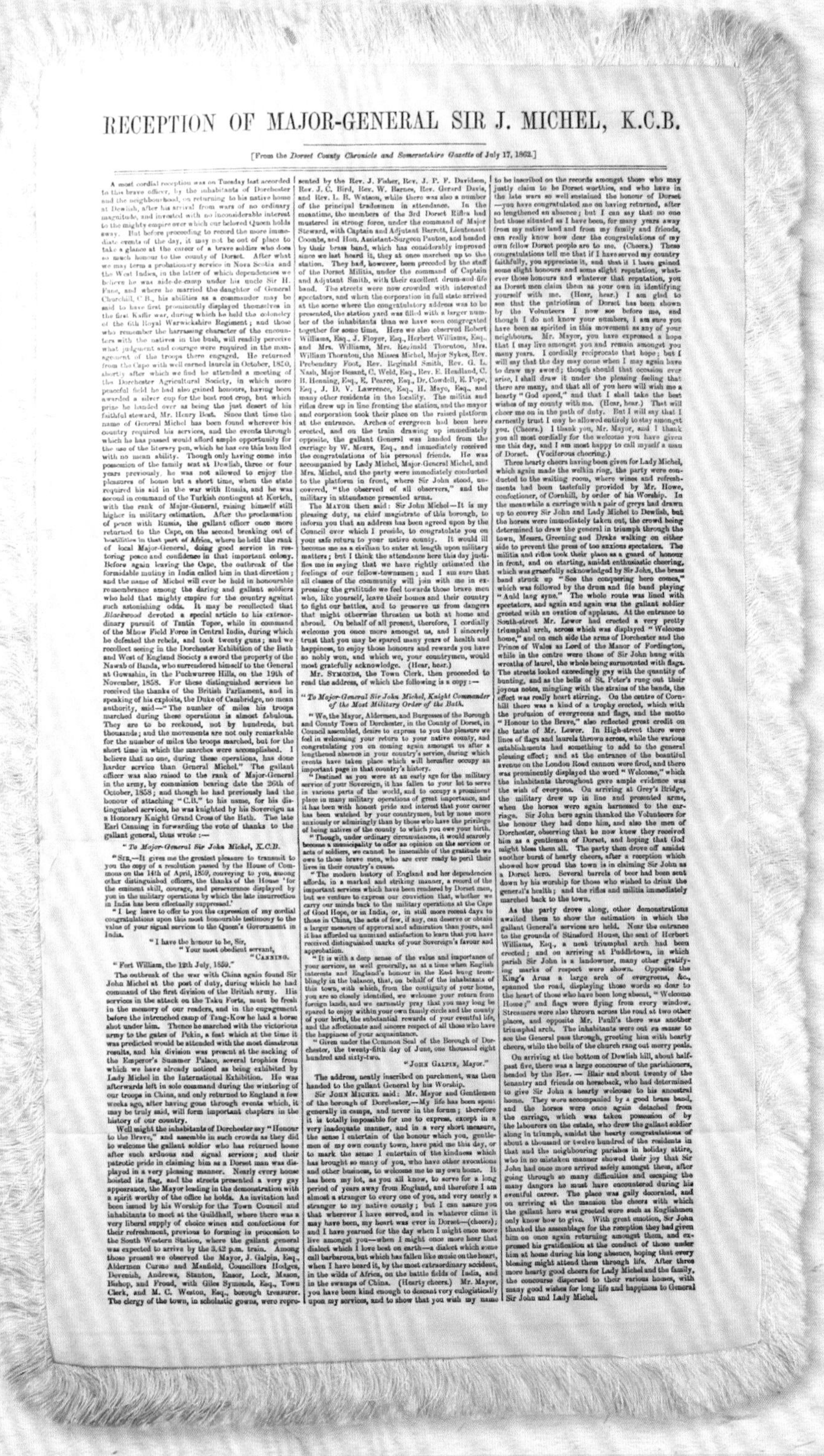

RECEPTION OF MAJOR-GENERAL SIR J. MICHEL, K.C.B.

[From the *Dorset County Chronicle and Somersetshire Gazette* of July 17, 1862.]

憲報絲質錦旗

1862年7月17日英國多實郡（Dorset）接待約翰・米啟爾少將絲質憲報紀念錦旗

錦旗上印有米啟爾少將的從軍生涯

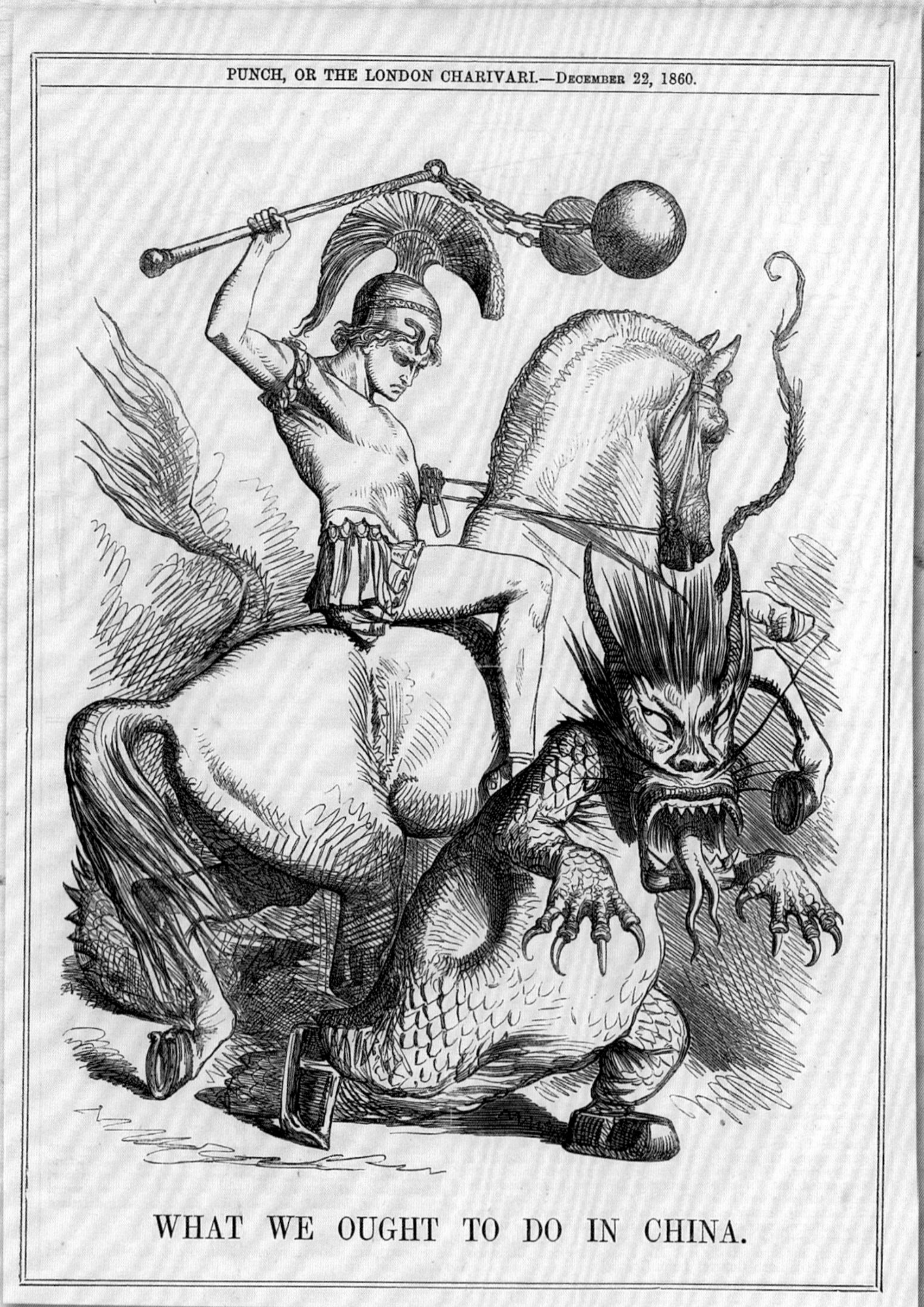
PUNCH, OR THE LONDON CHARIVARI.—December 22, 1860.
WHAT WE OUGHT TO DO IN CHINA.

「我們在中國應該『幹』什麼」

刊於1860年12月22日英國《笨拙週刊》*Punch* 的木刻版畫刊載

1860年，中國因「第二次鴉片戰爭「戰敗，被逼簽署不平等的《北京條約》。圖畫侮辱性的描繪：「聖喬治武士痛擊驚慌失措的中國惡龍\1856年中國因搜查「阿羅號」鴉片貨船遭遇到英國強行干涉等事件，引起第二次鴉片戰爭以及英法聯軍戰役，中國在戰敗後再簽署割地賠款的合約，亦引發俄國、日本等列強乘機向中國掠奪。

CHINESE OFFICERS HAULING DOWN THE BRITISH FLAG ON THE "ARROW." (See p. 169.)

阿羅號事件

「阿羅號事件」—清廷官員在稽查阿羅號船時扯下英國旗幟 - 雕刻印畫
1900 年出版《卡塞爾圖說歷史》（*Cassell's Illustrated History*）書冊插圖

1856 年發生的亞羅號事件，是引發英國對華的第二次鴉片戰爭藉口。

1854 年，英國政府要求與清廷簽訂對英國更為有利的新約，美國和法國也效尤提出要求，但是清朝官員一直搪塞敷衍，三國駐華公史對續約要求不能達到，積蓄憤懣。

最終，英國人借機 1856 年 10 月 8 日清廷的廣州水師在稽查香港註冊船隻亞羅號（Arrow）及逮捕行動，指責清廷水師人員將亞羅號懸掛的英國旗幟扯下是侮辱英國行為，並不應在英方註冊船隻執法，英國不斷向清廷發出武力恫嚇，後來衝突事件成為 1857 年英國聯合法國發動的英法聯軍侵華戰爭。

* Between the lordships of Sutherland and Rey there is a st
fifteen to twenty feet high, with the arms of the Lords of Rey
on its face, and an inscription, in three languages—if I rememb
Latin, Gaelic, and English, notifying to the traveller "The e
Lord Rey's Country;" it stands in the fork of two roads, o
north, the other west.

† Malcolm II. was murdered soon after the battle of Mortloc
and David I., who founded the abbey, began his reign in 1124.

CHINESE DRAWING OF THE FATSHAM C
AFFAIR.

WE have to thank a Correspondent for the accompanyin
drawing of the late Battle of Fatsham, fought on the 1st of

大敗鬼子圖

第二次鴉片戰爭時期抗英版畫

此圖原由當時的華人繪製，描繪第二次鴉片戰爭時廣東佛山軍民擊敗英軍的進擊。1858年（清咸豐八年）1月23日英國《倫敦新聞畫報》木刻版畫複製轉載

and away we went for the Lymoon passage. There taking in tow an armed schooner that was to protect us, and two arge sampans (China boats) full of coolies to beat the bush, off we went. The tide was against us, and we made but little way.

When night came on we were just getting outside the pasɛage. The steamer and schooner were lashed together, and a heavy swell made them knock each other about; and, although the sea and wind did all they could to keep us off a large rock, the obstinacy of the crews very nearly made a wreck of us. The steamer was rolling about too much to be pleasant, so jumping on board the schooner we were soon fast asleep, and the next morning found us running up Mirs Bay. We caught up the steamer and boats, and by noon were comfortably at anchor in a beautiful cove, the steamer inside, and the and, taking pity upon us, would point to some cool, shady place, where our breakfast was.

The Chinese villagers brought out tables and stools, and seemed delighted with us. The breakfast spread, we tried to appease our appetites; no easy work after such exercise. Some take their beer and some champagne, and some smoke a cigar, and then lay down to rest, until the coolness of the afternoon invited us again to sport. At dark we returned to the steamer, and after a slight meal were soon fast asleep.

We shot for several days, landing at different places in our sampans, breakfasting in nice shady places, returning late on board. All pleasure here must end, and Saturday we had to return. The steamer was sent round by sea, and the party crossing the isthmus, after a delightful trip, returned to Hong-Kong, their heads all right, and much pleased with the civilities they had received from the Chinese villagers.

HAM CREEK ENGAGEMENT IN THE CANTON RIVER.—FROM A CHINESE DRAWING.

THE "EAGLET" AND THE "AUCKLAND'S" BOATS DESTROYING MANDARIN JUNKS AT TOON-CHUNG.

東涌海戰

刊於1857年5月9日英國《倫敦新聞圖報》雕刻版畫

第二次鴉片戰爭時期侵華英軍在東涌海面擊毀中國戰船

BURNING OF TWENTY-SEVEN JUNKS TAKEN IN ESCAPE CREEK, MAY 25, 1857.

虎門海戰

刊於1857年英國《倫敦新聞圖報》木刻版畫

1857年5月25日侵華英軍在近虎門水面燒毀27艘清廷戰船

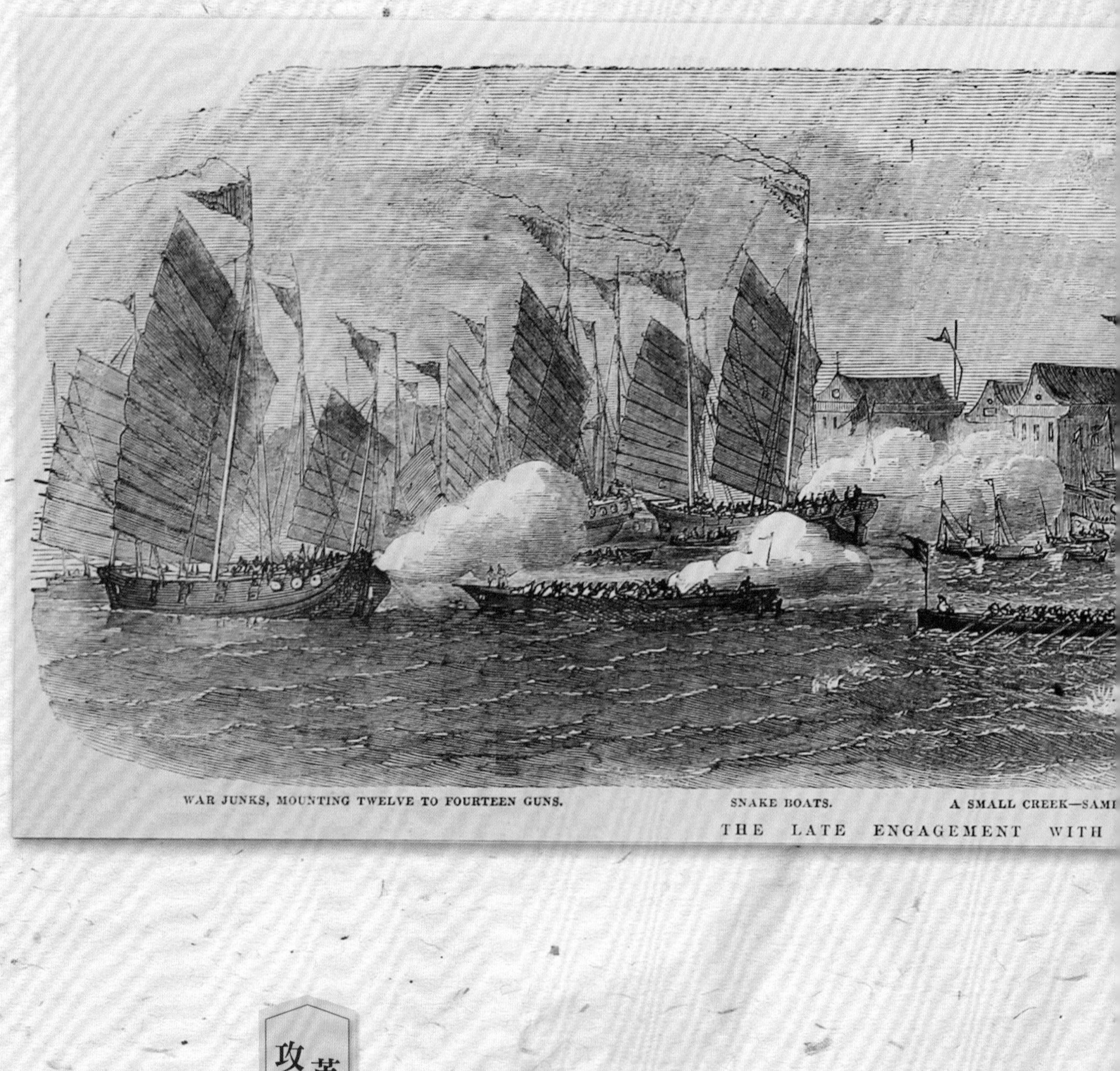

英軍在佛山攻擊中國戰船

刊於1857年英國《倫敦新聞圖報》
木刻版畫

第二次鴉片戰爭時期侵華英軍在佛山河面攻擊中國戰船

MANDARIN TOWN OF TOUNG KONAN. FORT. POINT DIVIDING THE CREEKS.

CSE JUNKS IN FATSHAM CREEK.

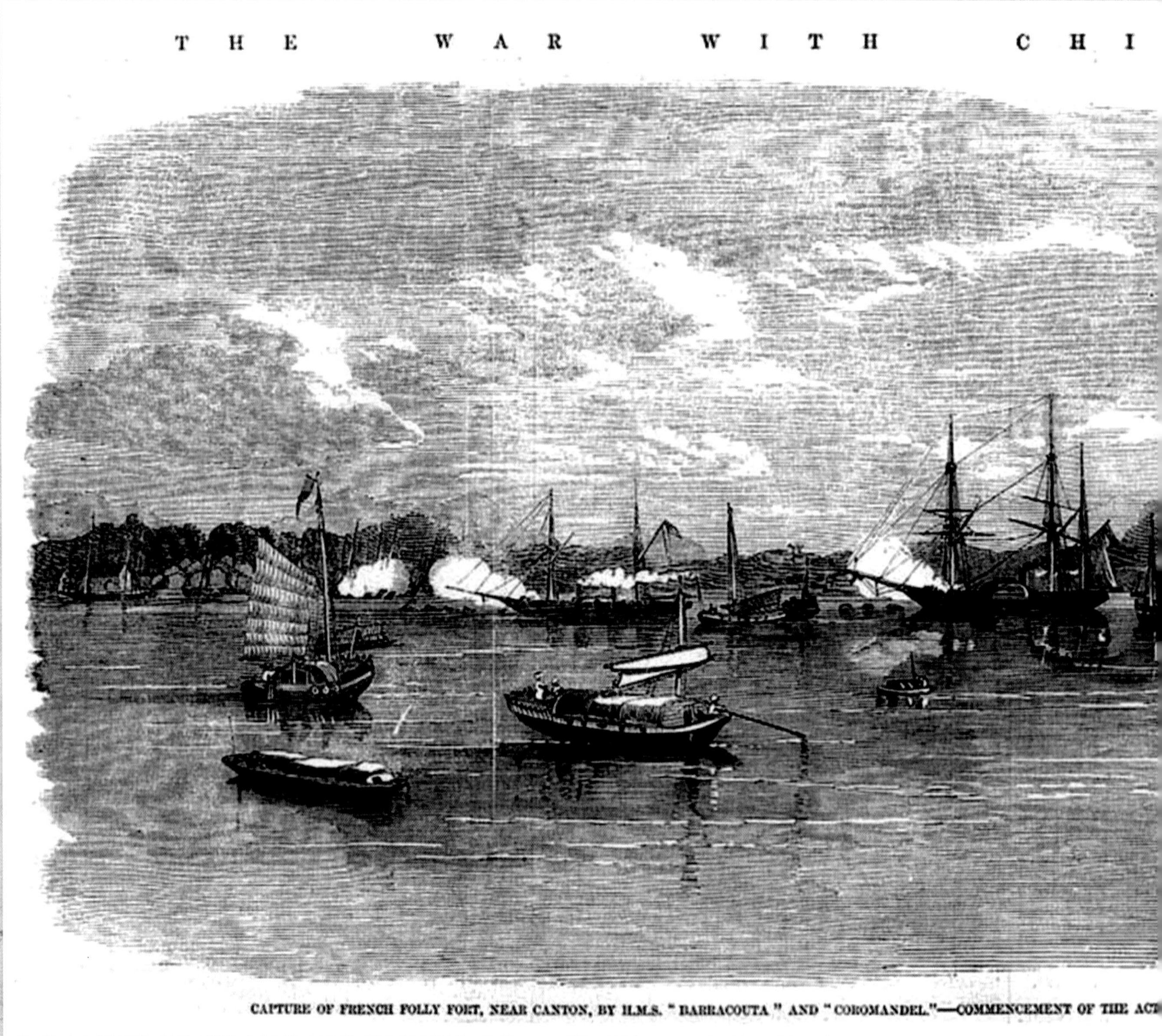
THE WAR WITH CHI
CAPTURE OF FRENCH FOLLY FORT, NEAR CANTON, BY H.M.S. "BARRACOUTA" AND "COROMANDEL."—COMMENCEMENT OF THE AC

法艦攻擊廣州

刊於1857年英國《倫敦新聞圖報》

第二次鴉片戰爭時期木刻版畫 — 法國軍艦攻擊廣州附近清兵炮台

北塘鎮登陸

刊於1860年11月3日英國《倫敦新聞圖報》

第二次鴉片戰爭時期，侵華英軍在天津塘沽北塘鎮登陸

法軍佔領大沽口

十九世紀法國紀念瓷碟

捕獲北京

刊於19世紀法國政治新聞《圖示故事》463號，版畫，法國貝勒蘭（Pellerin & Co.）印製

法國人眼中的第二次鴉片戰爭

PELLERIN & Cie, impr.-édit.
PRISE DE PÉKIN (Les Français en Chine, Bataille de Palikao)
IMAGERIE D'ÉPINAL No 463
Ah matelot que j'ai mal au cœur, la Chine est elle encore loin? oh non il n'y a plus que 3600 lieues.
Oh! oh! voici les Français et les Anglais! tiens leurs vaisseaux qui vont à la vapeur! les imbéciles qui ne savent pas encore se servir de voiles. ah! ah! ah.
En France ils sont si bêtes... ils ont des habits qui n'ont qu'une languette d'étoffes pour se cacher le derrière ils ont l'air de Hoches-queues.
Au lieu de manger proprement avec leurs doigts comme nous, les Français mangent avec des fourches en fer, ah! ah! les imbéciles.
Mais le plus drôle sont les Françaises elles sont fagottées dans des cages en fer, des crinolines... c'est à pouffer de rire.
Silence! voici les Français laissons les s'avancer, les pauvres diables ne se doutent guère de la pile que nous allons leur donner! nous sommes cent contre un.
Pif Paf boum... canailles de Français Ô quelle raclée ils viennent de nous donner et on dit qu'ils ne savent pas se battre? merci!
Enfoncé les Chinois! les voila qui se sauvent tous comme si le diable les emportait.
God-dem les Chinois y avez tossé pris le fuite.
Ah ben vous êtes Gentil vous... vous me dites que les Français ne savent pas se battre? mais ce sont des enragés ils m'ont rossé mon armée en un clin d'œil... que va dire nôtre Empereur?
Écrivons de suite à l'Empereur que les barbares sont vaincus puis tâchons de faire tomber les Français dans quelque piège.
J'ai invité les Généraux Français et Anglais à une entrevue pour la paix ils auront peu de soldats embusquez vous avec toute l'Armée Chinoise, et massacrez moi ces gredins là!
Cété oune trahison Mr le Mandarin, je défend à vô de touche moâ, j'étais lé Ambassadeur d'Angleterre.
Ah Ah je vous tiens enfin coquins d'Anglais & de Français, enchaînez les et mettez les en prison
Bataille de Palikao.
Ah traîtres de Chinois vous faites semblant de faire la paix pour nous attirer dans un piège? nous ne sommes qu'une poignée et vous nous attaquez avec 100,000 hom.es Credié nous allons vous tremper une soupe.
En avant nous tenons les Français et les Anglais ils seront tous prisonniers que pas un ne s'échappe. Ah ah! ah voila les Français qui nous jettent des marmites!! voyons ce qu'il y a dedans.
Ces Français maudits nous avaient lancé avec leurs canons une marmite en fer! nous avons voulu voir... patatra la marmite crève, éclate et casse la machoire à 7 ou 8 braves les coupe en 2 comme des boudins, et moi j'ai attrapé un morceau de la marmite dans le ventre; Ah fuyons.
Hé la bas est-ce qu'on se sauve sans les amis.
Ils ont une drôle de manière de se coiffer dans ce pays.
Nous venons de brûler le palais d'été de l'Empereur de la Chine ça l'apprendra à nous faire des farces; j'emporte son parasol pour souvenir; allons en route pour Pékin.
Nous voila donc enfin à Pékin! sont ils laids tous ces Magots de Chinois.
Ah! ah! ah! quelle balle!... je viens de chez un perruquier Chinois, je me suis endormi et il m'a arrangé à la mode Chinoise, le gredin va!
Cuisinier, qu'est ce que nous venons de manger ça a un drôle de goût? Mr le Français c'est tout ce qu'il y a de meilleur, c'est un hachis de Crapauds, de serpents à sonnettes & d'œufs de lézards, Ah! l'horreur, Oh! Goddem.
Moi sergent! j'ai fini mon congé et je reste en Chine, il y a une princesse Chinoise qui veut absolu.t m'épouser ça vaudra mieux que d'aller en France manger le rata du Couver.nt

八里橋戰役

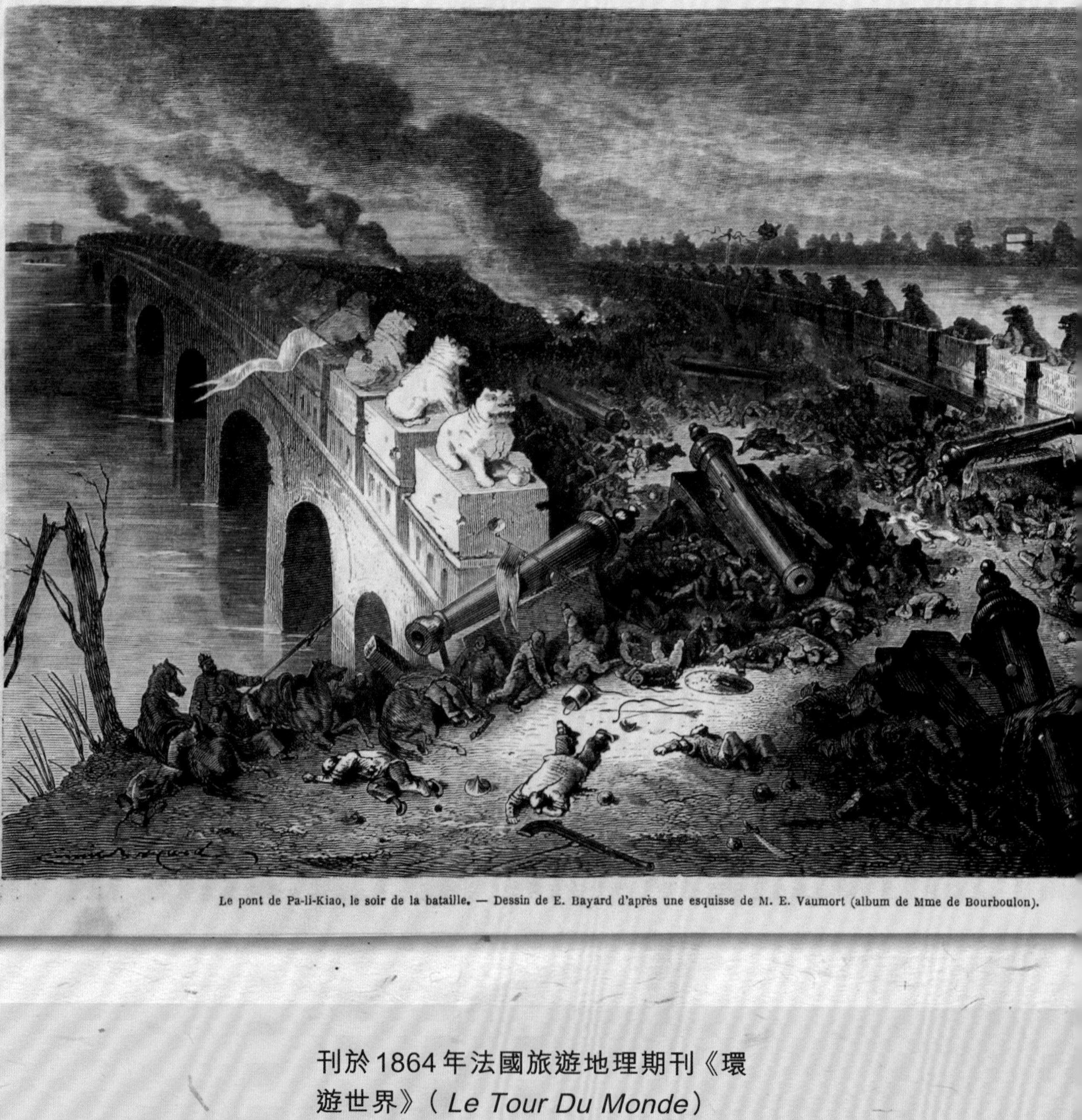

Le pont de Pa-li-Kiao, le soir de la bataille. — Dessin de E. Bayard d'après une esquisse de M. E. Vaumort (album de Mme de Bourboulon).

刊於1864年法國旅遊地理期刊《環遊世界》（*Le Tour Du Monde*）

第二次鴉片戰爭時期八里橋戰役木刻版畫，是次戰役，法國軍隊在八里橋大敗清軍蒙古王僧格林沁部，並進一步攻陷北京

THE WAR IN CHINA.

582 THE ILLUSTRATED LONDON NEWS [Dec. 22, 1860

THE FRENCH ATTACK ON THE BRIDGE PA-LI-CHIAN, EIGHT-MILES FROM PEKIN.—FROM A SKETCH BY OUR SPECIAL ARTIST IN CHINA.

BATTLE NEAR PEKIN.

SIR J. HOPE GRANT, in a despatch to the Secretary of State for War, writes as follows respecting the engagement of the 21st of September, near Pekin—two striking incidents of which, from Sketches by our Special Artist accompanying the allied forces, we have engraved :—

Head-quarters, Camp near Tung-Chow, Sept. 22.

Sir,—I have the honour to report that after the action of the 18th instant I remained in Chang-Tsia-Wan for two days, during which time the 1500 French troops left at Hosewoo joined us, and some convoys arrived in camp, together with intelligence of a flotilla of junks coming up the Peiho with further supplies. From reconnaissances on the 19th and 20th we had ascertained that the Chinese army was encamped in very large numbers about four miles off, on the road between Tung-Chow and Pekin, and on both sides of the canal which runs from the Peiho to the latter city.

At daybreak on the 21st I marched from Chang-Tsia-Wan, and, parking the baggage in a village two miles in front, was there joined by the French, who advanced on the right. Soon after passing Tung-Chow the French troops got under fire of the Chinese works thrown up to protect a fine bridge crossing the canal, and on the Imperial high road to Pekin. At this point the enemy's infantry appeared in considerable force. On the left the Tartar cavalry showed in large masses, and advanced rapidly until within 200 yards of our guns, which, hastily unlimbering, drove them off with a fire of canister, assisted by skirmishers thrown forward from the 2nd (Queen's). The cavalry

刊於1860年英國《倫敦新聞圖報》

法國軍隊攻擊北京市郊八里橋第二次鴉
片戰爭時期木刻版畫

中英天津條約

刊於1858年10月2日英國《倫敦新聞圖報》

第二次鴉片戰爭英國逼迫清廷簽署《中英天津條約》木刻版畫，1858年6月26日，清廷被迫與英國在天津簽訂喪權辱國的《中英天津條約》，畫面正中坐桌簽字的是英國對華全權專使額爾金伯爵，右桌在遞文件的是清廷全權大臣桂良，他身旁的是英國海軍艦隊司令西爾摩上將，而左方桌椅的是清廷代表花沙納。再為中英天津條約續後簽訂的《中英通商善後條約》，訂明稱為洋藥的鴉片貿易合法化，以「向來洋藥例皆不准通商，……稍定寬其禁，聽商遵行納税貿易」，於每百斤繳納税銀三十両。

中法天津條約

刊於第1858年10月法國《世界畫報》(*Le Monde Illustre*)

第二次鴉片戰爭時期法國脅迫清廷簽署《中法天津條約》木刻版畫。畫面上正在用鵝毛筆簽名的是法國全權專使葛羅。

搶掠圓明園

1859年木刻印畫，
1897年出版之《英國海陸戰役》插圖

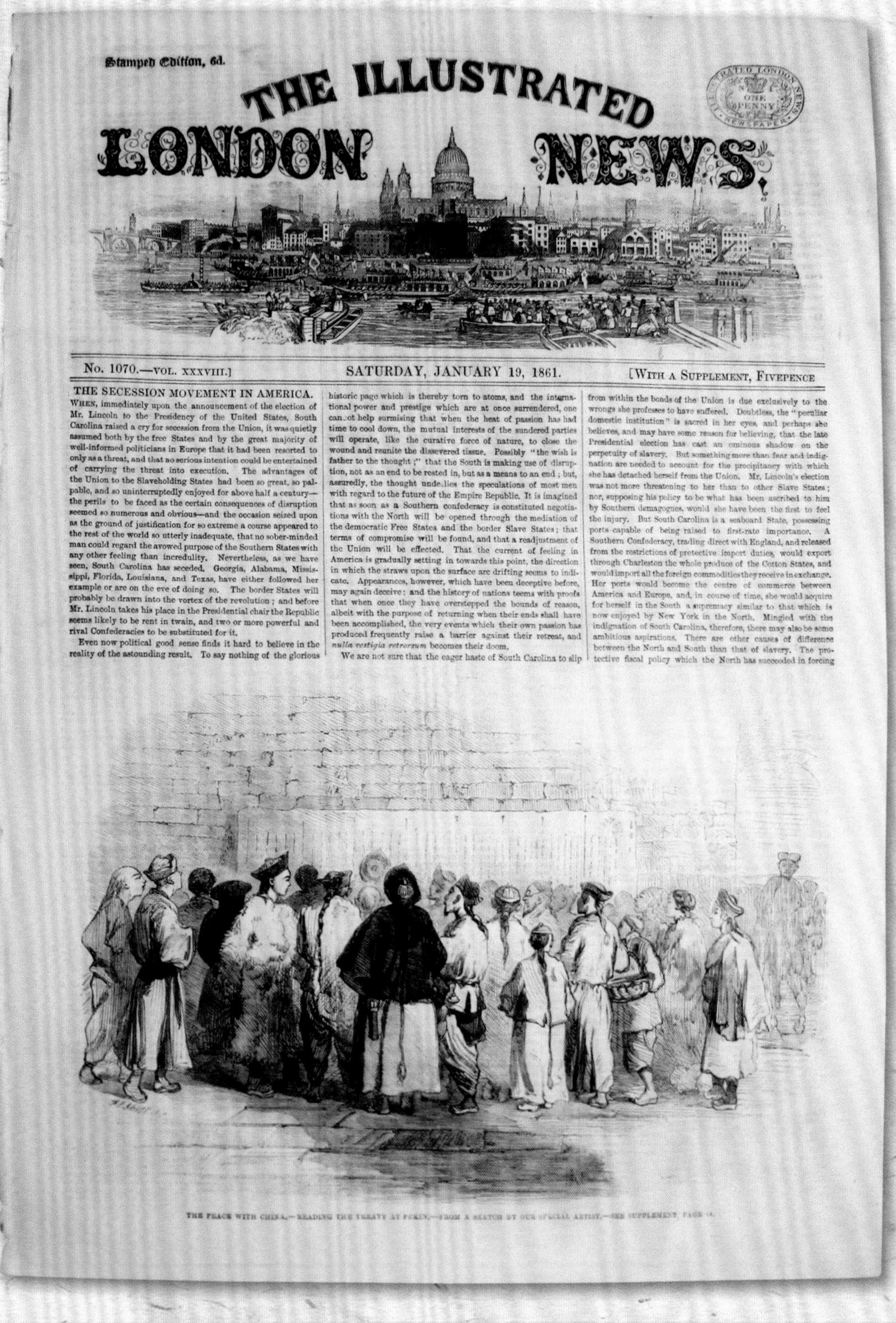

Stamped Edition, 6d.

THE ILLUSTRATED LONDON NEWS.

No. 1070.—VOL. XXXVIII.] SATURDAY, JANUARY 19, 1861. [WITH A SUPPLEMENT, FIVEPENCE

THE SECESSION MOVEMENT IN AMERICA.

WHEN, immediately upon the announcement of the election of Mr. Lincoln to the Presidency of the United States, South Carolina raised a cry for secession from the Union, it was quietly assumed both by the free States and by the great majority of well-informed politicians in Europe that it had been resorted to only as a threat, and that no serious intention could be entertained of carrying the threat into execution. The advantages of the Union to the Slaveholding States had been so great, so palpable, and so uninterruptedly enjoyed for above half a century—the perils to be faced as the certain consequences of disruption seemed so numerous and obvious—and the occasion seized upon as the ground of justification for so extreme a course appeared to the rest of the world so utterly inadequate, that no sober-minded man could regard the avowed purpose of the Southern States with any other feeling than incredulity. Nevertheless, as we have seen, South Carolina has seceded. Georgia, Alabama, Mississippi, Florida, Louisiana, and Texas, have either followed her example or are on the eve of doing so. The border States will probably be drawn into the vortex of the revolution; and before Mr. Lincoln takes his place in the Presidential chair the Republic seems likely to be rent in twain, and two or more powerful and rival Confederacies to be substituted for it.

Even now political good sense finds it hard to believe in the reality of the astounding result. To say nothing of the glorious historic page which is thereby torn to atoms, and the international power and prestige which are at once surrendered, one cannot help surmising that when the heat of passion has had time to cool down, the mutual interests of the sundered parties will operate, like the curative force of nature, to close the wound and reunite the dissevered tissue. Possibly "the wish is father to the thought;" that the South is making use of disruption, not as an end to be rested in, but as a means to an end; but, assuredly, the thought underlies the speculations of most men with regard to the future of the Empire Republic. It is imagined that as soon as a Southern confederacy is constituted negotiations with the North will be opened through the mediation of the democratic Free States and the border Slave States; that terms of compromise will be found, and that a readjustment of the Union will be effected. That the current of feeling in America is gradually setting in towards this point, the direction in which the straws upon the surface are drifting seems to indicate. Appearances, however, which have been deceptive before, may again deceive; and the history of nations teems with proofs that when once they have overstepped the bounds of reason, albeit with the purpose of returning when their ends shall have been accomplished, the very events which their own passion has produced frequently raise a barrier against their retreat, and *nulla vestigia retrorsum* becomes their doom.

We are not sure that the eager haste of South Carolina to slip from within the bonds of the Union is due exclusively to the wrongs she professes to have suffered. Doubtless, the "peculiar domestic institution" is sacred in her eyes, and perhaps she believes, and may have some reason for believing, that the late Presidential election has cast an ominous shadow on the perpetuity of slavery. But something more than fear and indignation are needed to account for the precipitancy with which she has detached herself from the Union. Mr. Lincoln's election was not more threatening to her than to other Slave States; nor, supposing his policy to be what has been ascribed to him by Southern demagogues, would she have been the first to feel the injury. But South Carolina is a seaboard State, possessing ports capable of being raised to first-rate importance. A Southern Confederacy, trading direct with England, and released from the restrictions of protective import duties, would export through Charleston the whole produce of the Cotton States, and would import all the foreign commodities they receive in exchange. Her ports would become the centre of commerce between America and Europe, and, in course of time, she would acquire for herself in the South a supremacy similar to that which is now enjoyed by New York in the North. Mingled with the indignation of South Carolina, therefore, there may also be some ambitious aspirations. There are other causes of difference between the North and South than that of slavery. The protective fiscal policy which the North has succeeded in forcing

THE PEACE WITH CHINA.—READING THE TREATY AT PEKIN.—FROM A SKETCH BY OUR SPECIAL ARTIST.—SEE SUPPLEMENT, PAGE

中英北京條約

北京通衢城牆張貼《中英北京條約》，俾眾周知 — 木刻版畫
刊於1861年1月19日英國《倫敦新聞圖報》

英法聯軍佔領北京城後，於武力脅迫之下，清廷求和而被迫與英法等國分別簽署不平等的《北京條約》。當時中英的《北京條約》主要是割地賠款、增開天津商埠、准許英國招募華工出洋。這次，英國割佔了港島對岸的南九龍半島，拓大了香港殖民地的面積。

第四章

鴉片吸食文化與鴉片器物文化

鴉片傳入中國最初是作為藥用。西元659年唐高宗時的中國第一部藥典《唐本草》，已記載含有鴉片的混合藥物。至於吸食鴉片煙享受所產生麻醉感覺及帶來飄飄欲仙的非醫藥用途，相信由南洋的爪哇傳入，是始於清代初年海禁開放時期的東南沿海地方，包括福建漳州、泉州、廈門和台灣等地，並逐漸向中國沿海及內陸傳播到各地。

清初的康雍乾間，使用裝設有煙鍋長管的煙槍及灼火器具來吸食鴉片煙，相信是仿照當時中國流行使用煙斗吸食煙草的方法，這種尋求享樂性而非醫藥用途來吸食鴉片煙，造成很多吸食者染上鴉片的煙癮毒癖的社會現象。

吸食鴉片方法是經歷了二百多年的興盛演進，形成具有中國特色的吸食鴉片文化。包括吸食鴉片所使用的煙具器皿，如煙槍、煙鍋、煙嘴、煙燈、煙盒、煙簽、煙針、煙挖、煙盤、煙榻等，已經發展成為特有的工藝和器物文化。而吸食鴉片煙的技巧，是一系列複雜的巧調弄制，先從盛載鴉片煙膏的煙盒剪裁少量的煙膏，把煙膏放在煙燈的火苗上烤炊變軟，這時鴉片已發出強烈的香甜氣味，再將烤軟的煙膏搓成小丸，再反覆烤炊變成小煙泡，然後將煙泡塞進煙槍上的煙鍋裏，再將煙鍋對準煙燈的火苗再燒烤煙鍋裏的煙膏，吸煙者便臥在煙榻上，用口在煙槍尾部的煙嘴小孔來吸吞鴉片經燃燒後變成氣態的煙，享受鴉片煙毒使人產生麻醉感覺和帶來飄飄然的忘我狀態。

一直以來，吸食鴉片煙是分階級的。大富人家或皇族官賈是屬於高級的，他們吸食鴉片煙是具有社交性、享樂性；他們有的是在自己宅內的廳舍煙榻，有的是去華麗的煙館。在吸食鴉片時是學得一套吸煙技巧，或專業熟練的技師代為烤炊煙膏煙泡。他們使用的煙具器皿是有很高鑒賞性、玩樂性的，使用極為奢侈華美的工藝和物料。而低下層的人他們由於經濟條件所限，進入的是下等煙館，又或在簡陋及骯髒的環境，所使用的鴉片器具是廉價及粗糙的。

採集鴉片

採集鴉片刀具

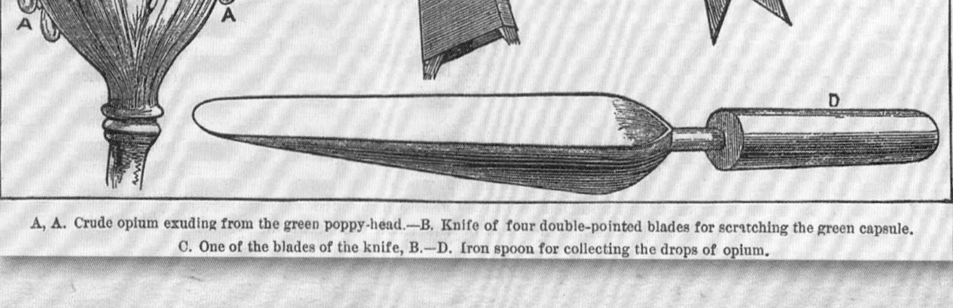

A, A. Crude opium exuding from the green poppy-head.—B. Knife of four double-pointed blades for scratching the green capsule. C. One of the blades of the knife, B.—D. Iron spoon for collecting the drops of opium.

採集鴉片示意圖

刊於一八八二年七月美國《科學人》科普雜誌

少數民族採集鴉片

上世紀70年代明信片「中、泰、緬邊區」少數民族採集鴉片

鴉片是從草本植物「罌粟」採集，先用刀具從罌粟未成熟的蒴果，經割損果皮後，蒴果滲出之白色乳汁乾燥凝固後收集，稱為生鴉片。

男子吸食鴉片

清末老明信片 — 男子吸食鴉片

可見吸食鴉片用具，如煙槍、煙燈、煙挖、煙鏟等。

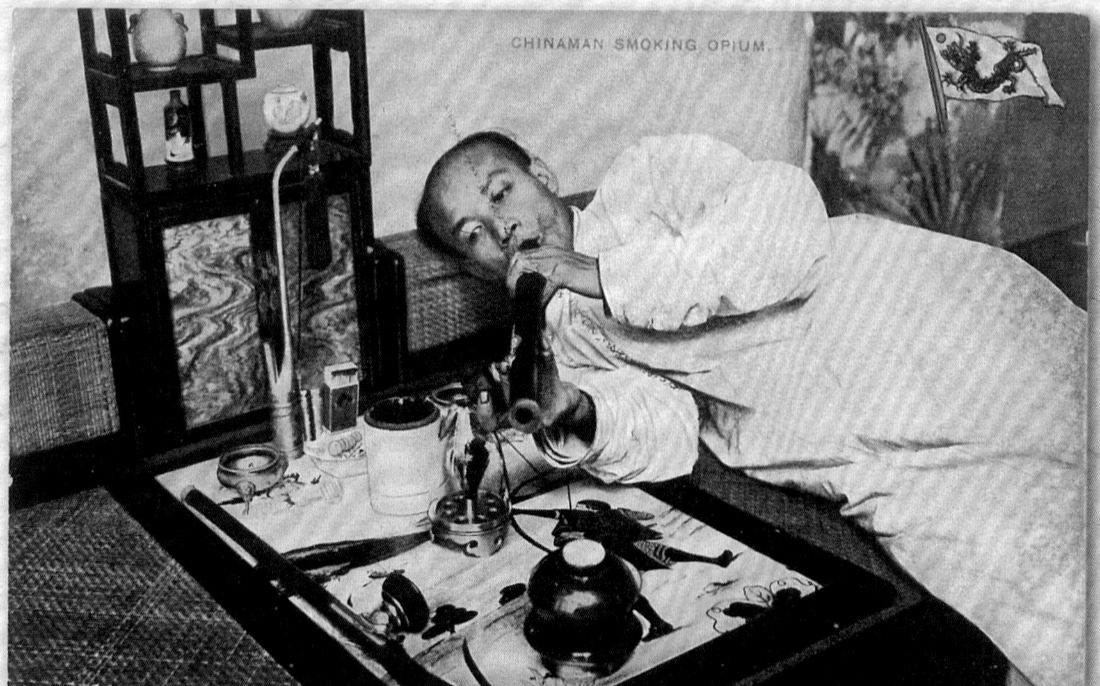

中國鴉片煙館

19世紀銅版畫1843年印製，繪畫T.Allom，刻制G.Peterson.

畫中是一間高級煙館，一眾鴉片癮者吐霧吞雲，有的更昏昏睡睡，更有一頂官帽置放於中間。

鴉片秤套裝

雲貴邊境少數民族「傈傈族」製造鴉片秤套裝，罌粟雕刻圖案之鴉片煙釐秤及秤匣

吸食鴉片煙工具

鴉片煙槍

瓷枕

銅製鏤空鴉片煙燈

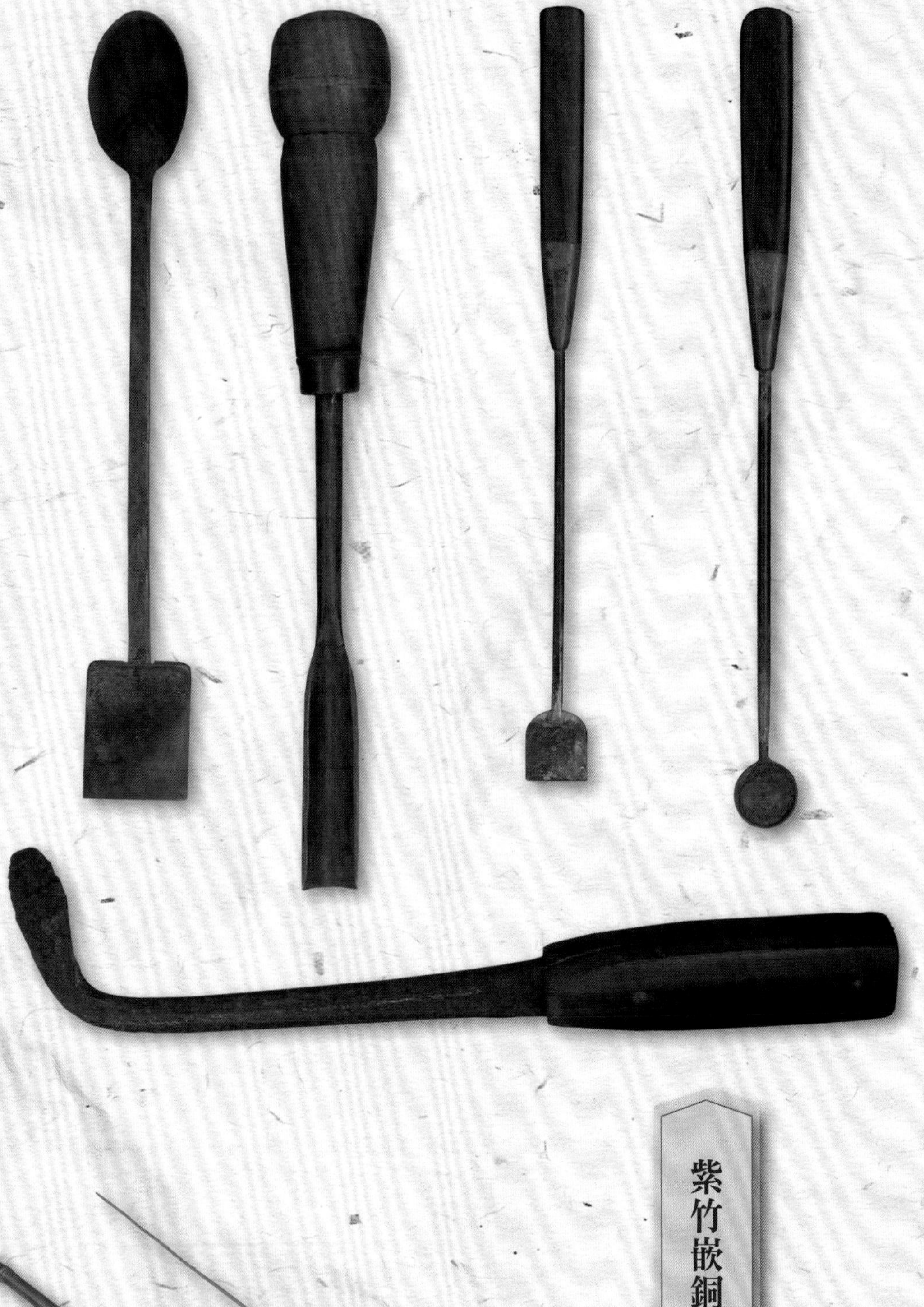

煙鏟、煙挖、清理煙槍工具

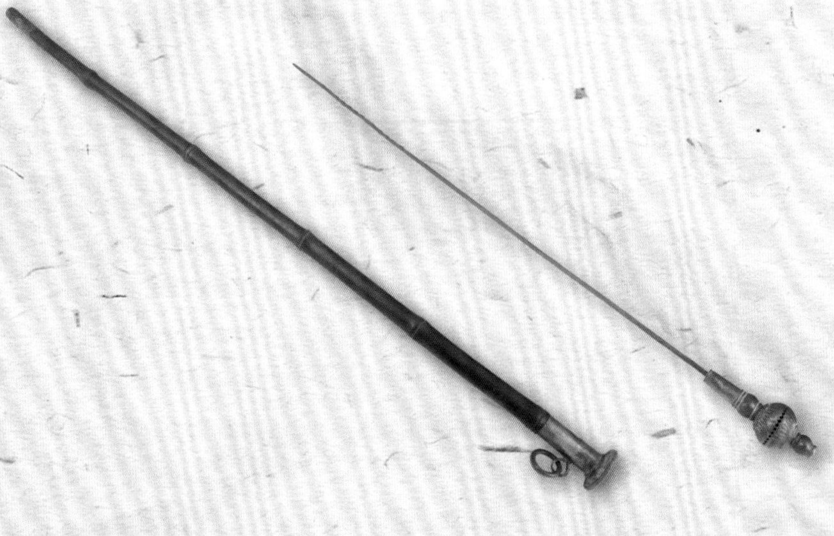

紫竹嵌銅製鴉片釺子

鴉片行銷經濟鏈的下游器物—「煙膏瓦盅」

20世紀中葉之前，華南馳名的廣東石灣「霍耀泰號」生產的鴉片「煙膏瓦盅」。其行銷網路，遍及南海石灣的老舖、廣州中華南路支店「霍耀祥號」、澳門支店「霍耀昌號」以及香港支店「霍耀棧號」等。可從銷貨單和煙膏瓦盅反映整個鴉片煙毒行銷經濟鏈的下游。

陶製鴉片罐

鴉片煙膏陶罐底的「霍耀泰造」文字樣

霍耀昌號

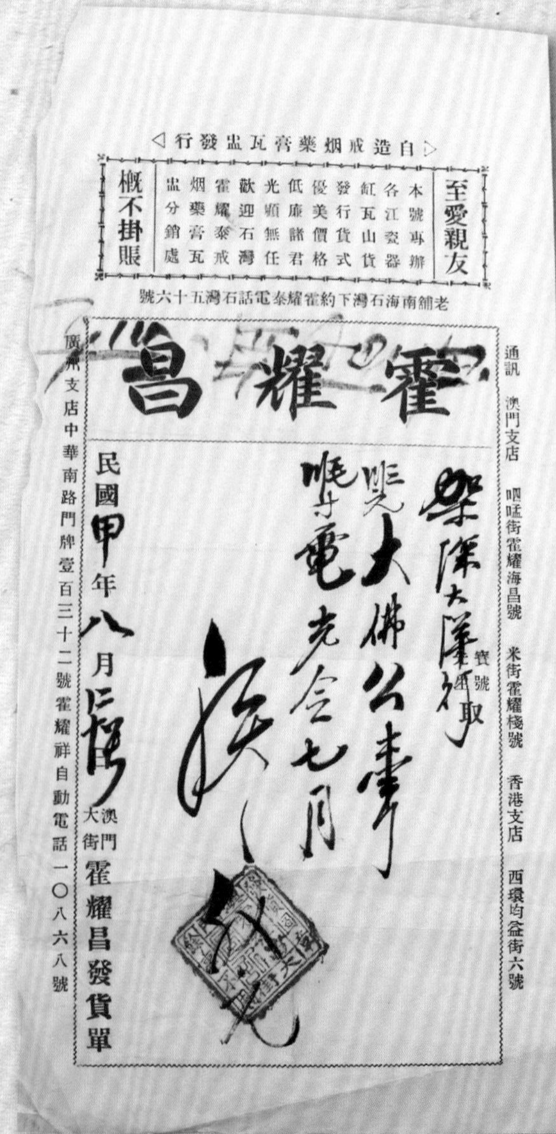

民國甲年澳門「霍耀昌號」瓷器缸瓦店收據

印有「自造戒煙藥膏瓦盅發行」及「石灣霍耀泰戒煙藥膏瓦盅分銷處」

甲年是每逢年份的尾數逢4便是甲年，查解放前的民國甲年是1914、1924、1934或1944年，這張收據估計為1934年

盛載鴉片煙用的器皿

木造人形鴉片煙漏

駱駝牌一両裝鴉片銅盒

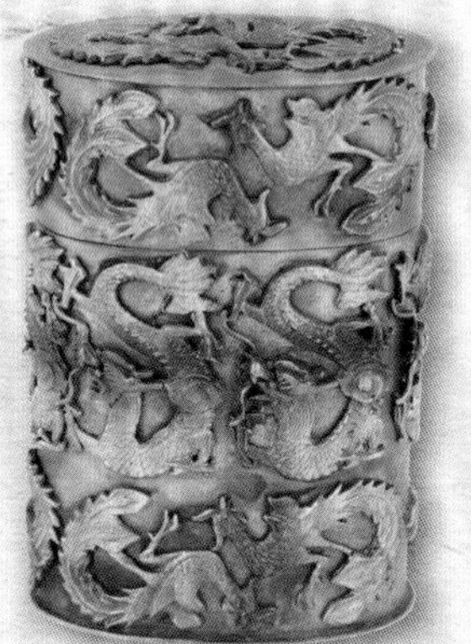

銅製龍鳳鎏銀雕花鴉片罐

銅製鴉片煙罐

第五章 戒毒機構及戒除毒癮醫藥

鴉片、嗎啡、「紅丸」以及「白粉」（海洛英）等物，都是摧殘人體的毒品，吸久會使人成癮癖，為求滿足毒癮便愈吸愈大，致令摧殘身心，變成面灰齒黑、骨瘦形消，意志消沉，終日只顧沉淪毒癮，喪失謀生能力；毒癖愈來愈深，花費大量金錢購買毒品，可令人傾家蕩產，甚至家散人亡，吸毒者最後會淪為社會廢人、人間渣滓。更有人因為毒害纏身，而步向死亡之路。

一些人毒癮發作時致令人格變異，精神錯亂。吸毒敗壞社會風氣，吸毒者愈眾多，社會風氣愈敗壞，吸毒者需用大量金錢購買毒品，為頂毒癮從事偷呃拐騙、哄嚇勒索、姦淫擄掠，走上犯罪之路。而有的女性吸毒，走上賣淫之路，人格淪亡。

吸毒致令弱國病民，國家社會負上很大損耗。因此，政府及民間成立戒除毒癮的醫院或診所，強制或收容自願戒毒人士。

百年以來，社會上一些有心人士、藥商、團體、機構等，分別研究、製造、生產及銷售國人研發的藥方藥物，外國亦有製造戒除鴉片和毒品癮癖的藥物，為使吸毒者脱離毒癖苦海，重獲新生、重新做人。

清末時期的中國鴉片煙館

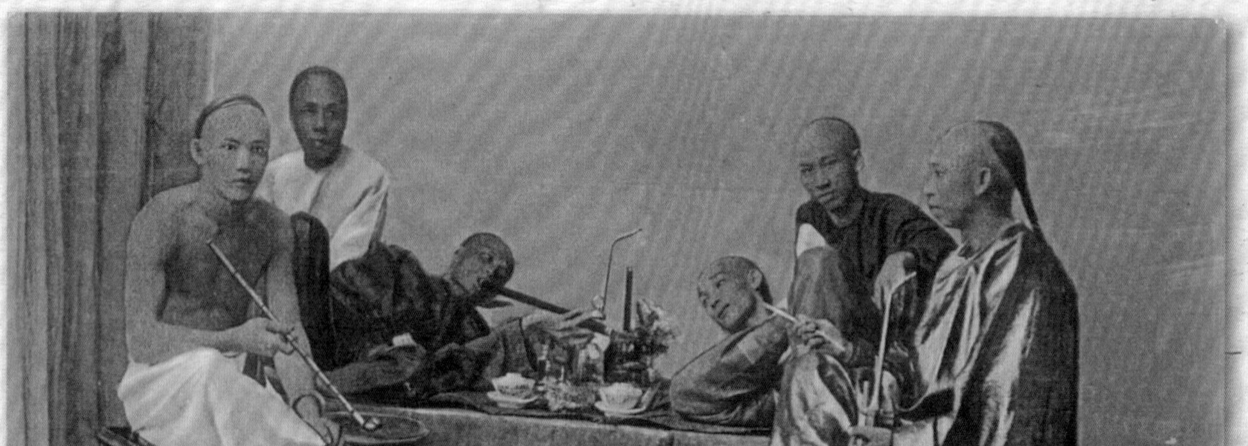

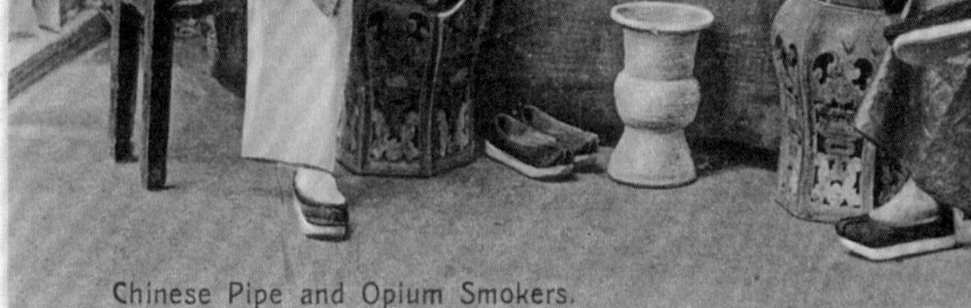

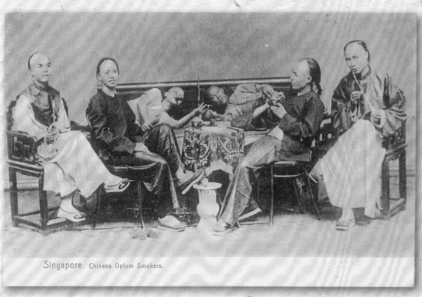

十九世紀明信片

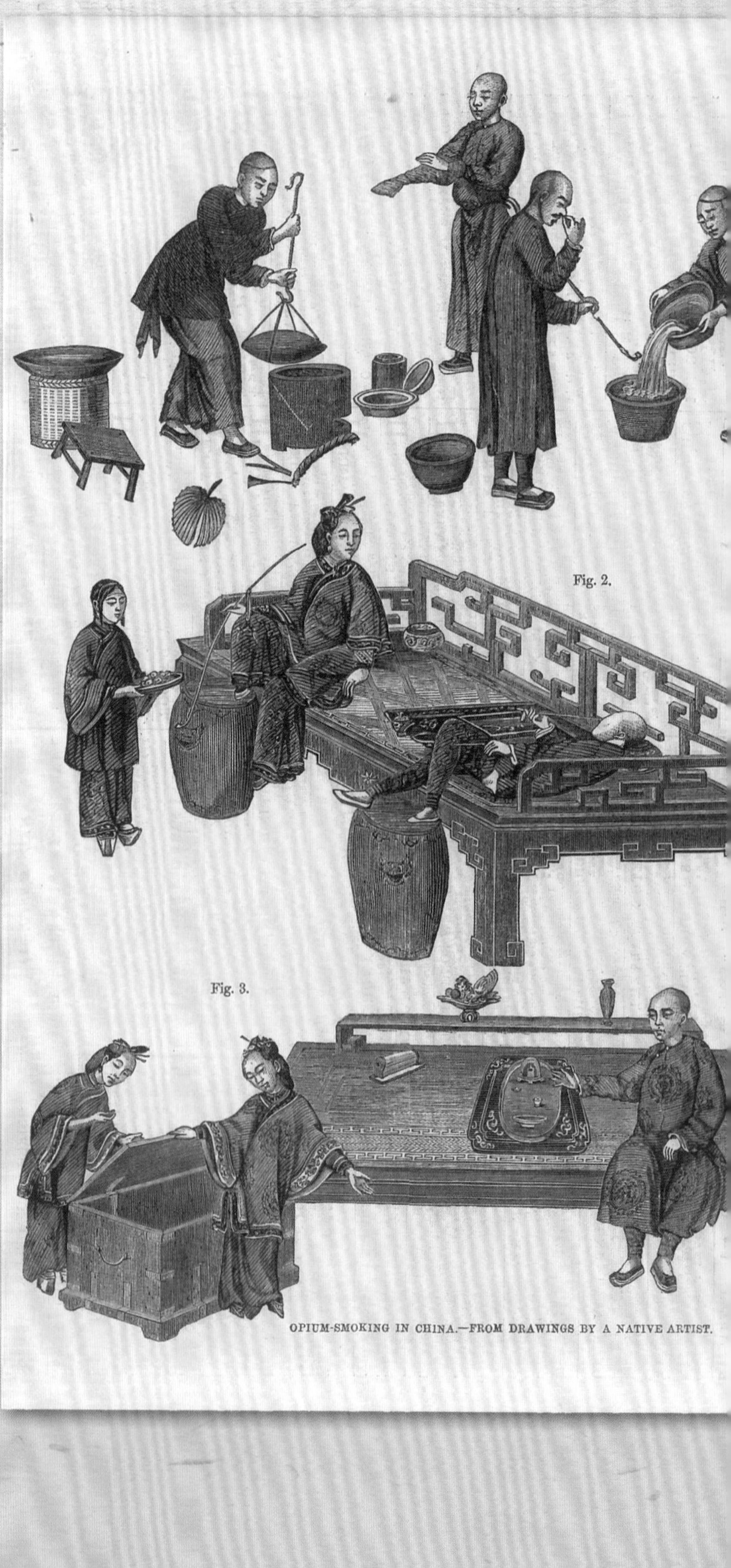

OPIUM-SMOKING IN CHINA.—FROM DRAWINGS BY A NATIVE ARTIST.

鴉片禍害

清末，中國一個吸食鴉片禍害的故事1858年12月英國《倫敦新聞圖報》木刻版畫，原稿由中國人所描繪

故事主人翁原本家境富裕，有嬌妻、僕人。因為吸食鴉片花費大量金錢致使家境逐步貧困衰落，先是辭退僕人、賣掉衣服傢俱等，後來妻子還要做手作養家，到最後凋零早死，只得破席一張及剩下孤苦貧困的妻兒。

reclines on a couch, with his head supported on a pillow. With one hand he applies a small portion of the drug to the nozzle of the pipe, holding the same in the flame of a lamp. The heat of the lamp converts the opium into vapour, which by a deep inspiration the smoker draws into his lungs, and after a short retention discharges by his nostrils and mouth. The opium thus received into the system acts at first as a pleasant and refreshing stimulant, and produces an artificial vigour, quickly, however, followed by great relaxation and listlessness. In order to produce the pleasurable effects, a constantly recurrent quantity of the drug is necessary. The habit once formed, its evil effects do not long lag behind. These are pains in the limbs and bowels, loss of appetite, disturbed sleep, emaciation, loss of memory, horrible apprehensions, and a general decay of the entire man—moral, mental, and physical. Even the Chinese themselves refuse to trust an inveterate opium-smoker, and regard him as capable of any crime. At length that which was first resorted to for pleasure is sought only to relieve pain. The unhappy victim is intolerably wretched without his periodical stimulant. To procure it he will sell his clothing, his furniture, his wife, his children, himself. If he cannot obtain it, he will not unfrequently end his misery by suicide; whilst, if he does obtain his coveted potion, he only prolongs a little while his wretched existence.

Engraving No. 3.—Our victim, having exhausted all his money, for some time gratifies his ruinous indulgence by selling or pawning the contents of his clothes-chest. To his intense chagrin his wife now reports the chest to be empty. The wealth of the Chinese, like other Orientals, frequently consists in stores of costly garments, the sale of which presents oftentimes a too ready mode of meeting any sudden emergency, or of gratifying any extravagant propensity.

Engraving No. 4.—Having disposed of all his costly garments, the victim next sells his furniture, and at a ruinous sacrifice obtains the means of further indulgence.

Engraving No. 5.—The means of our opium-smoker's being all exhausted, he becomes dependent upon his wife and child, who support him by the scanty wages obtained by winding silk. The husband in abject misery humbly supplicates the price of another pipe of opium.

Engraving No. 6.—Here we have the last scene of all. Disease and misery have done their work, premature death has seized its prey. The wife and brother mourn over the body laid out on a mat: a few sticks of incense, and a few rice-cakes, are presented as an offering to the dead.

The accompanying Engravings show the views of the Chinese themselves as to the evil effects which follow opium-smoking. Reliable witnesses assure us that these Illustrations are by no means exaggerated, and that the "progress" here depicted is one only too often met with in the history of those addicted to its use. If there be only one such case to each thousand or each ten thousand consumers, we do not envy the wealth obtained by traffic in this drug. We cannot but regard it as a blot on the character of our East Indian Government that for purposes of revenue it should be engaged in cultivating and selling a drug which, invaluable as a medicinal agent, is so antagonistic to the weal of all who employ it as an indulgence. Every well-wisher of his fellow-men must sincerely desire the suppression of a traffic which carries destitution and death into so many Chinese families.

OPIUM-SMOKING IN CHINA.—FROM DRAWINGS BY A NATIVE ARTIST.

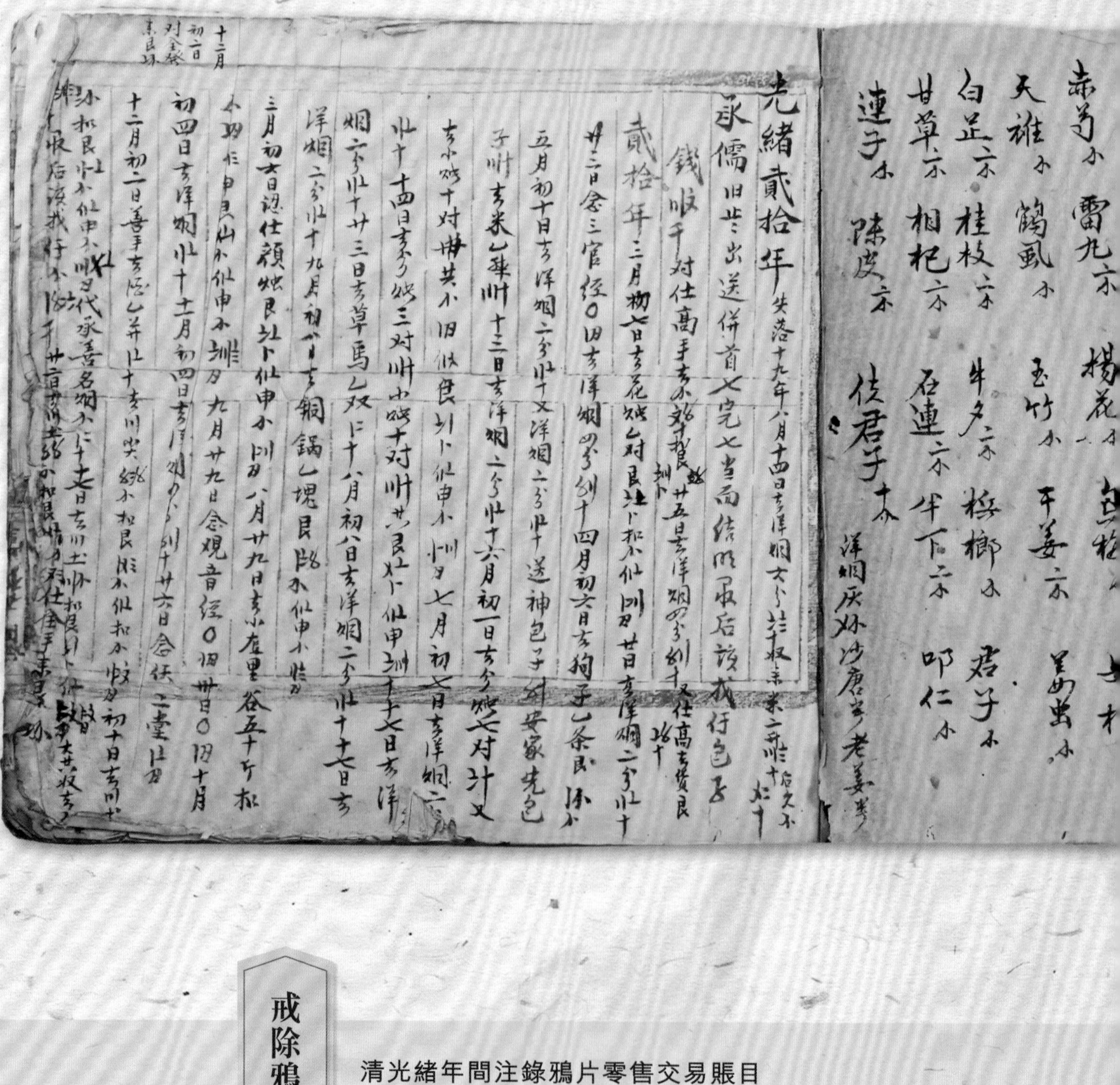

戒除鴉片藥方

清光緒年間注錄鴉片零售交易賬目

封面內頁寫有一條「戒除鴉片藥方」，白棉紙木板浮水印紅格民間賬本，內容龐雜。

滋強丸

清末山東省製戒除鴉片嗎啡毒癮藥物「滋強丸」

廣告紙上印有宣傳文字：
興吾大清國
必戒鴉片毒

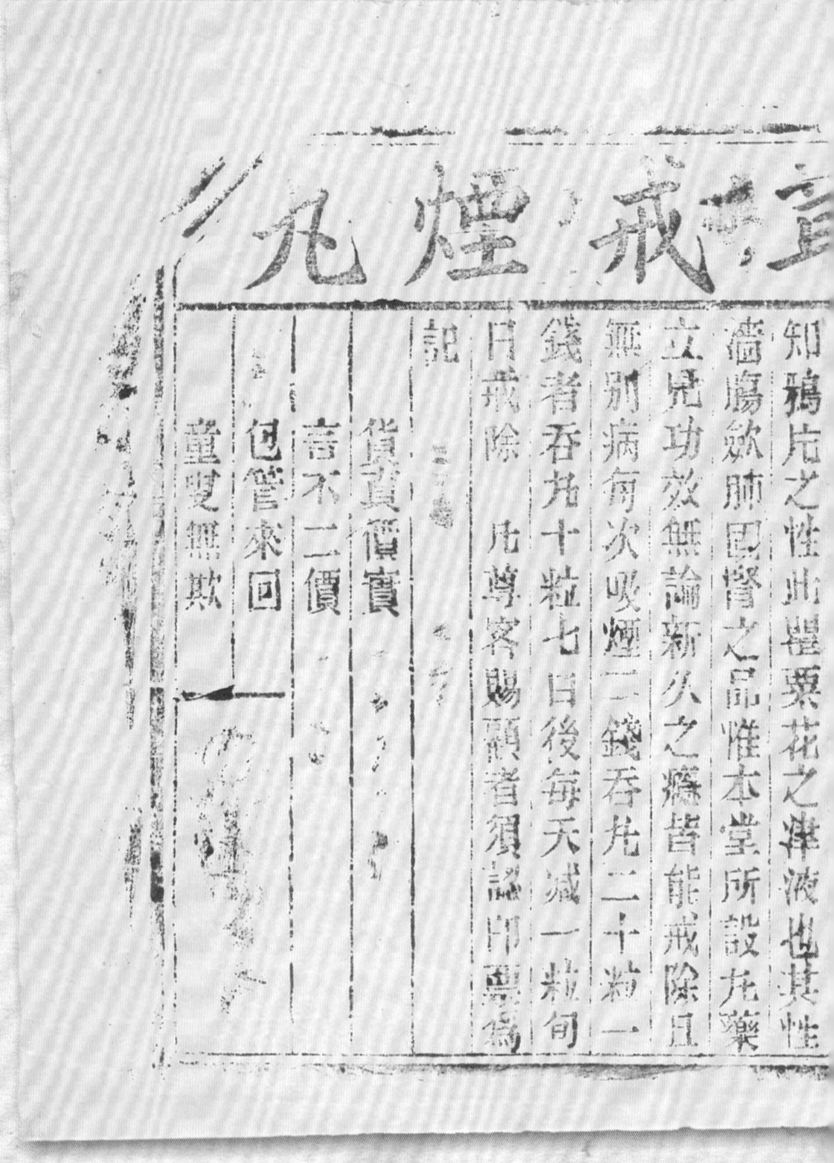

戒煙丸

知鴉片之性出罌粟花之津液也其性
濇腸歛肺固腎之品惟本堂所設丸藥
立見功效無論新久之癮皆能戒除且
無別病每次吸煙一錢吞丸二十粒一
錢者吞丸十粒七日後每天減一粒旬
日戒除 丸尊客賜顧者須認印票為
記

貨眞價實

言不二價

包管來回

童叟無欺

參茸戒煙丸

清末戒毒藥品「參茸戒煙丸」及廣告

清末禁煙運動（1906年）時期的戒毒藥品，宣傳廣告文內有「各處紳商設立戒煙善會」。

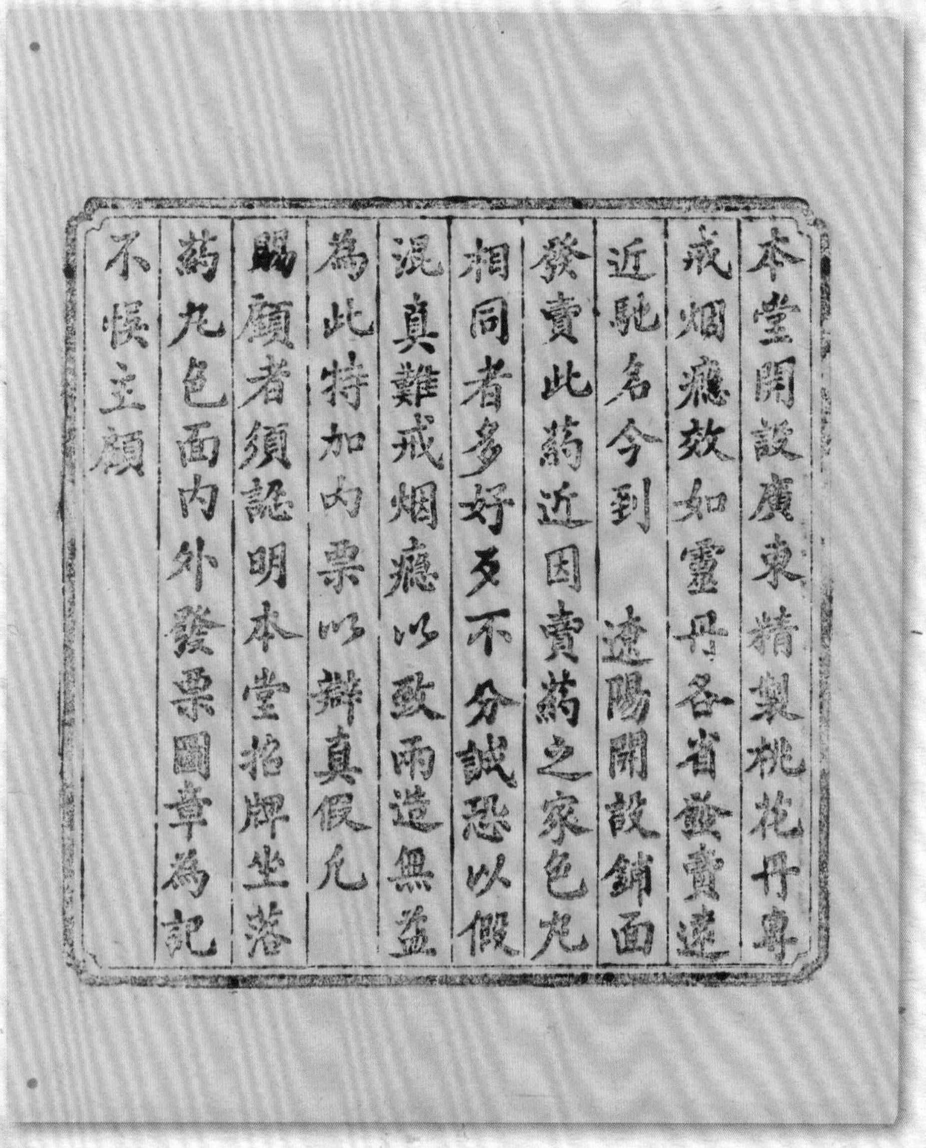

本堂開設廣東精製桃花丹專
戒烟癮效如靈丹各省發賣遠
近馳名今到 遼陽開設鋪面
發賣此藥近因賣藥之家色丸
相同者多好歹不分誠恐以假
混真難戒烟癮以致兩造無益
為此特加內票以辨真假凡
賜顧者須認明本堂招牌坐落
藥丸色面內外發票圖章為記
不悞主顧

廣東精製桃花丹

清末遼寧省遼陽戒毒藥品廣告

戒毒藥品為廣東精製「桃花丹」，專戒煙癮。

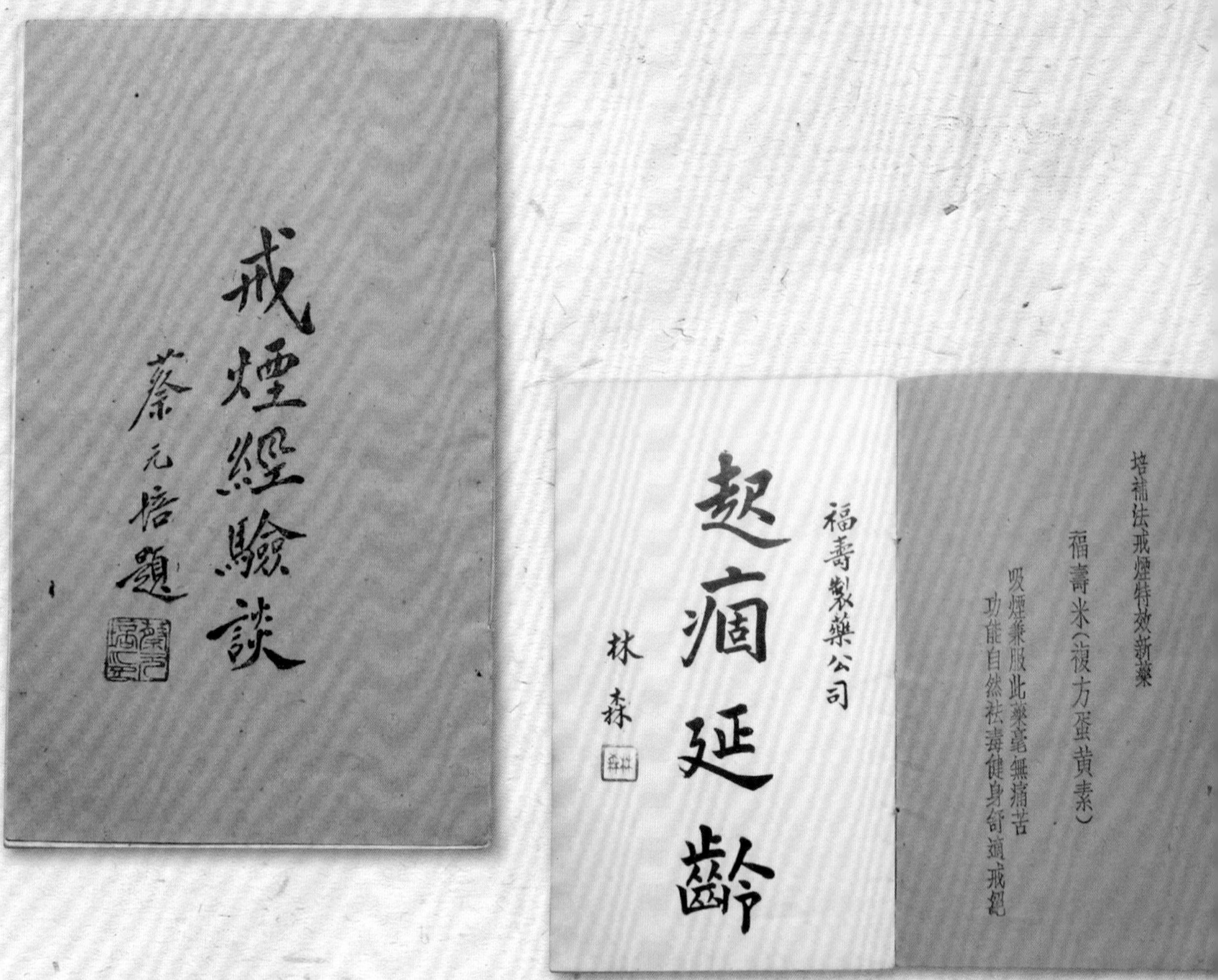

戒毒經驗談

1936年（民國二十五年）上海福壽公司出版《戒煙經驗談》為上海福壽公司推出培補法戒煙特效新藥「福壽米」（複方蛋黃素）的介紹小冊

此小冊得到當時國民政府的黨政軍最高層人物題詞，分別由前北京大學校長當時的中央研究院院長蔡元培為封面書名題詞、內頁依序為國民政府主席林森、軍事委員會委員長兼任禁煙總監蔣中正即蔣介石、監察院長于右任、蔡元培、吳敬恒、陳果夫、陳立夫兩兄弟、陳公博等人。

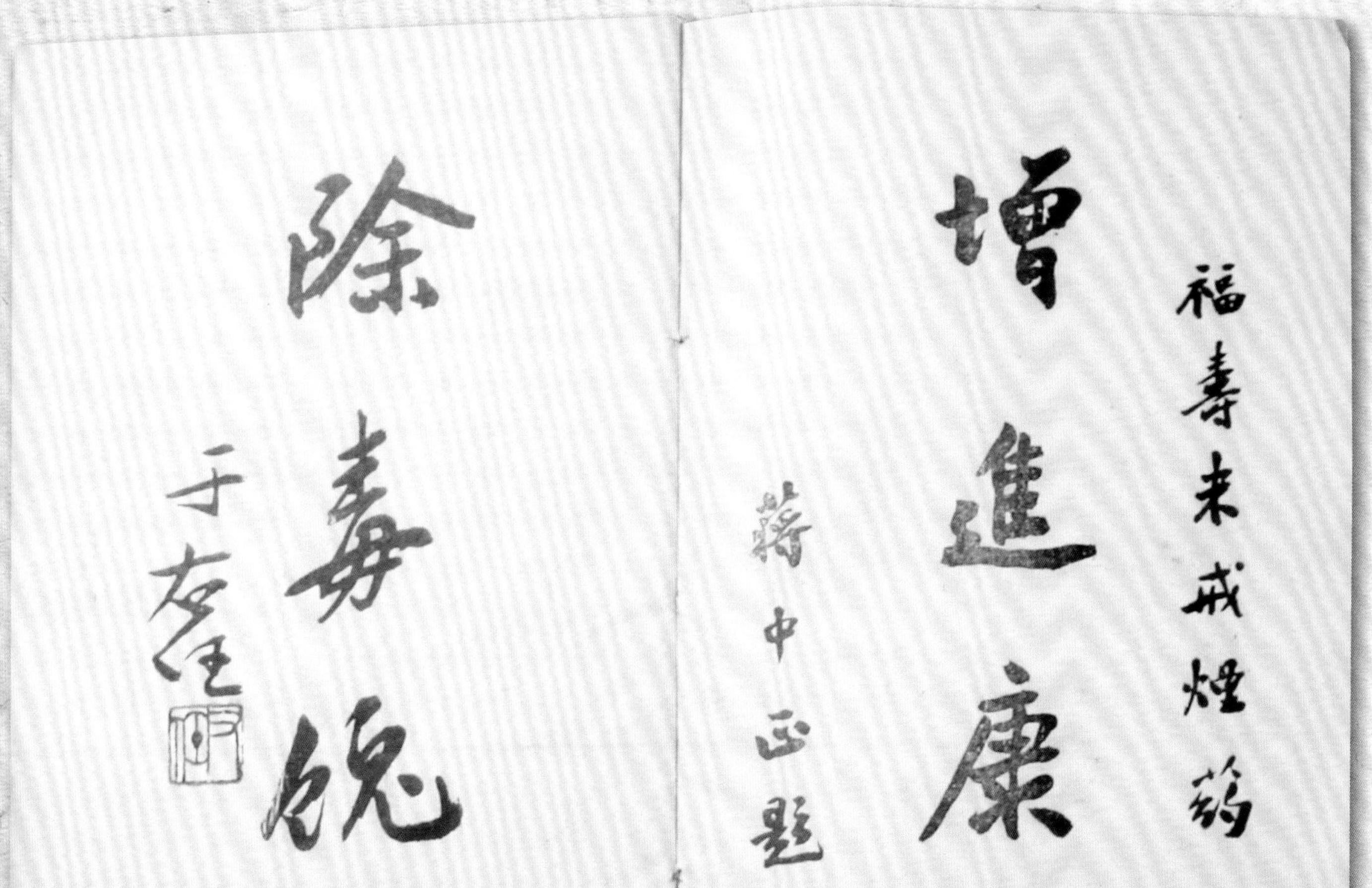
福壽来戒煙葯
增進康健
蔣中正題
于右任

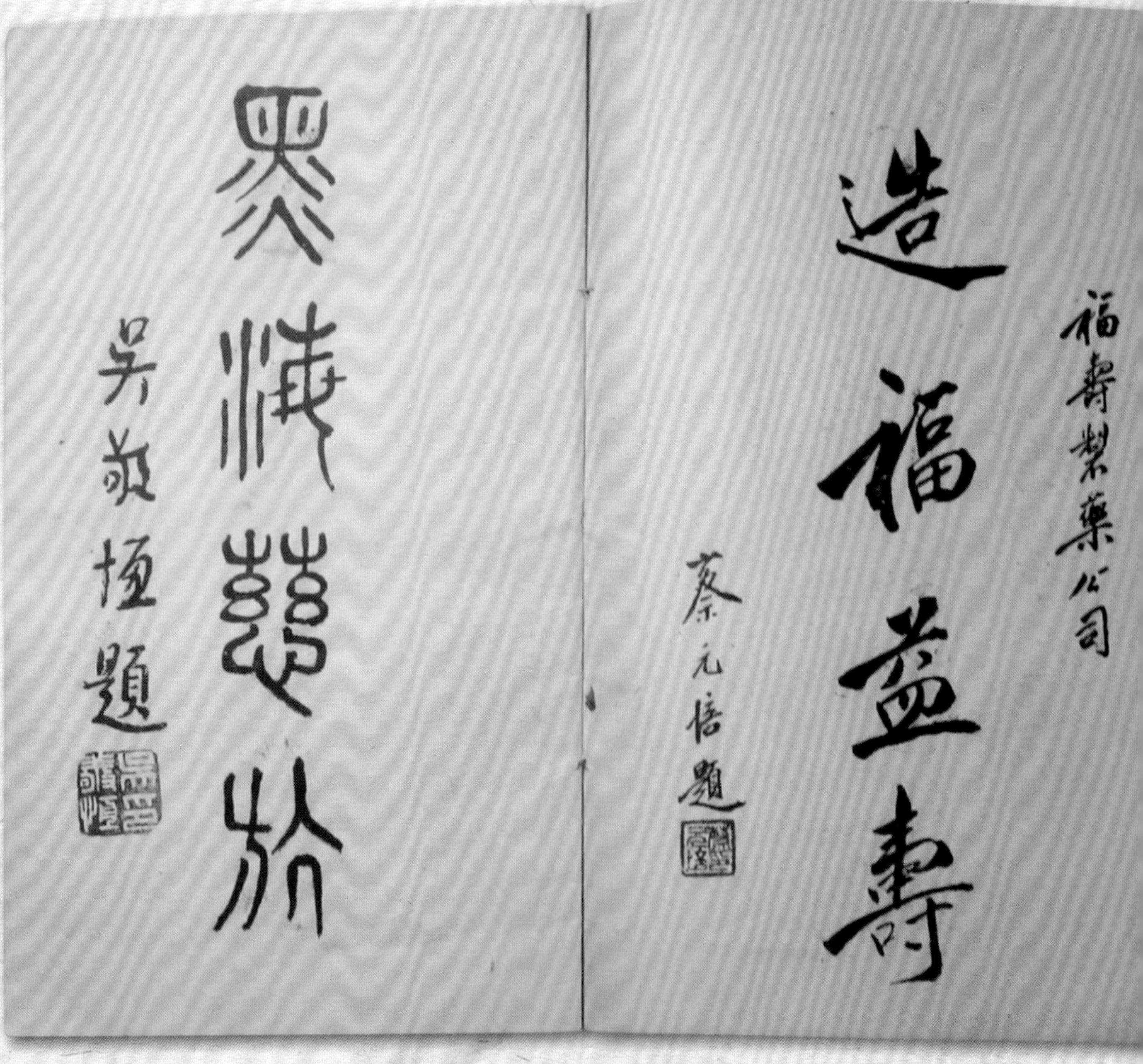
吳敬恒題
福壽製藥公司
造福益壽
蔡元培題

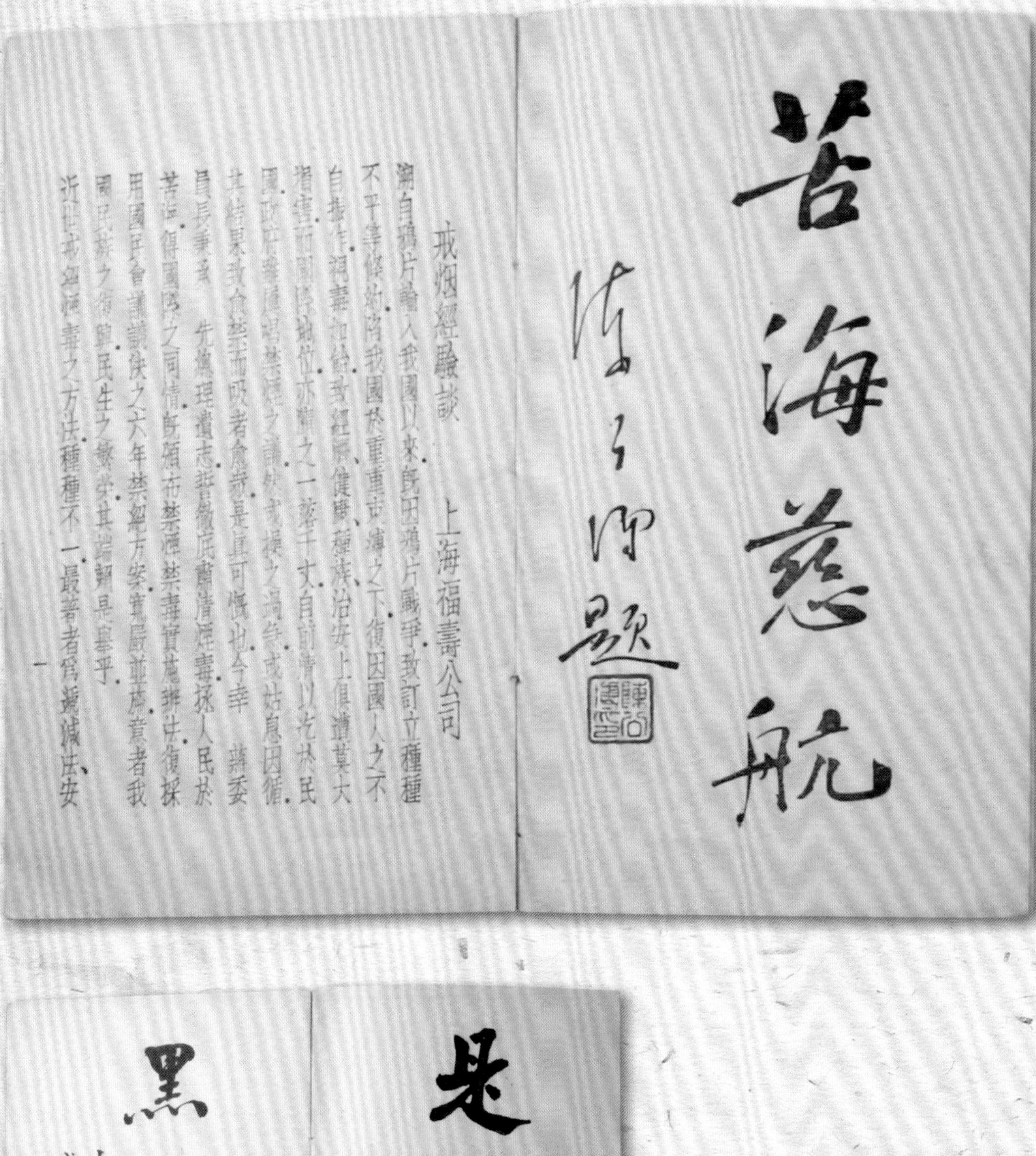
苦海慈航
戒烟經驗談　上海福壽公司
溯自鴉片輸入我國以來，既因鴉片戰爭，致訂立種種
不平等條約，陷我國於重重束縛之下，復因國人之不
自振作，視毒如飴，致經濟、健康、種族、治安上俱遭莫大
損害，而國際地位亦隨之一落千丈，自前清以迄民
國，政府雖屢頒禁煙之議，然或操之過急，或姑息因循，
其結果致令禁而吸者愈衆，是真可慨也。今幸　蔣委
員長秉承　先總理遺志，誓欲徹底肅清煙毒，拯人民於
苦海，復得國際之同情，頒布禁煙禁毒實施辦法，復採
用國聯會議議決之六年禁絕方案，寬嚴並施，意者我
國民族之復興，民生之繁榮，其端賴是舉乎。
近世戒絕煙毒之方法，種種不一，最著者為遞減法、安

黑海善來
上海福壽製藥公司發行
戒煙特效福壽来
陳立夫題
是乃仁藥
陳果夫題

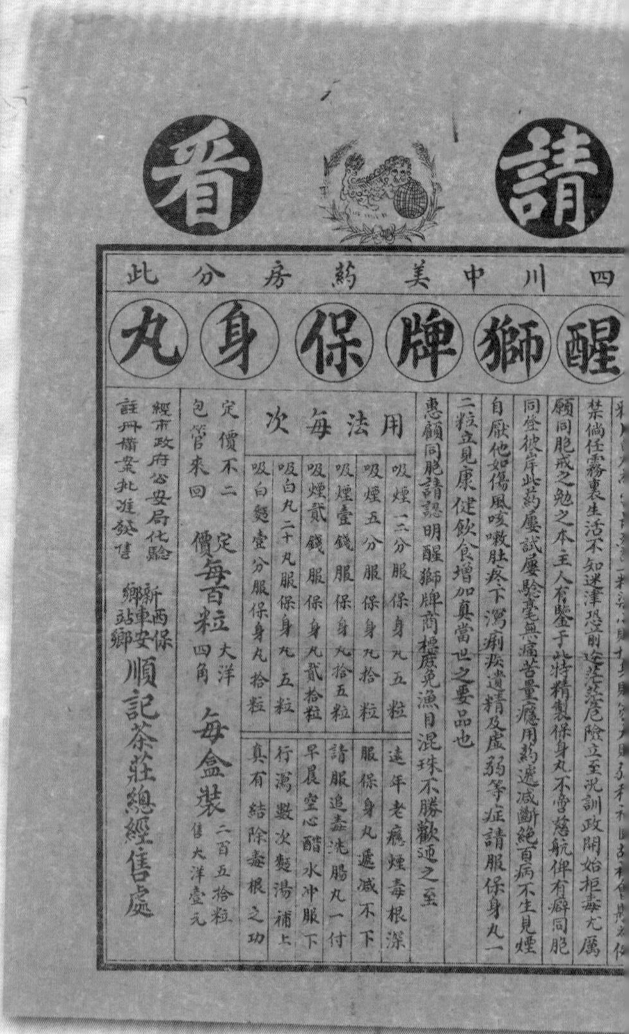

醒獅牌保身丸

民國時期四川中美藥房「醒獅牌保身丸」

民國時期戒毒藥品廣告紙：

「鴉片白丸為害最烈，苟一沾染，小則損身敗家，大則弱種禍國，故社會懸為例禁。」

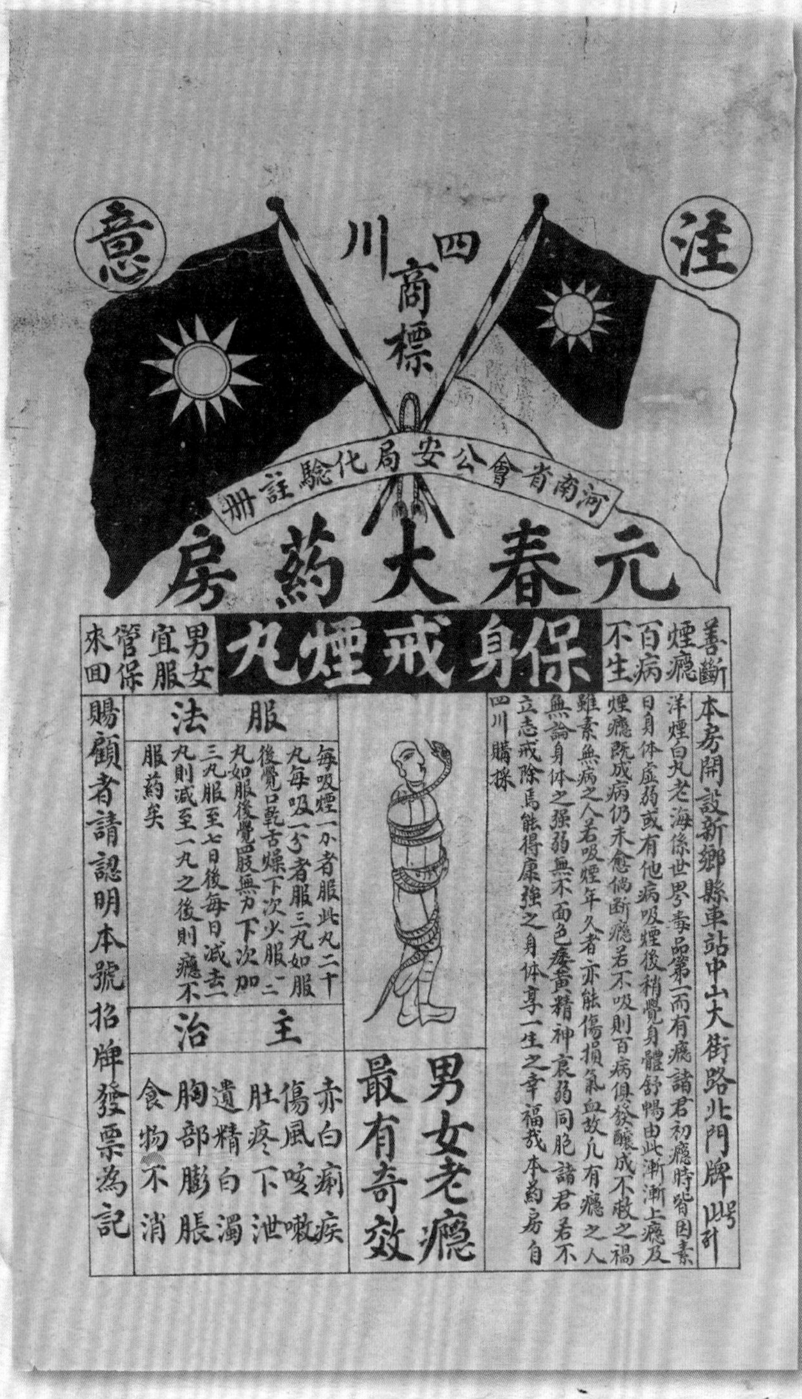

保身戒煙丸

民國時期四川商標「保身戒煙丸」

河南省新鄉縣「元春大藥房」製造經「河南省會公安局」化驗註冊

同胞諸君若不立志戒除，焉能得到康強之身體，享一生之幸福。

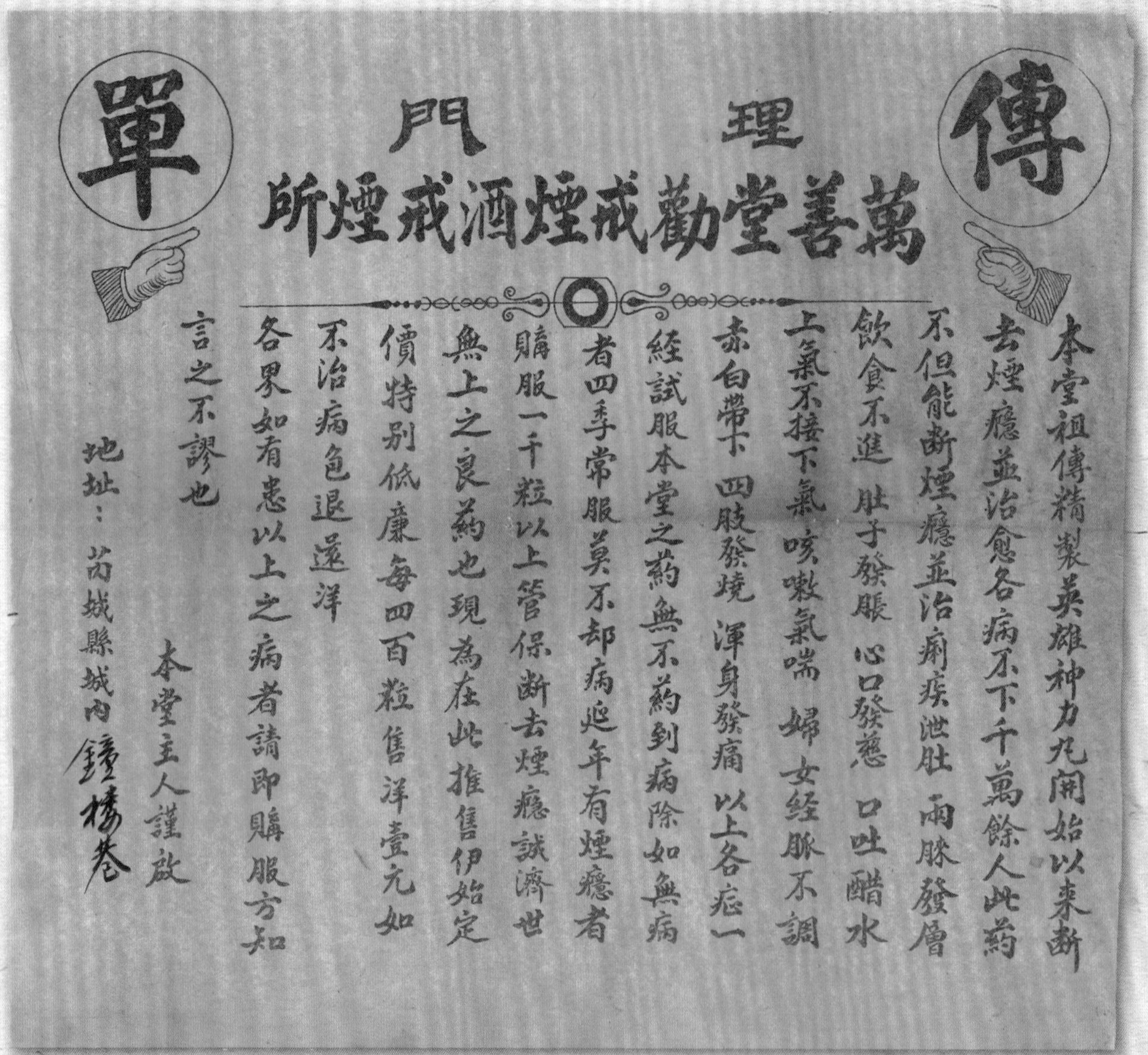

傳 單

理門

萬善堂勸戒煙酒戒煙所

本堂祖傳精製英雄神力丸開始以來斷去煙癮並治愈各病不下千萬餘人此葯不但能斷煙癮並治痢疾泄肚 兩脉發層 飲食不進 肚子發脹 心口發慈 口吐醋水 上氣不接下氣 咳嗽氣喘 婦女經脉不調 赤白帶下 四肢發燒 渾身發痛 以上各症一經試服本堂之葯無不葯到病除如無病者四季常服莫不却病延年有煙癮者購服一千粒以上管保斷去煙癮誠濟世無上之良葯也現為在此推售伊始定價特別低廉每四百粒售洋壹元如不治病色退還洋

各界如有患以上之病者請即購服方知言之不謬也

本堂主人謹啟

地址：芮城縣城內鐘樓巷

英雄神力丸

理門萬善堂勸戒煙酒戒煙所「英雄神力丸」傳單

清末民國時期，山西省芮城縣鐘樓巷，由「理門」萬善堂勸戒煙酒戒煙所祖傳精製，斷去煙癮並治各病。

理門內部教眾相互勸誡監督，以終身不吸、不售、不運、不種毒品，形成為自覺抵制鴉片、煙酒的特殊的社會群體。

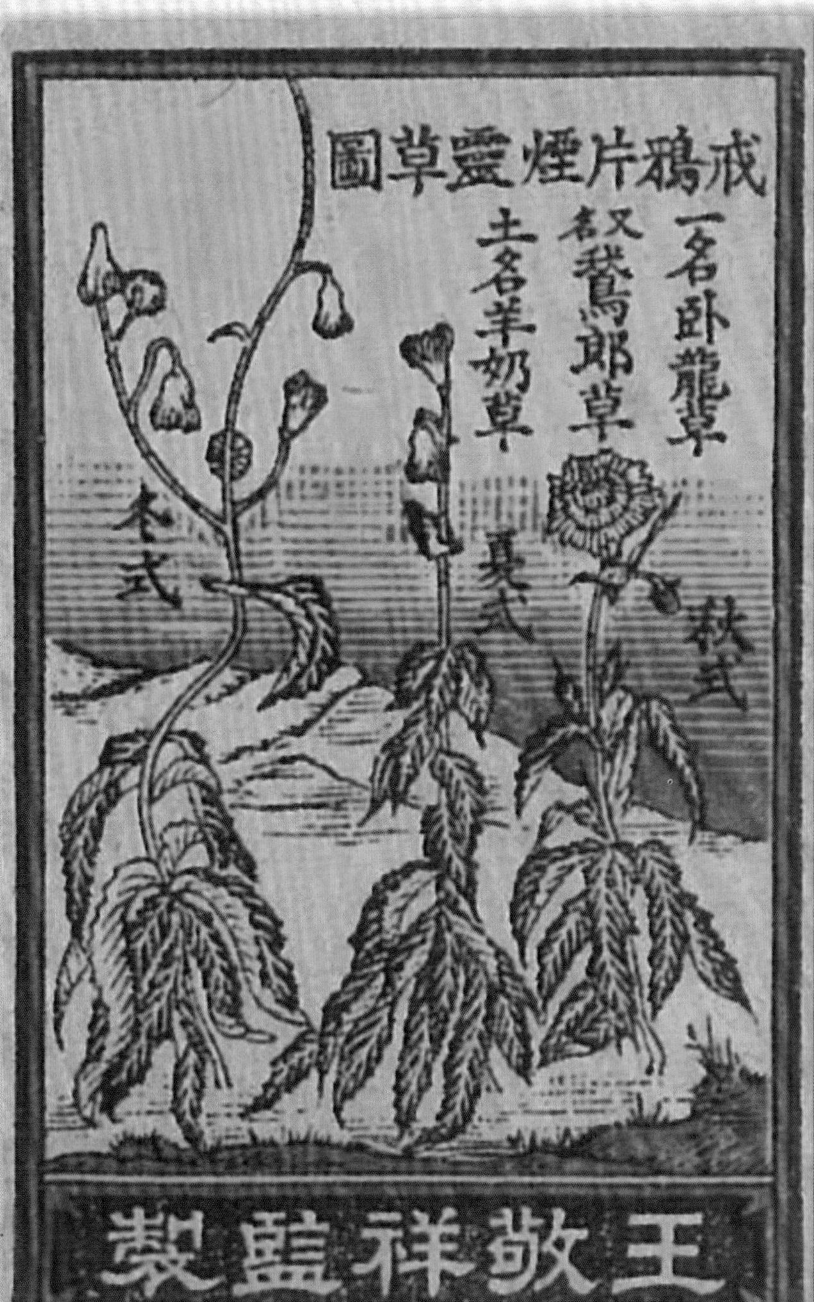

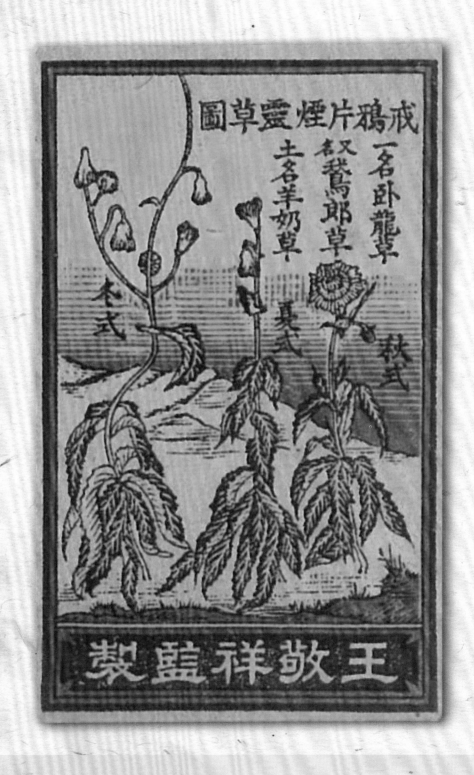

戒鴉片煙靈草圖

清末民初火花《戒鴉片煙靈草圖》

清末民初時期，我國市場上出現過大量宣傳「禁毒」內容的火柴盒招貼紙（火花）。這些火柴大都是由旅日華僑商人王敬祥所監製。

王敬祥雖然身在東瀛，而他出品的火柴，從清末民初以來都是以愛國憂民的情懷印製招貼紙。從一個側面來看，反映了當時深受鴉片毒害的國人希望禁煙救國的強烈願望。

戒煙丸招牌

清末明信片（照片）

廣東省廣州市街上的一間「戒煙丸」商鋪招牌

清末明信片（水彩畫）

廣東省廣州市街上的一間「戒煙丸」商鋪招牌

四日斷癮戒煙藥水

二十世紀民國時期廣州街景老照片仁昌堂「四日斷癮戒煙藥水」以及「隆興棧」代理戒鴉片藥品

安度賜保命補丸

二十世紀民國時期戒鴉片西方藥品「安度賜保命補丸」

維他賜保命補丸

二十世紀民國時期戒鴉片西方藥品「維他賜保命補丸」

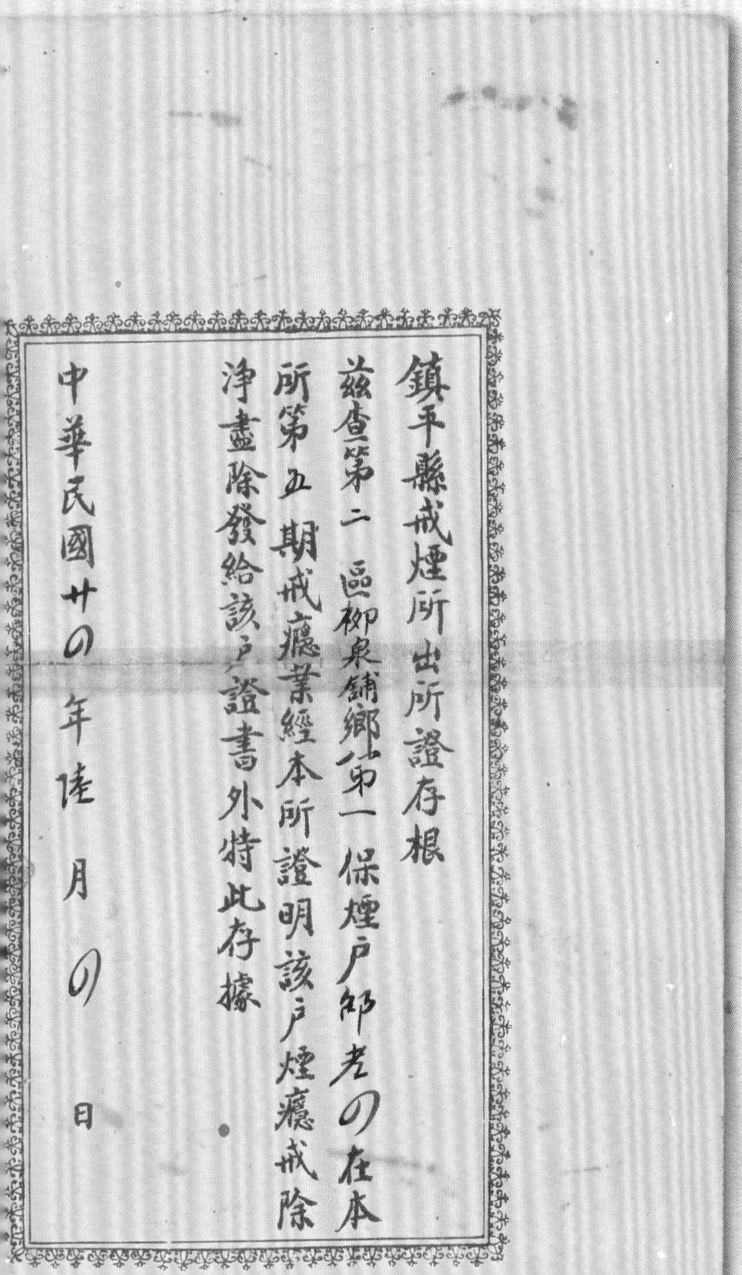

鎮平縣戒煙所出所證存根

茲查第二區柳泉鋪鄉第一保煙戶郃老の在本所第五期戒癮業經本所證明該戶煙癮戒除淨盡除發給該戶證書外特此存據

中華民國廿四年陸月の日

戒煙所出所證

民國二十四年（1935年）河南省鎮平縣戒煙所發給「出所證」存根

此證為證明煙戶毒癮戒除淨盡

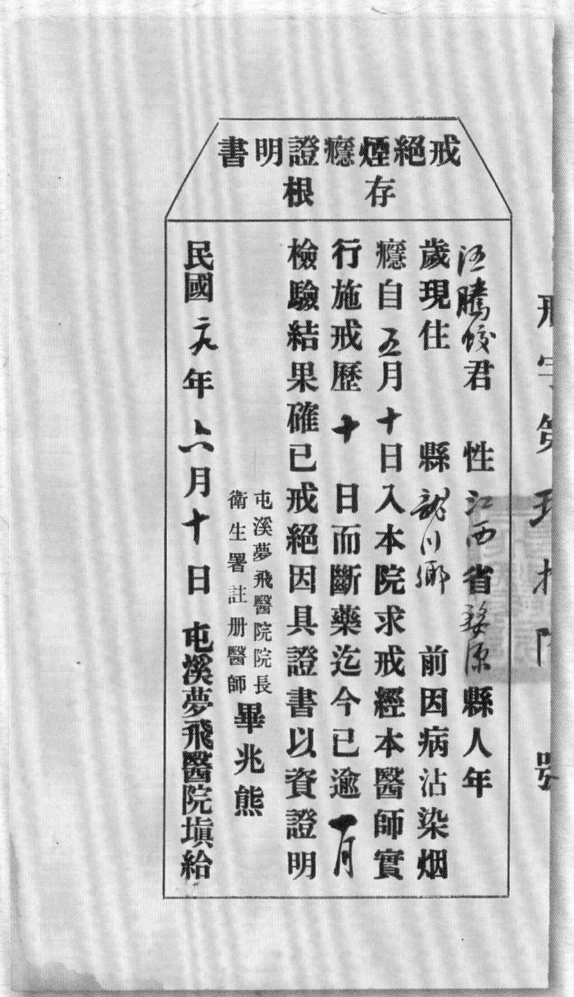

戒絕煙癮證明書
存根

汪曉俊君 性 江西省婺源縣人年歲現住 縣謝坑鄉 前因病沾染烟癮自五月十日入本院求戒經本醫師實行施戒歷十日而斷藥迄今已逾一月檢驗結果確已戒絕因具證書以資證明

屯溪夢飛醫院院長
衛生署註冊醫師 畢兆熊

民國廿九年六月十日 屯溪夢飛醫院填給

戒絕煙癮證明書

民國二十九年（1940年）抗戰時期安徽省屯溪夢飛醫院「戒絕煙癮證明書」存根

抗戰時期鑒於安徽省皖南地方的鴉片毒害嚴重，1939年時於屯溪任職皖南行署主任的戴戟，設立皖南戒煙所將各縣吸毒者集中在屯溪，強令限期戒絕，效果較好，被譽為「皖南林則徐」。屯溪夢飛醫院為西醫畢兆熊又名畢夢飛於1931年創立。

51 鴉片　2542121 害人敗家產　1216565 犯癮真可憐　4246565 舉步兩腿酸　165465 打哈吸淚漣漣　2542121 難把飲食餐　2126565 晴天還好受　2126161 最怕連陰天　55613 嬌妻枕邊勸　532351 心中不耐煩　124242161242121 親戚朋友聞風遠避全都不

1216565 兒女一大堆　4246565 饑餓面帶悲　165465 缺煙土少煙灰　2542121 無奈嗎啡錐　2126565 瘦的皮包骨　2126161 針眼一片黑　55613 自造活地獄　532351 受罪瞞怨誰　124242161242121 奉勸同胞急速猛醒趕快把

石芳洲醫院廣告島

人生在世強健爲先一染嗜好如墜深淵目覩慘狀有口難宣略述梗概作勸戒篇提起鴉片令人胆寒魔力之大不可勝言戕人身體墮人志願廢人事業敗人家產無異毒蛇將人緊纏又如刀箭穿心刨肝初染此病大半有錢交際朋友藉以消遣一口入肚如登雲端細品滋味終日流連竊自得意別有洞天日復一日烟癮完全一時不吸涕淚漣漣頭昏眼花腰痛腿酸筋骨麻木皮肉枯乾形同餓鬼面如黃連令人一見額蹙眉攢無情烟癮苦苦死纏一切不顧只圖目前床頭金盡再賣田園天長日久全都賣完妻子兒女啼飢號寒狠心出賣暫圖苟安終成光棍親友不沾流爲乞丐沿街叫喚東鄰一杓西舍半碗身披麻袋鮮恥寡廉還有白面吸食最便加入烟捲精神立現毒害之烈過於大烟如若不吸痛苦難言鬱悶頓生呻吟牀間精神萎靡筋骨輭癱七痛八癢廢人一般好似洪水將汝沉淹吸染極易除掉最難斷絕宗嗣侮辱祖先更有嗎啡遺害最顯殺人滅種驚心駭胆輕者扎皮重者刺管直入血液加急循環氣力大增精神倍添極感快活日夜不眠豈知一時那能久遠癮成病就精虧氣短不及數月針眼點點面黃肌瘦顏容改變再過幾日遍身潰爛膿血腥臭筋骨抽攣聞者掩鼻見者遠竄堂堂身軀前程何限自暴自棄自殺自殘兄弟痛恨妻子離散反躬自問能不愧汗以上三種爲害顯然明年元旦處以死刑有病喪命人人可憐毒犯槍斃都罵活該毒犯們回頭想想活活一個人被人弄死想想你們的家裏想想你們父母和妻子兒女怎不心酸快快的痛改前非是你們最後的機會

注意本院採取德國最新方法不受痛苦戒除鴉片嗎啡海洛英等

有鴉片癮者靡不求速離苦海惟無特效戒煙良藥致心長氣短躊躇難決蓋以戒煙之後期斷藥之前十九現搊搐心悸失眠遺精陽萎早洩走陰疲輭健忘呵欠噴嚏腿痛腰酸盜汗憒怒下痢尿意頻數精神不安等所謂禁斷症狀各隨其體質而異醫者戒者皆感困難於是談虎色變視爲畏途也並且政府禁煙意決患者之痛苦益增本院有見於斯特採取德國最新方法戒除毒品不但短期癮除且較未吸煙時更爲強壯斯爲臨床實驗之詔示非誇張耳誠良藥能中和已與細胞結合之毒質又以起氧化作用而分解代謝煙毒排洩體外雖多年老癮巨量之吸煙者莫不安全舒適照常工作於不知不覺中煙癮戒絕體質康強矣患者諸君來院試之方知言之不謬

本院專治

內外科耳鼻眼喉皮膚花柳各科更用德國最新方法戒除鴉片嗎啡海洛英等並注射各種藥針

精製不用火烤拔毒膏減價零售批發

新到美國凍瘡藥膏減價零售批發

中華民國二十五年　石島芳洲醫院啓

院址石島杏花村飯店西街坐西向東門面

石島匯昌印刷局代印

戒毒醫院廣告

抗戰時期山東石島芳洲醫院戒除鴉片嗎啡海洛英廣告單張

民國二十五年（1936年）山東膠東半島「石島芳洲醫院」

廣告單張印有〈毒品勸戒篇〉以及〈奉勸戒毒歌〉歌詞及簡譜。

兒女一大堆
饑餓面帶悲
缺煙土少煙灰
無奈嗎啡錐
瘦的皮包骨
針眼一片黑
自造活地獄
受罪瞞怨誰
奉勸同胞急速猛醒
趕快把頭回

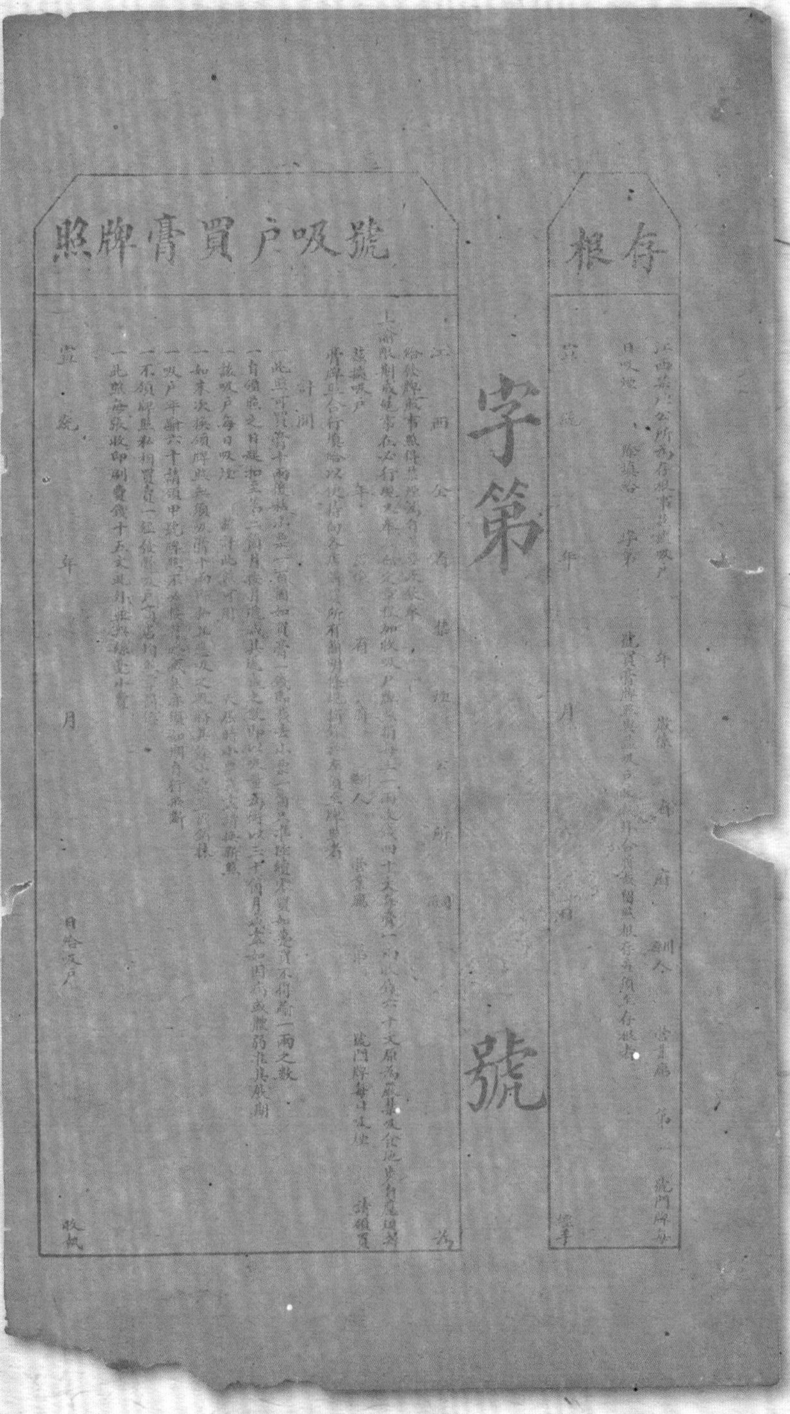

吸戶買膏牌照

清末宣統年間江西全省禁煙公所「吸戶買膏牌照」印有「禁煙為自強的要政，限期戒毒、事在必行」

奉勸戒毒歌

鴉片
害人敗家產
犯癮真可憐
舉步兩腿酸
打哈吸淚漣漣
難把飲食餐
晴天還好受
最怕連陰天
嬌妻枕邊勸
心中不耐煩
親戚朋友聞風遠避
全都不敢粘

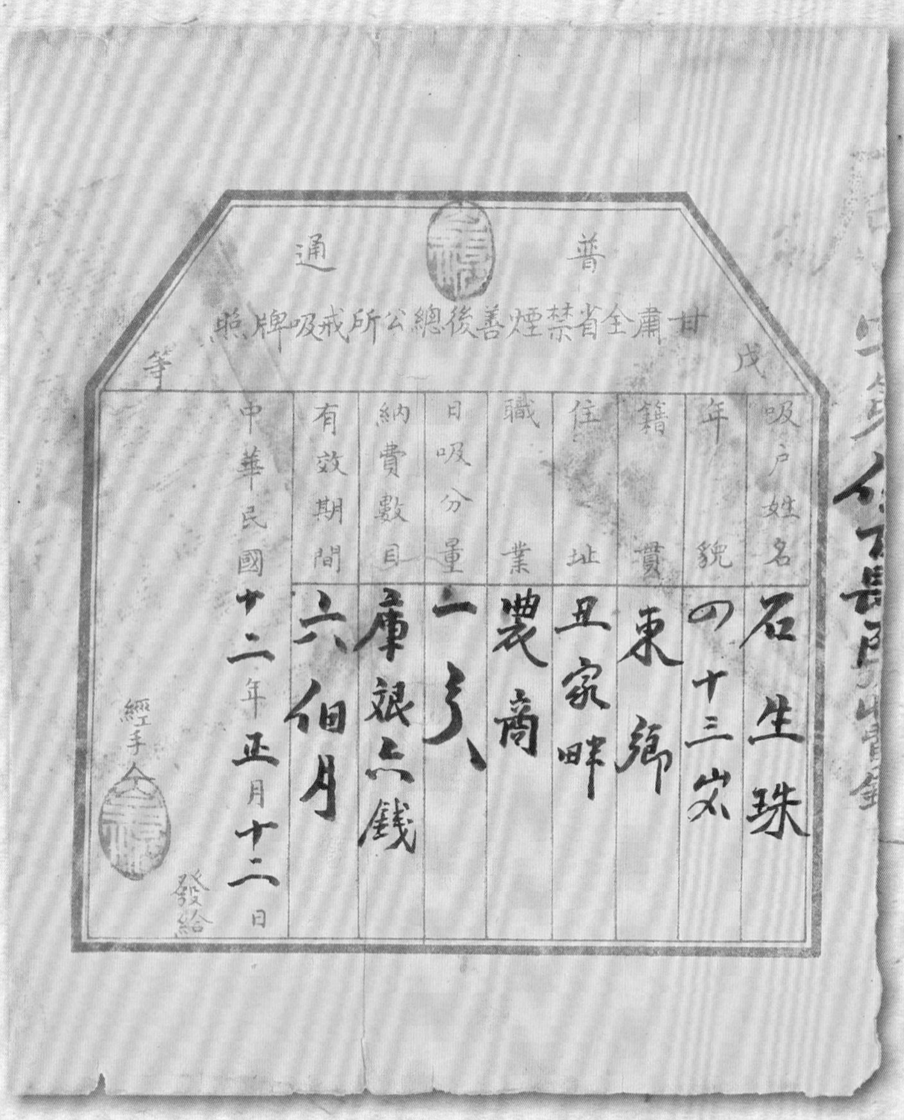

甘肅全省禁煙善後總公所戒吸牌照

普通

戊 字

吸戶姓名	年貌	籍貫	住址	職業	日吸分量	納費數目	有效期間
石生珠	四十三歲	東鄉	丑家畔	農商	二分	庫銀六錢	六個月

中華民國十二年正月十二日 發給

經手

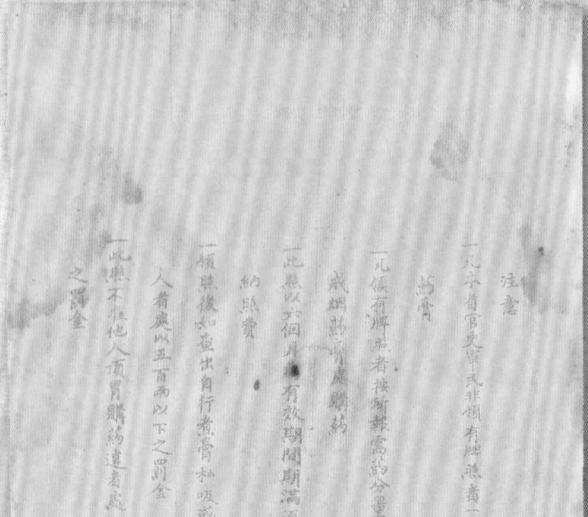

甘肅戒吸執照

民國十二年（1923年）甘肅全省禁煙善後總公所發給戒除鴉片煙毒的普通「戒吸牌照」

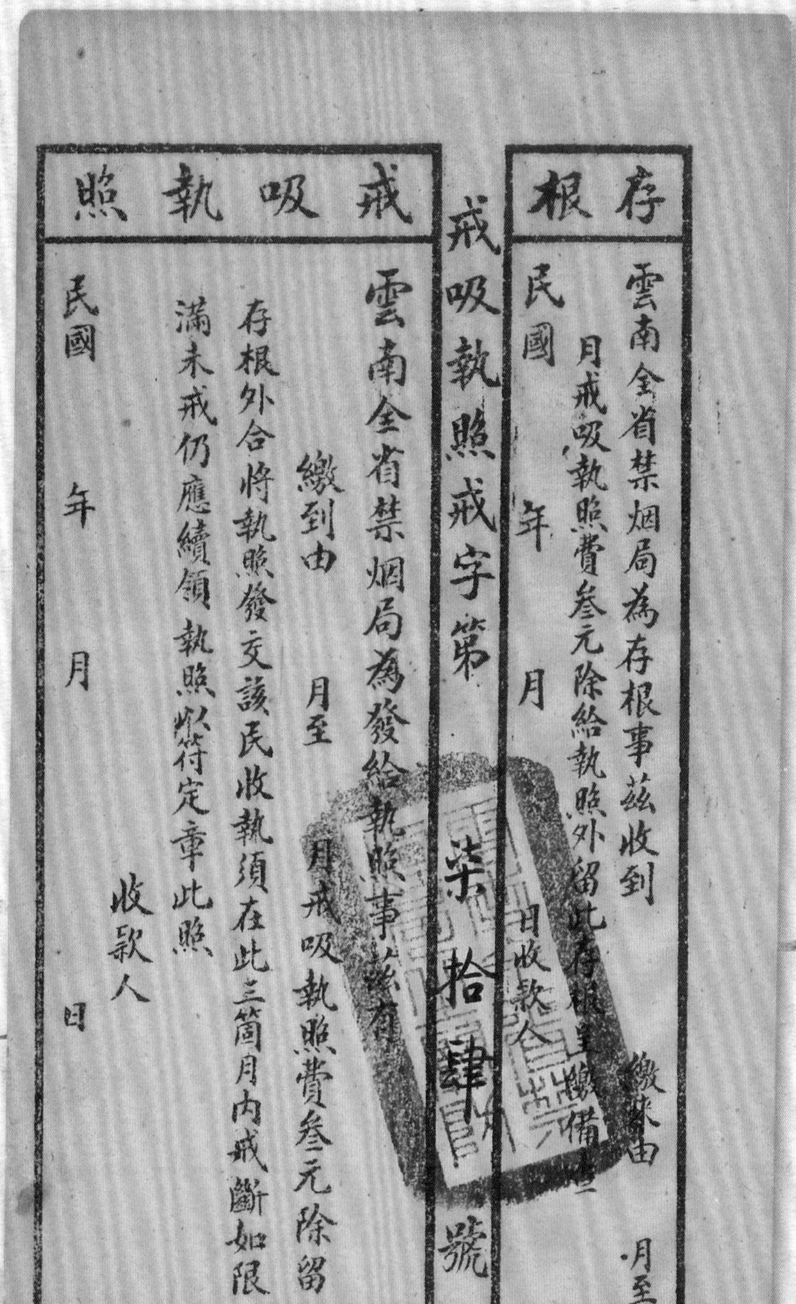
存根

雲南全省禁烟局為存根事茲收到

繳來由 月至 月戒吸執照費叁元除給執照外留此存根呈繳備查

日收款人

民國 年 月

戒吸執照戒字第 柒拾肆 號

戒吸執照

雲南全省禁烟局為發給執照事茲有

繳到由 月至 月戒吸執照費叁元除留

存根外合將執照發交該民收執須在此三箇月內戒斷如限

滿未戒仍應續領執照照符定章此照

收款人

民國 年 月 日

雲南戒吸執照

民國北洋政府時期雲南全省禁煙局「戒吸執照」

鴉片毒禍之深，西南的雲南省尤其嚴重。據上世紀20年代之報告，雲南有60%男子吸食鴉片，年輕女子吸食鴉片亦屬普遍。

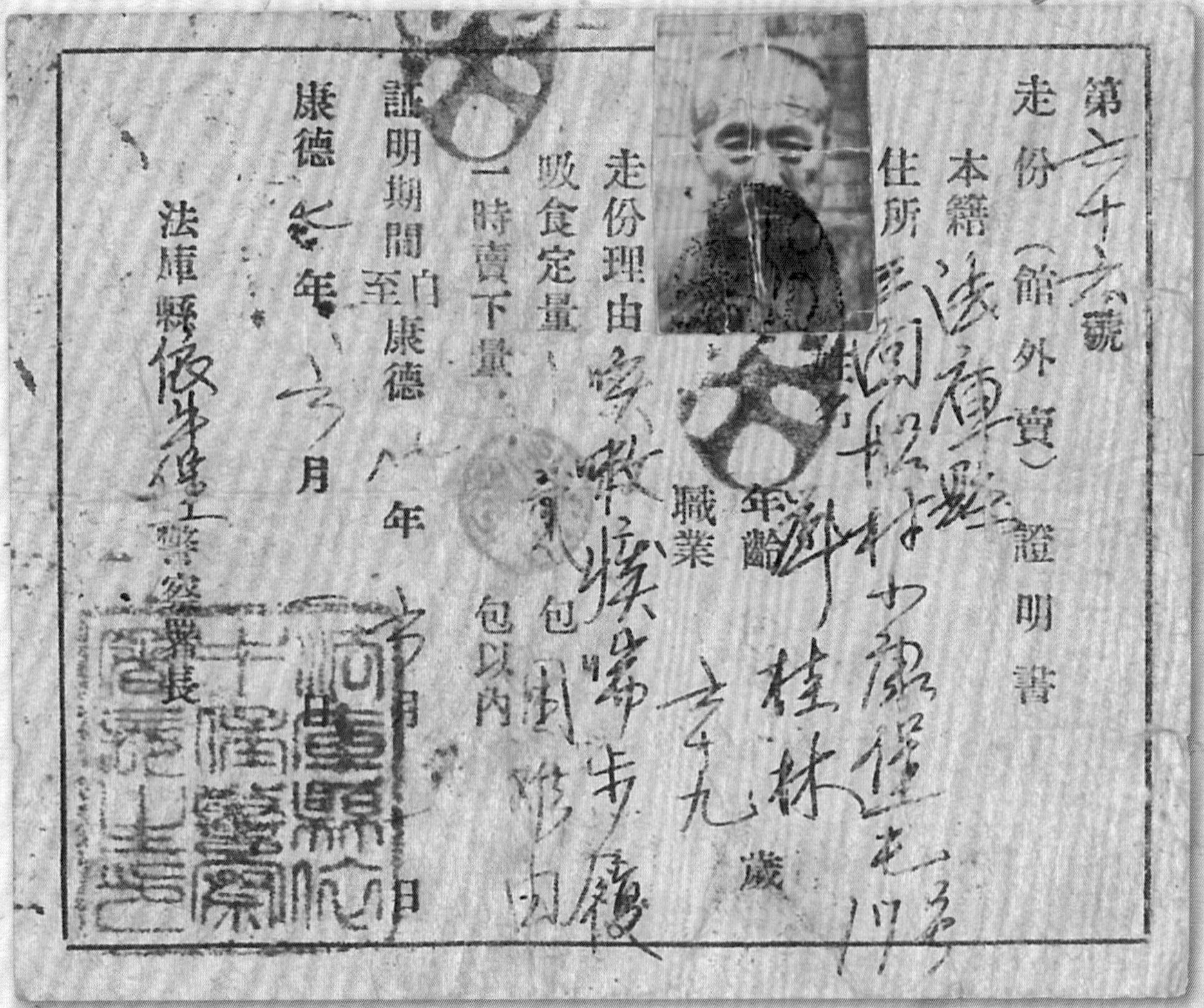

第 號
走份（館外賣）證明書
本籍
住所
年齡 歲
職業
走份理由
吸食定量 包
一時賣下量 包以內
證明期間自康德 年 月 日
至康德 年 月 日
康德 年 月 日
法庫縣依牛堡警察署長

購買鴉片證明書

抗日戰爭時期偽，滿州國康德七年（1940年）法庫縣（今隸屬於遼寧省瀋陽市）依牛堡警察署發給「走份（外賣）證明書」即為有吸毒癮者的購買鴉片證明書

戒煙醫院證章

民國二十八年（一九三九年）四川省「省立成都戒煙醫院」證章

調驗鑑定書

五月十五日 崑山縣政府 發送

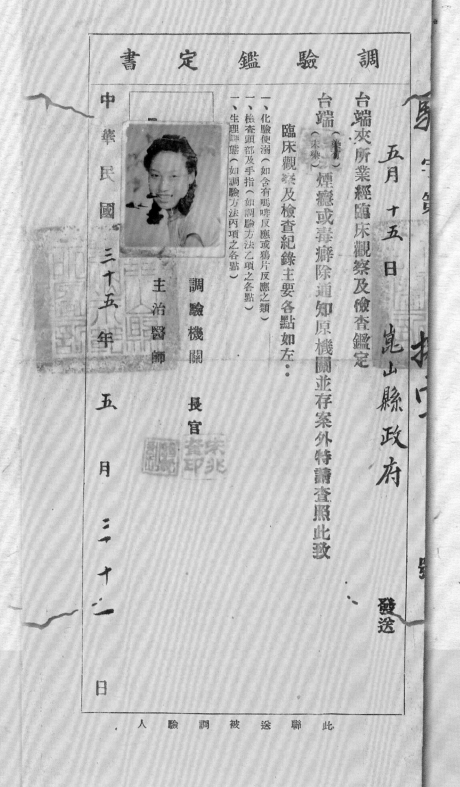

台端夾所業經臨床觀察及檢查鑑定
台端（染有）（未染）煙癮或毒癖除通知原機關並存案外特請查照此致
臨床觀察及檢查紀錄主要各點如左：
一、化驗便溺（如含有嗎啡反應或鴉片反應之類）
一、檢查頭部及手指（如調驗方法乙項之各點）
一、生理狀態（如調驗方法丙項之各點）

調驗機關 長官
主治醫師

中華民國三十五年五月二十二日

此聯送被調驗人

調驗鑑定書

民國三十五年（一九四六年）江蘇省崑山縣政府戒煙示範所「調驗鑑定書」臨床觀察及檢查煙癮及毒癖的鑑定證明

第六章

百年禁毒教育及宣傳

在世界歷史上，中國是發佈禁制煙毒最早的國家，也是發佈禁毒法令最多的國家。但是，在近代中國的多個政權都對鴉片煙毒時禁時馳，而政局動盪、政治腐敗，尤其社會上的不良風氣以及毒販的高利得益等原因，形成吸毒民眾增加，甚而有官員兵弁墮入毒海，併發社會問題叢生，致令中國是受到毒品禍害最深遠的國家。

針對毒品的禍害，由政府實施強而有力的打擊政策很重要。然而，對防性毒禍預的禁毒教育及宣傳，更能防患於未然。因此，解決毒品問題，從結合打擊的執法政策以及防止性的教育及宣傳行動，對協調禁毒工作的持續發展能夠起着重大的整合作用。

百年以來，中國在對抗毒品禍害的預防性教育和宣傳工作，是從無到有，從稀少到繁多。初期官府的宣傳着於重刑阻嚇，後來陸續有勸教宣化。尤其，國民政府更在1929年頒佈將林則徐在虎門銷煙首日的6月3日，定為每年舉辦的「六三禁煙節」禁毒活動日，並加強跨界別、多機構的合作活動。而民間自發的禁毒教育及宣傳動力，更從個人發展成團體的力量，為禁毒工作起着積極的作用，後來更在中外興起對禁止毒品禍害的一致輿論。

回顧百年中國禁毒的預防教育及宣傳活動，涵蓋在官私發佈的文告，或利用生活文化器物上附加禁毒警告標語或宣傳口號等。禁毒文化的訊息並且在新舊文學作品如文書、詩歌、詞賦、繪畫、唱本等展現。清末推行新政以至民國肇建以來，新學制教育下的小學、中學教科書和課本，將毒品問題和毒禍的訊息，分別滲透在民族復興建設、正面品格的建立以及抗毒的健康生活等多個範疇，教育是鞏固禁毒文化傳承和擴展的土壤。

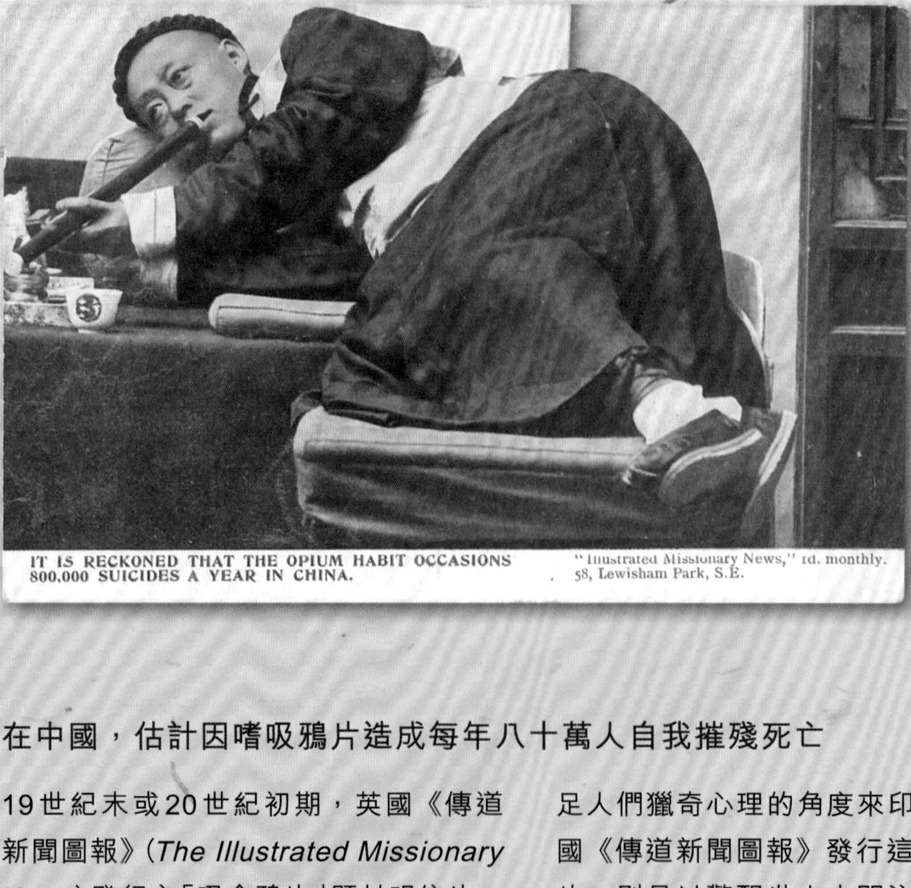

鴉片煙害

在中國，估計因嗜吸鴉片造成每年八十萬人自我摧殘死亡

19世紀末或20世紀初期，英國《傳道新聞圖報》(*The Illustrated Missionary News*)發行之「吸食鴉片」題材明信片。一般西方明信片商人在發行有關中國人「吸食鴉片」題材的明信片，都是以滿足人們獵奇心理的角度來印行。而這英國《傳道新聞圖報》發行這題材的明信片，則是以警醒世人去關注中國的吸食鴉片的毒禍。

香港反對鴉片煙毒示威集會

清末老明信片

圖中看到反對鴉片煙毒集會的人群，於港島中區的香港大會堂附設博物館示威，可清晰看見反煙標語「害國殃民」，以及有「上洋煙膏」字樣。

1905年，清廷發佈禁止鴉片煙毒的詔令，再次厲行禁煙政策。1906年的英國議會亦通過譴責英國人在印度和中國進行不道德的鴉片貿易議案。1908年英國國會通過決議催促英皇政府盡速取締包括香港在內英屬殖民地的煙館註冊制度和關閉煙館。因此，英國政府要求香港殖民地政府立即關閉在香港的所有煙館。關閉煙館的訓令，影響到稅收及鴉片商人利益。激發立法會中西議員爭論，香港報章亦徵集民意調查。

最終，香港總督盧押於1909年在香港立法局提出《鴉片修訂法令》，要在1910年關閉在香港的所有煙館及逐步取締鴉片，法令最後獲得通過。但是，香港殖民地政府因為鴉片豐厚的稅收利益，在1914年實行自營鴉片煙膏的「公賣制度」，直到1941香港淪陷。在日本投降後的1945年，當時的英國軍政府於9月20日明令禁止販賣與吸食鴉片，方結束歷時百年的香港鴉片專賣制度。

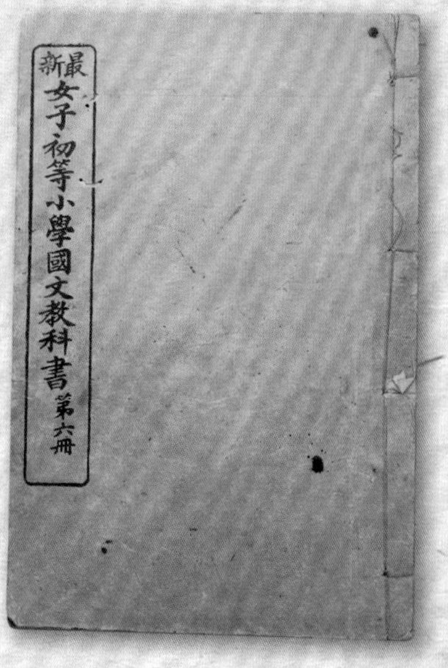

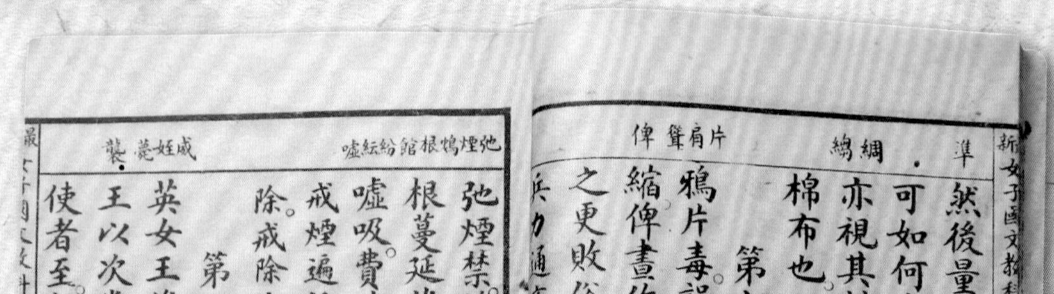
然後量其丈尺。若所算不準。一誤落翦。則便無可如何矣。裁衣之難易。雖由衣服之種類。然亦視其材料之如何。蓋紡綢縐布等物。實難於棉布也。
第七課　鴉片毒
鴉片毒。誤中國。使我同人入黑獄。肩為聳。頸為縮。俾晝作夜。壽命促。男子吸之成廢物。女子吸之更敗俗。自從印度遠輸來。破我禁令爭戰開。兵力通商失國勢。治外法權難收回。海關一旦
四　會文學社印行
弛煙禁。鴆毒徧地。人喜飲。不受教育不開通。禍根蔓延誰之任。市肆燈館徧林立。妖氛紛紜任噓吸。費時失業不足論。痛我國民無人色。方今戒煙遍設局。封禁煙館除殘毒。奉勸世人急戒除。戒除此毒自强足。
第八課　英女王維多利亞
英女王維多利亞。威廉第四之姪也。威廉薨。女王以次當承襲。時王年僅十八。威廉王后。令使者至。報王薨。君主作書慰王后。書面書呈英
最新女子國文教科書　第四年下學期　五　初等小學堂課本

鴉片毒

清末新政教育改革光緒三十四年（1908年）
上海「會文學社」印行女子初等小學堂用最新《女子初等小學國文教科書》第六冊

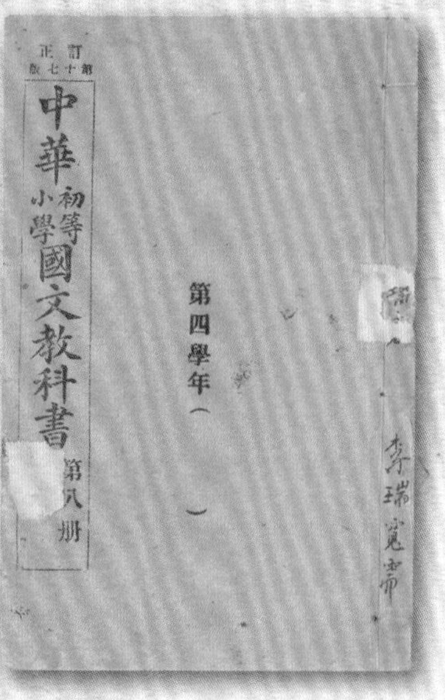

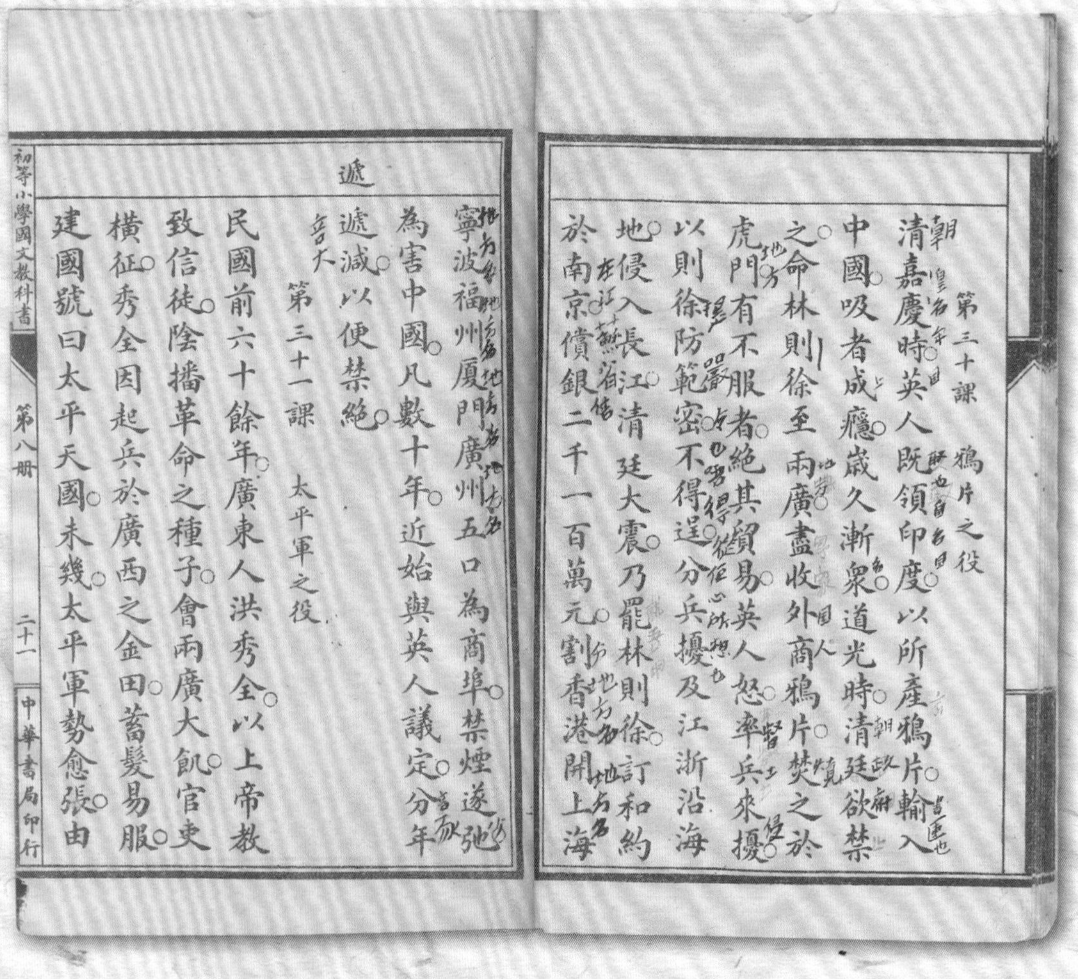

第三十課 鴉片之役

清嘉慶時。英人既領印度。以所產鴉片輸入中國。吸者成癮。歲久漸衆。道光時。清廷欲禁之。命林則徐至兩廣。盡收外商鴉片焚之於虎門。有不服者。絕其貿易。英人怒。率兵來擾。以則徐防範密。不得逞。分兵擾及江浙沿海地。侵入長江。清廷大震。乃罷林則徐。訂和約於南京。償銀二千一百萬元。割香港。開上海寧波福州厦門廣州五口為商埠。禁煙遂弛。為害中國。凡數十年。近始與英人議定。分年遞減。以便禁絕。

第三十一課 太平軍之役

民國前六十餘年。廣東人洪秀全。以上帝教致信徒。陰播革命之種子。會兩廣大飢。官吏橫征。秀全因起兵於廣西之金田。蓄髮易服。建國號曰太平天國。未幾。太平軍勢愈張。由

初等小學國文教科書　第八冊　二十一　中華書局印行

鴉片之役

中華民國元年（1912年）
中華書局印行《中華初等小學
國文教科書》

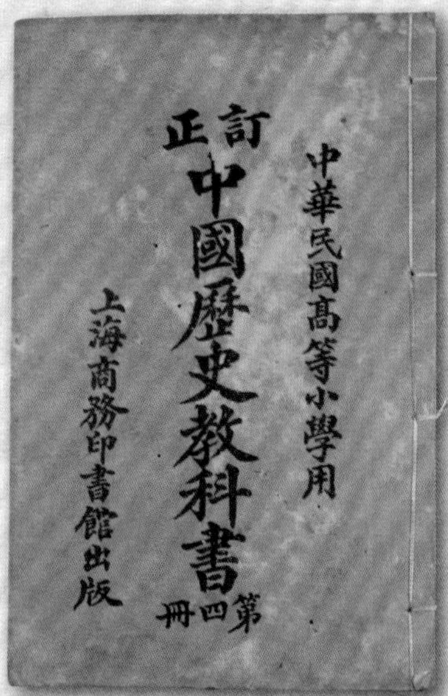

最新中國歷史教科書

第三十六課 鴉片肇釁

英據印度。出產以鴉片爲大宗。乾隆中。鴉片入我國。視藥材納稅。歲不過數百箱。嗣後嗜者漸多。乾隆末。粵督始聞於朝。嘉慶初。詔申嚴禁。裁稅額。道光初。復申前禁。然率有名無實。販入者年增至二萬餘箱。鴻臚卿黃爵滋等奏請從嚴整頓懲辦。以塞漏卮。旨下中外議。皆主禁。林則徐言尤剴切。略云。煙不禁絕。數十年後。國貧民弱。不惟無可籌之餉。且無可用之兵。宣宗韙其言。道光十九年。則徐以欽差大臣蒞粵。會同粵督鄧廷楨查辦。飭令各西商盡繳鴉片。張兵威臨之。嗣因衆西商稟覆遷延。英領事義律尤偃

商務印書館印行

林則徐

蹇不時應。則徐怒。會英商顛地等潛逃。命拘治之。遂援照違抗封艙之案。絕英互市。並斷其使役接濟。義律中悔。謀於衆商。繳納鴉片二萬數千箱。則徐廷楨蒞虎門驗收。訖令具結。後有夾帶鴉片者殺無赦。清廷命所繳鴉片。卽於虎門外銷毀完案。是役西人來觀者頗衆。皆悚動。惟因鴉片爲利者不免怨望。而義律恥見挫。圖報復。於是首發難端。是年秋。

最新中國歷史教科書 第四冊 三十六

高等小學堂課本

鴉片肇釁

中華民國元年（1912年）
上海商務印書館出版，中華民國高等小學用《訂正中國歷史教科書》第四冊

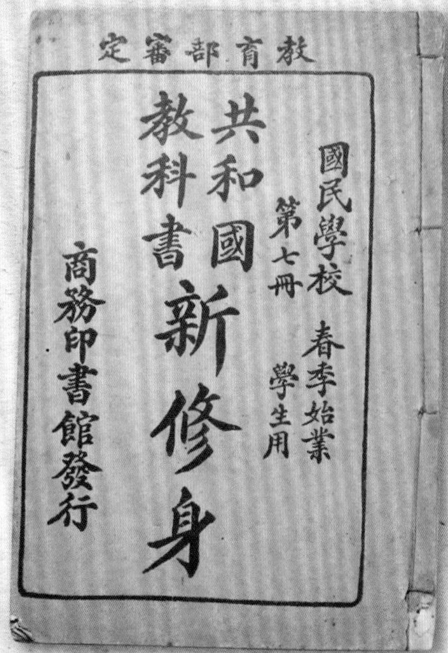

格言 君子欲訥於言而敏於行。

第十二課 戒吸煙

煙含毒質。能傷腦。又阻礙身體發育。故善養生者。必戒吸煙。

煙類之中。鴉片為害。人皆知之。其害與鴉片相等。而人多忽之者。則為紙煙。

年幼之人。腦力未充。體質未固。欲得健全之腦力。康強之身體。則尤不可吸煙也。

第十三課 戒飲酒

人好飲酒。為取樂也。然飲酒過多。輒成疾病。且不可救療。蓋酒中有醇。能傷腦。能耗血。彼嗜酒者。不啻飲毒自

春季新修身 第七冊

戒吸煙

民國初年 商務印書館編
國民學校學生用
共和國教科書《新修身》

青盼、青眼睇顧也
賦閒、無事業也
高誼、高尚之氣誼

託友覓工（此是求友代尋門路之信，起敘別，二自述，三頌揚，四求推薦）

益三仁兄青盼，久別深念，福利增進為慰。弟在家賦閒，生計日絀，素仰閣下高誼，久為各界所信仰，尚望鼎力提攜，代為謀一吃飯處，倘得位置相當，權利多少所弗計也。特此懇請，萬望留意，敬頌旅安。弟莫懷安鞠躬

煙霞癖、煙癮也
黑魔、煙鬼也
煙公一粒煙妻子半月粮可憐

叔勸侄戒烟（子侄有習染，伯叔應勸誡之，此信叔勸侄戒煙，起筆言烟之害，後勸戒煙）

蓉仙二侄注意，素聞吾侄有烟霞癖，終日為黑魔所纏，廢時失事，弱種化金，慘何忍言，況當禁令森嚴，罪同大盜，價若找金，節一日黑米之資，足供全家一月白米之粮，此中利害，侄豈不知，何待余言，惟叔侄愛情，不忍自絕，特苦口勸戒，勿使永沉黑海而不援耳。叔艮言手書。

清醒信札　二十四

叔勸姪戒煙

中華民國二年（一九一三年）日新書社印行《小學清醒信札》

勸友戒煙、復戒煙

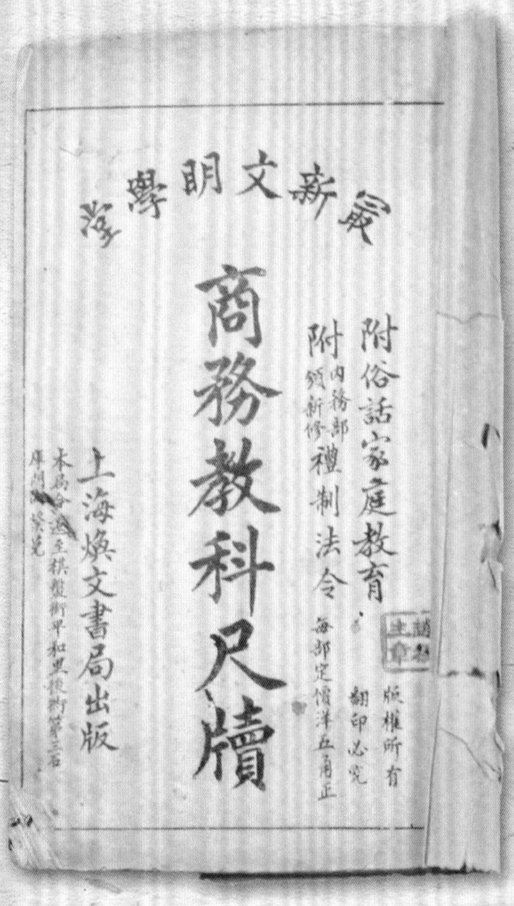

民國初年上海煥文書局出版最新文明學堂《商務教科尺牘》

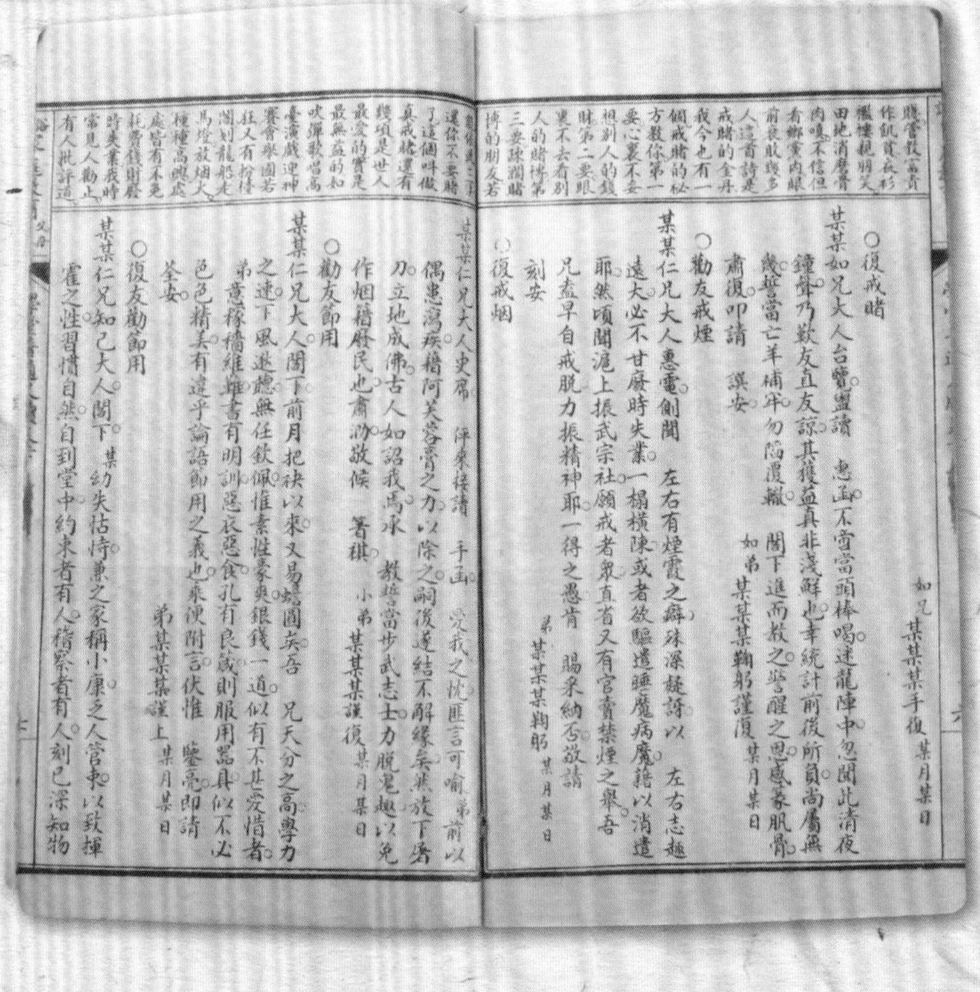
賭會教富貴 作飢寒衣衫 獨煙親朋笑 田地消磨盡 肉嘎不信但 看鄉黨內眼 前良敗幾多 人這首詩是 戒賭的金丹 我今也有一 個戒賭的秘 方教你第一 要心裏不妄 想別人的錢 財第二要眼 裏不去看別 人的賭博第 三要疏淵賭 博的朋友若

○復戒賭

某某如兄大人台鑒。盥讀 惠函。不啻當頭棒喝。迷龍陣中忽聞此清夜鐘聲。乃歎友直友諒。其獲益真非淺鮮也。幸統計前後所負。尚屬無幾。然當亡羊補牢。勿陷覆轍。閣下進而教之。警醒之思。感奢肌骨。肅復。叩請 譔安 如弟某某鞠躬謹復 某月某日

○勸友戒煙

某某仁兄大人惠鑒。側聞 左右有煙霞之癖。殊深疑訝。以 左右志趣遠大。必不甘廢時失業。一榻橫陳。或者欲驅遣睡魔病魔。藉以消遣耶。然頃聞滬上振武宗社。願戒者衆。直省又有官責禁煙之舉。吾兄盍早自戒。脫力振精神耶。一得之愚。肯 賜采納否。敬請 刻安 弟某某某鞠躬 某月某日

○復戒烟

還你不要賭 了這個叫做 真戒賭還有 幾項是世人 最愛的實是 最無益的如 吹彈歌唱高 臺演戲迎神 賽會舉國若 狂又有扮燈 閙划龍船走 馬燈放烟火 種種高興處 處皆有不免 耗費錢財廢 時失業我時 常見人勸止 有人批評道

某某仁兄大人史席。仰承接讀 手函。愛我之忱。匪言可喻。弟前以偶患瀉疾。藉阿芙蓉膏之力以除之。詎後遂結不解緣矣。然放下屠刀。立地成佛。古人如詔我焉。承 教誨。當步武志士。力脫鬼趣。以免作烟籍廢民也。肅此敬候 著祺 小弟某某某謹復 某月某日

○勸友節用

某某仁兄大人閣下。前月把袂以來。又易蟾圓矣。吾 兄天分之高。學力之達。下風逖聽。無任欽佩。惟素性豪爽。銀錢一道。似有不甚愛惜者。弟竊意稼穡維艱。書有明訓。惡衣惡食。孔有良箴。則服用器具。似不必色色精美。有違乎論語節用之義也。乘便附言。伏惟 鑒亮。即請 荃安 弟某某某謹上 某月某日

○復友勸節用

某某仁兄知己大人閣下。某幼失怙恃。東之家稱小康之人。管束以致揮霍之性。習慣自然。自到堂中。約束者有人。稽察者有人。刻已深知物

鴉片

中華民國六年（一九一七年）上海商務印書館編國民學校學生用訂正《女子國文教科書》第八冊

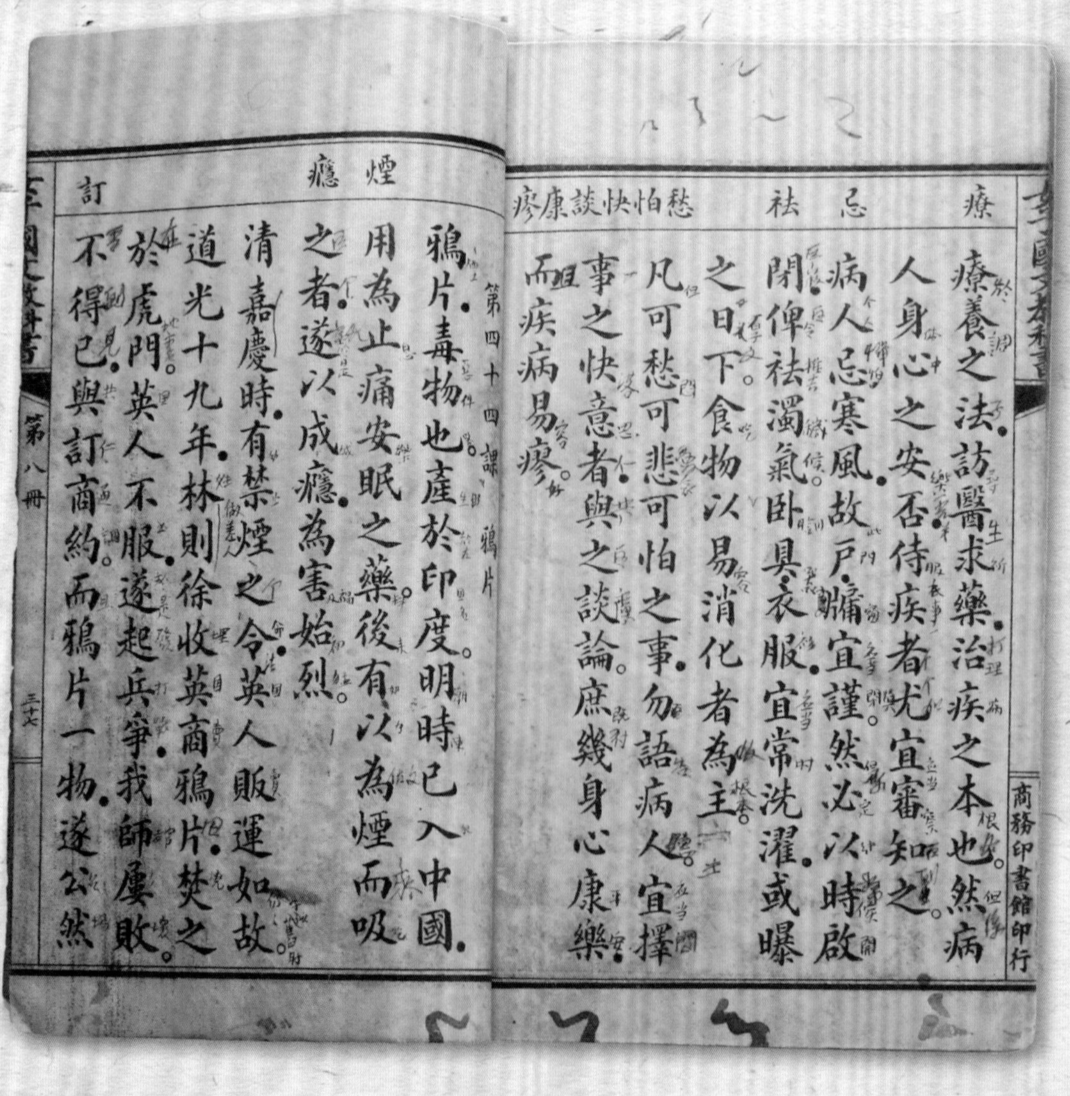

療 忌 祛 愁怕快談康瘳

療養之法。訪醫求藥。治疾之本也。然病人身心之安否。侍疾者尤宜審知之。病人忌寒風。故戶牖宜謹。然必以時啟閉。俾祛濁氣。臥具衣服。宜常洗濯。或曝之日下。食物以易消化者為主。凡可愁可悲可怕之事。勿語病人。宜擇事之快意者。與之談論。庶幾身心康樂。而疾病易瘳。

商務印書館印行

煙 癮 訂

第四十四課 鴉片

鴉片。毒物也。產於印度。明時已入中國。用為止痛安眠之藥。後有以為煙而吸之者。遂以成癮。為害始烈。清嘉慶時。有禁煙之令。英人販運如故。道光十九年。林則徐收英商鴉片。焚之於虎門。英人不服。遂起兵爭。我師屢敗。不得已與訂商約。而鴉片一物。遂公然

女子國文教科書 第八冊

民國三十六年（一九四七年）
國立編譯館編
初級小學國語常識課本

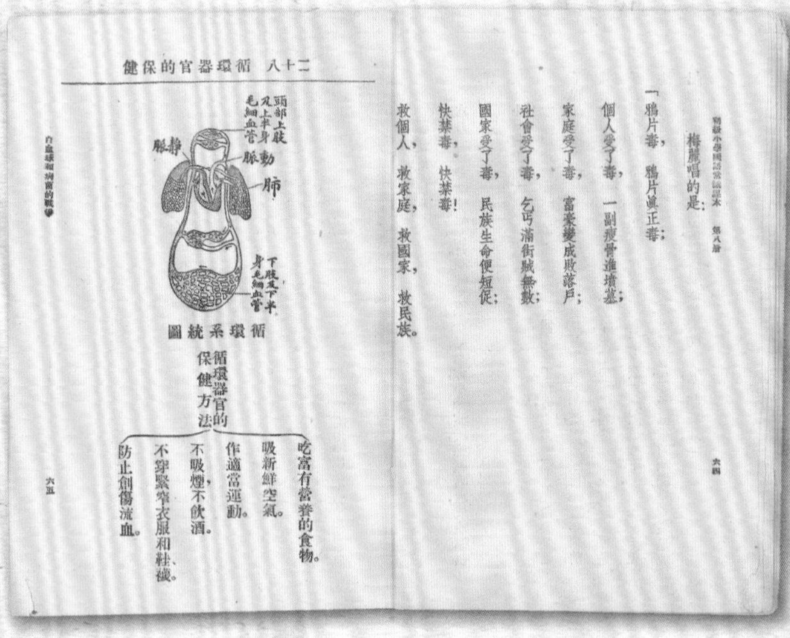

初級小學國語常識課本　第八冊

梅麗唱的是：

「鴉片毒，鴉片眞正毒；
個人受了毒，一副瘦骨進墳墓；
家庭受了毒，富豪變成敗落戶；
社會受了毒，乞丐滿街賊無數；
國家受了毒，民族生命便短促；
快禁毒，快禁毒！
救個人，救家庭，救國家，救民族。

六四

二十八　循環器官的保健

循環系統圖

循環器官的保健方法
- 吃富有營養的食物。
- 吸新鮮空氣。
- 作適當運動。
- 不吸煙，不飲酒。
- 不穿緊窄衣服和鞋、襪。
- 防止創傷流血。

六五

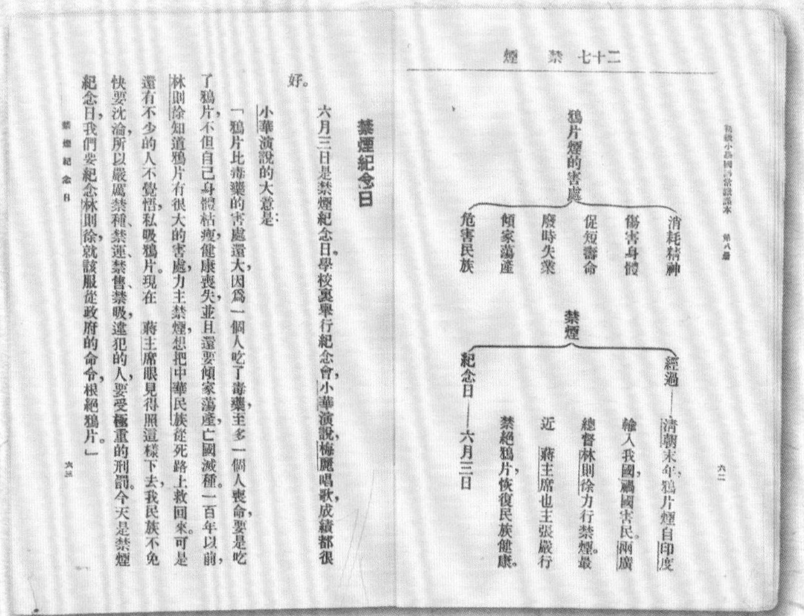

二十七　禁煙

鴉片煙的害處
- 消耗精神
- 傷害身體
- 促短壽命
- 廢時失業
- 傾家蕩產
- 危害民族

禁煙
- 經過——清朝末年，鴉片煙自印度輸入我國，禍國害民。兩廣總督林則徐力行禁煙。最近蔣主席也主張嚴行禁絕鴉片，恢復民族健康。
- 紀念日——六月三日

六二

禁煙紀念日

六月三日是禁煙紀念日。學校裏舉行紀念會，小華演說，梅麗唱歌，成績都很好。

小華演說的大意是：

「鴉片比毒藥的害處還大，因為一個人吃了毒藥，至多一個人喪命，要是吃了鴉片，不但自己身體枯瘦，健康喪失，並且還要傾家蕩產，亡國滅種。一百年以前，林則徐知道鴉片有很大的害處，力主禁煙，想把中華民族從死路上救回來。可是還有不少的人不覺悟，私吸鴉片。現在　蔣主席眼見得照這樣下去，我民族不免快要沈淪，所以嚴厲禁種、禁運、禁售、禁吸，違犯的人，要受極重的刑罰。今天是禁煙紀念日，我們要紀念林則徐，就該服從政府的命令，根絕鴉片。」

禁煙紀念日　六三

禁煙紀念日

·禁毒歌

鴉片毒，鴉片真正毒；
個人受了毒，一副瘦骨進墳墓；
家庭受了毒，富豪變成敗落戶；
社會受了毒，乞丐滿街賊無數；
國家受了毒，民族生命便短促；
快禁毒，快禁毒！
救個人，救家庭，
救國家，救民族。

禁止煙毒

新課程標準適用
復興公民教科書
高小第三冊
編著者 趙景源 魏志澄
校訂者 王雲五 傅緯平
商務印書館發行

民國二十四年（一九三六年）商務印書館編《復興公民教科書》高小第三冊

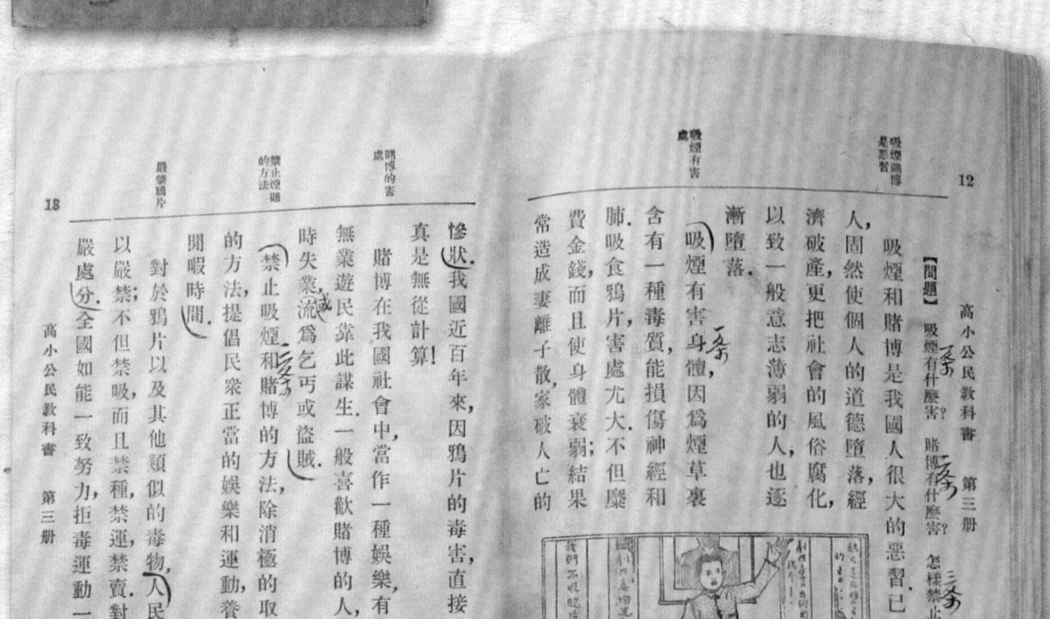
高小公民教科書 第三冊

吸煙賭博是惡習

【問題】吸煙有什麼害？賭博有什麼害？怎樣禁止煙賭？怎樣禁絕鴉片？

吸煙和賭博是我國人很大的惡習，已經沾染這種惡習的人，固然使個人的道德墮落，經濟破產，更把社會的風俗腐化，以致一般意志薄弱的人，也逐漸墮落。

吸煙有害處

吸煙有害身體，因爲煙草裏含有一種毒質，能損傷神經和肺。吸食鴉片，害處尤大，不但糜費金錢，而且使身體衰弱，結果常造成妻離子散，家破人亡的

拒毒運動

12

18

慘狀。我國近百年來，因鴉片的毒害，直接和間接所受的損失，真是無從計算！

賭博的害處

賭博在我國社會中當作一種娛樂，有職業的藉此爲消遣，無業遊民藉此謀生。一般喜歡賭博的人，常日以繼夜，以致廢時失業，流爲乞丐或盜賊。

禁止煙賭的方法

禁止吸煙和賭博的方法，除消極的取締外，最好採用積極的方法，提倡民衆正當的娛樂和運動，養成良好的習慣，利用閒暇時間。

嚴禁鴉片

對於鴉片以及其他類似的毒物，人民應該和政府協作，加以嚴禁；不但禁吸，而且禁種，禁運，禁賣，對於違禁的人，絕對從嚴處分。全國如能一致努力，拒毒運動一定可以成功。

高小公民教科書 第三冊

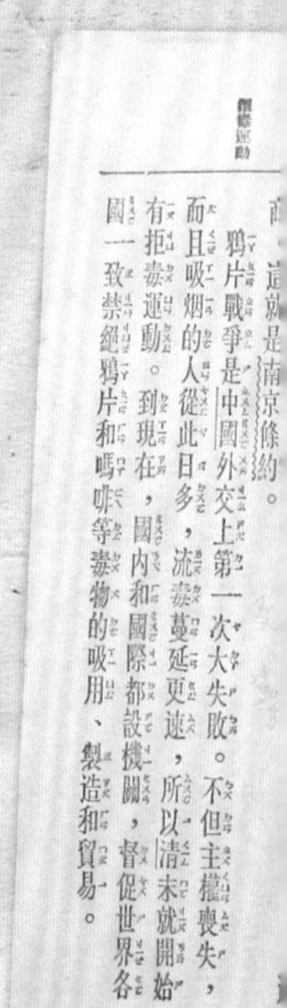
商，這就是南京條約。

鴉片戰爭是中國外交上第一次大失敗。不但主權喪失，而且吸烟的人從此日多，流毒蔓延更速，所以清末就開始有拒毒運動。到現在，國內和國際都設機關，督促世界各國一致禁絕鴉片和嗎啡等毒物的吸用、製造和貿易。

21

虎門銷煙

民國二十六年（一九三七年）商務印書館發行高小《復興歷史教科書》

麼樣？拒毒運動的目的是什麼？拒毒運動的工作怎麼樣？

鴉片產於印度，明朝末年，中國纔有人吸鴉片。英國佔印度後，鴉片輸入中國更多，清宣宗時，全年輸入鴉片有三萬箱。不但大宗金錢流出國外，而且人民受毒無窮。清朝下令禁煙，派林則徐到廣東查禁。林則徐到了廣東，先嚴辦私運鴉片的本國奸商，然後勒令英國商人繳出鴉片二萬餘箱，完全銷燬，再要他們一律具結：「倘若夾帶鴉片，船貨充公，人即正法。」葡人和美商都願照辦，獨有英商不肯。林遂勒令停止貿易，斷絕英人供給，英遂急調印度艦隊，向中國開戰。

林則徐在海口銷燬鴉片

林則徐在沿海嚴密布防。英軍開到廣東，無隙可乘，就北犯浙江，陷定海，要求賠款通商。清朝竟把林則徐革職，派琦善等與英軍接洽和議。議未妥，琦善先撤去沿海防務工程，英軍乘機攻廣州，清朝遂又開戰，英兵陷上

20

白面鬼

唱本文學書刊民國二十五年（1936年）十月印 北平通俗讀物編刊社出版

「白面」又叫「白粉」，即是海洛因，當時的海洛因是日本人侵華時期毒害及掠奪中國的工具。

拒毒月刊

第108期《拒毒月刊》「中華國民拒毒會」出版民國二十六年（1937年）一月

「中華國民拒毒會」是基督教徒在中國成立的改善社會方面的重要團體之一，是由中華全國基督教協進會、聯合基督教青年會及中國醫學會等團體共同發起，於1924年8月成立，總會設於上海。該會的拒毒活動包括定期出版《拒毒月刊》，在各地舉辦拒毒演講及印發拒毒圖畫等。後來，該會因1937年日本發動「七七事變」後的戰亂而告停頓。

Album Nr. 1: „Bilder aus aller Welt"

Bild Nr. 49

Ein chinesisches Merkblatt

Das Endziel des Sammelns von Bildergruppen ist ihre Einordnung in die dafür geschaffenen Sammelalben. Erst die Verbindung mit den erklärenden Texten gibt den Bildern ihren hohen Wert. Dadurch schaffen Sie sich ein unvergleichliches Kultur-Standardwerk, das einen der besten Plätze Ihrer Bibliothek verdient.

Das Sammelwerk Nr. 1: „Bilder aus aller Welt" (Format 29×40 cm, Umfang 34 Bildseiten, Gruppe 1, 2, 3, 4) ist ein interessantes buntes Werk aus den verschiedensten Gebieten der Kunst und Wissenschaft, Natur und Technik, eine Sammlung alles Besonderen und Denkwürdigen aus fernen Ländern und allen Zeiten.

Außerdem sind folgende Werke erschienen: Nr. 2: „Moderne Malerei", Nr. 3: „Wunder der Tierwelt", Nr. 4: „Märchen der Völker" und Nr. 5: „Aus Deutschlands Vogelwelt".

Weitere Werke in Vorbereitung

奮起撲滅鴉片嗎啡

「奮起撲滅鴉片嗎啡」二十世紀三、四十年代德國收藏畫片

複印當時中國的撲滅毒品宣傳畫

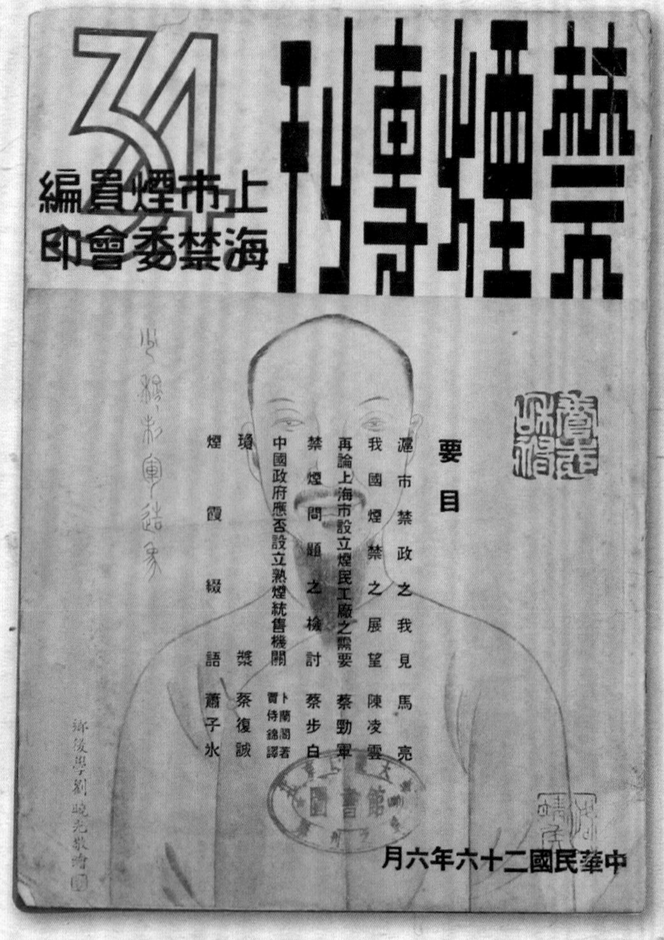

禁煙專刊

34

上海市禁煙委員會編印

要目

滬市禁政之我見　馬亮
我國煙禁之展望　陳凌雲
再論上海市設立煙民工廠之需要　蔡勁軍
禁煙問題之檢討　蔡步白
中國政府應否設立熟煙統售機關　卜蘭閣著　曹侍錦譯
瑣禁　蔡復誠
煙霞綴語　蕭子冰

中華民國二十六年六月

（丁）電台報告

禁烟開篇　仿俞調

白麵紅丸害最多，把精神骨髓盡消磨，得趣監是全憑毅力須嚴令，犯者難逃法網羅，槍決執行常聽得，大家稱贊法非苛。最可恨為更將白麵裝香烟內，高射砲佳名毒更多，有一班無業流氓開毒館，嗎啡針打得骨頭酥，高舖叫自由座，低舖稱安樂窠，綠女紅男像附蟻蛆。多半是鳩形鵠面的叫化婆。可曉得鴉片犯吸猶須究，豈不知一吸紅丸命要無，當局有心嚴禁毒，不分吸販要懸當途，勸諸君抽身及早回頭悟，戒却紅丸做一個大丈夫，看得是藏頭露尾總難過。

（戊）佈告全文

查兩年禁毒六年禁煙，早經中央命令規定，按期實行，民國念五年底，為禁絕毒品期限，自民國二十六年一月一日起，除製造運輸販賣毒品等犯，仍應處以死刑外，凡初犯吸用紅丸，高根，海洛英，及其他化合物，或配合而成之各色毒丸，或施打嗎啡針者，依照禁毒者治罪暫行條例，亦將一律處以死

心，而凛禁令施行之不遠，凡吸用毒品或施打嗎啡針者，從速猛省，二十五年底前將毒癮自行戒絕，倘然執迷不悟，一經查獲，本部定當依法嚴懲，不稍寬恕，合亟布告週知，此佈。

禁煙專刊　附錄

八九

抗戰前夕的禁煙專刊

民國二十六年（1937年）六月
上海市禁煙委員會出版第三及第四期合刊的《禁煙專刊》

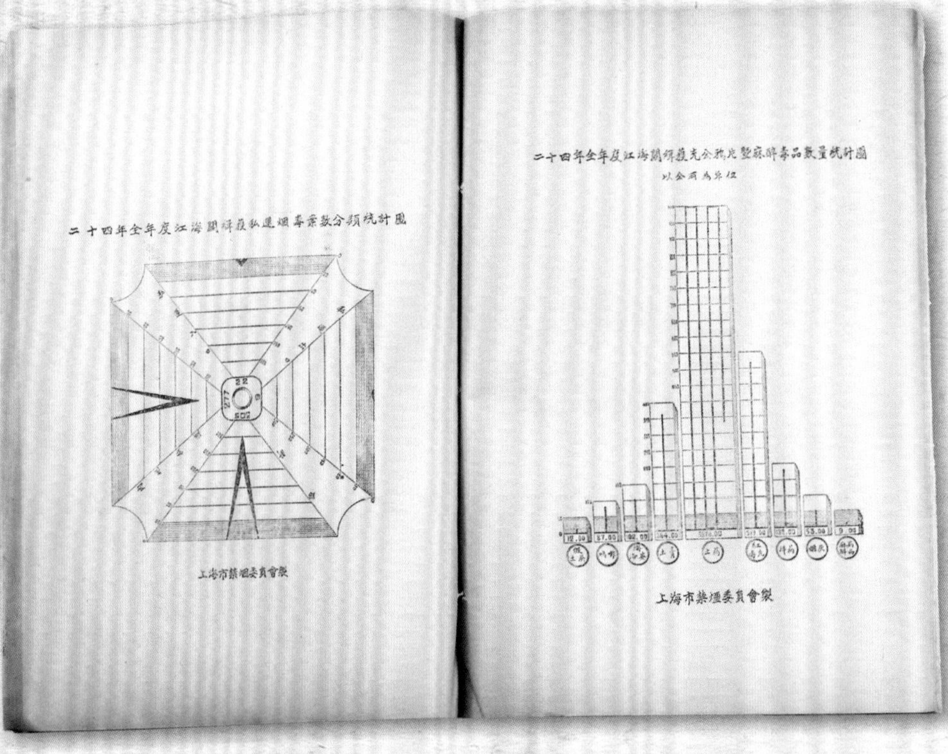
二十四年全年度江海關緝獲私運烟毒案數分類統計圖
上海市禁烟委員會製
二十四年全年度江海關緝獲充公鴉片暨麻醉毒品數量統計圖
以公兩為單位
上海市禁烟委員會製

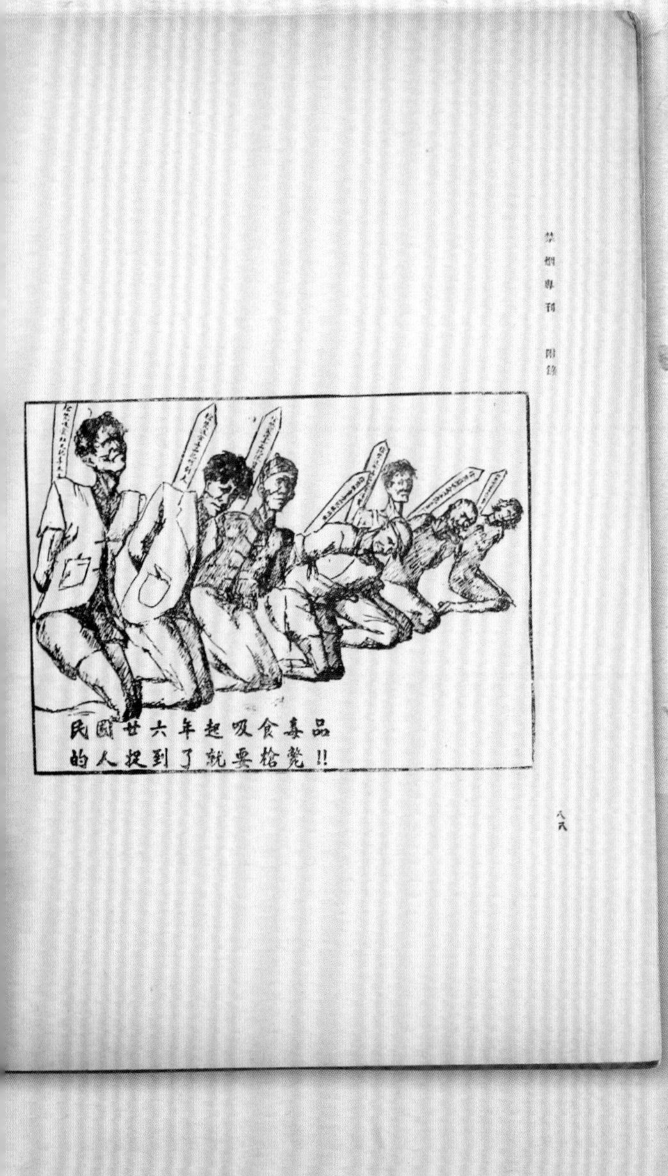
禁烟專刊 附錄
民國廿六年起吸食毒品
的人捉到了就要槍斃!!

禁烟專刊 附錄
烟毒之災
一掃盡光
禁烟
烟毒禍患
九〇

總理遺囑

余致力國民革命凡四十年其目的在求中國之自由平等積四十年之經驗深知欲達到此目的必須喚起民衆及聯合世界上以平等待我之民族共同奮鬥現在革命尚未成功凡我同志務須依照余所著建國方略建國大綱三民主義及第一次全國代表大會宣言繼續努力以求貫澈最近主張開國民會議及廢除不平等條約尤須於最短期間促其實現是所至囑

總理拒毒遺訓

鴉片營業絕對不能與人民所賦予權力之國民政府兩立中國之民意未有不反對鴉片苟有主張法律准許鴉片營業或對鴉片之惡勢力表示降服者均為民意之公敵對鴉片之宣戰絕對不可妥協苟負責之政府機關為自身之私利便對鴉片下旗息戰不問久暫均屬賣國之行為欲達禁煙目的必需有國民政府採定全國一致遵守之計劃拒毒團體尤須奮鬥不懈千萬不可放棄堅忍與不妥協之奮鬥決心永遠抱定澈底不降服之政策

中華理教總會安徽省桐城縣會宮鎮第心善堂支會

會員證書理會字第　號

茲有會員石善貴性別男年二〇歲安徽省太湖縣人身家清白品行端方自經代求引傳各師在本會皈理後謹守一切規律戒除煙酒及諸毒品並誓願終身不吸，不售，不運，不種，遵從國家法令服從三民主義永作本會忠實信徒實行新生活復經本會審查合格除另行申請登記外合給證書以資證明

代道師 江運和
求准師 湯恩澤
引進師 周哲夫
傳教師 鄭無塵

右給會員石善貴收執

理事長

中華民國三十七年九月十九日

理教禁毒

「理教」又叫理門，起於清代初期並興盛至民國年間，理教宗旨以禁戒煙酒、鴉片為主要特色的民間慈善組織，盛行於中國大江南北。理門內部的教眾相互勸誡監督，形成為自覺抵制鴉片、煙酒的特殊的社會群體。民國三十七年（1948年）中華理教總會會員證書證書左上角印有中國國民黨總理孫中山先生的「總理拒毒遺訓」。

戒煙酒分會證章

廣東河源「理門」誠心堂勸戒煙酒分會證章

勸戒煙酒紀念章

「理教」勸戒煙酒紀念章注有「一理心照、慈航普度」

「理門」戒除煙酒證章

楚南大舞臺
地址西牌樓江寧里
巨金禮聘福如湘劇改進社
保留戲票
以便備查
叁月廿五日
日場一時
晚場下午七時
本團特排清朝實事英國運毒來華侵略史
特色服裝 燈光佈景 江中海艦 真火焚毒
鴉片害

戲劇《鴉片害》

民國二十二年（1933年）湖南長沙西牌樓江寧里「楚南大舞臺」戲劇傳單

巨金禮聘「福如湘劇改進社」晚場演出，特排清朝實事英國運毒來華侵略史戲劇《鴉片害》。「特色服裝、燈光佈景、江中海艦、真火焚毒」以盛大陣容演出「抗英、禁毒」的鴉片戰爭為時代背景的舞臺戲劇。

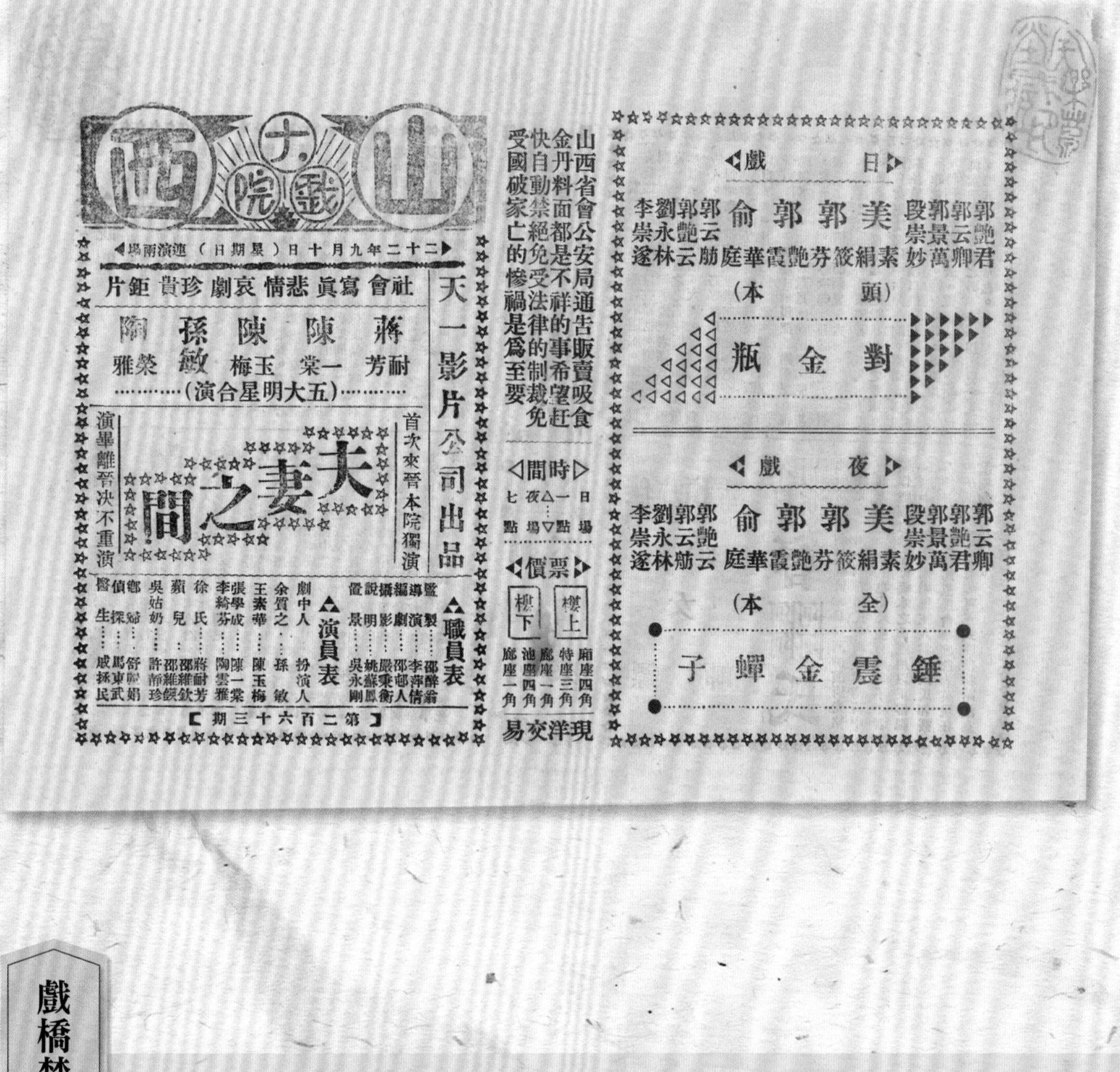

戲橋禁毒通告

民國二十二年（1933年）九月「山西大戲院」電影戲橋（戲單）

印有山西省會公安局《禁毒通告》山西省會公安局通告：販賣吸食金丹料面都是不祥的事，希望趕快自動禁絕，免受法律的制裁，免受國破家亡的慘禍，是為至要。

「戲橋」名詞是譯自英語的「Bridge Plot」，是於戲院看戲劇或電影時隨票附送，用作簡介戲劇或電影劇情的單張。

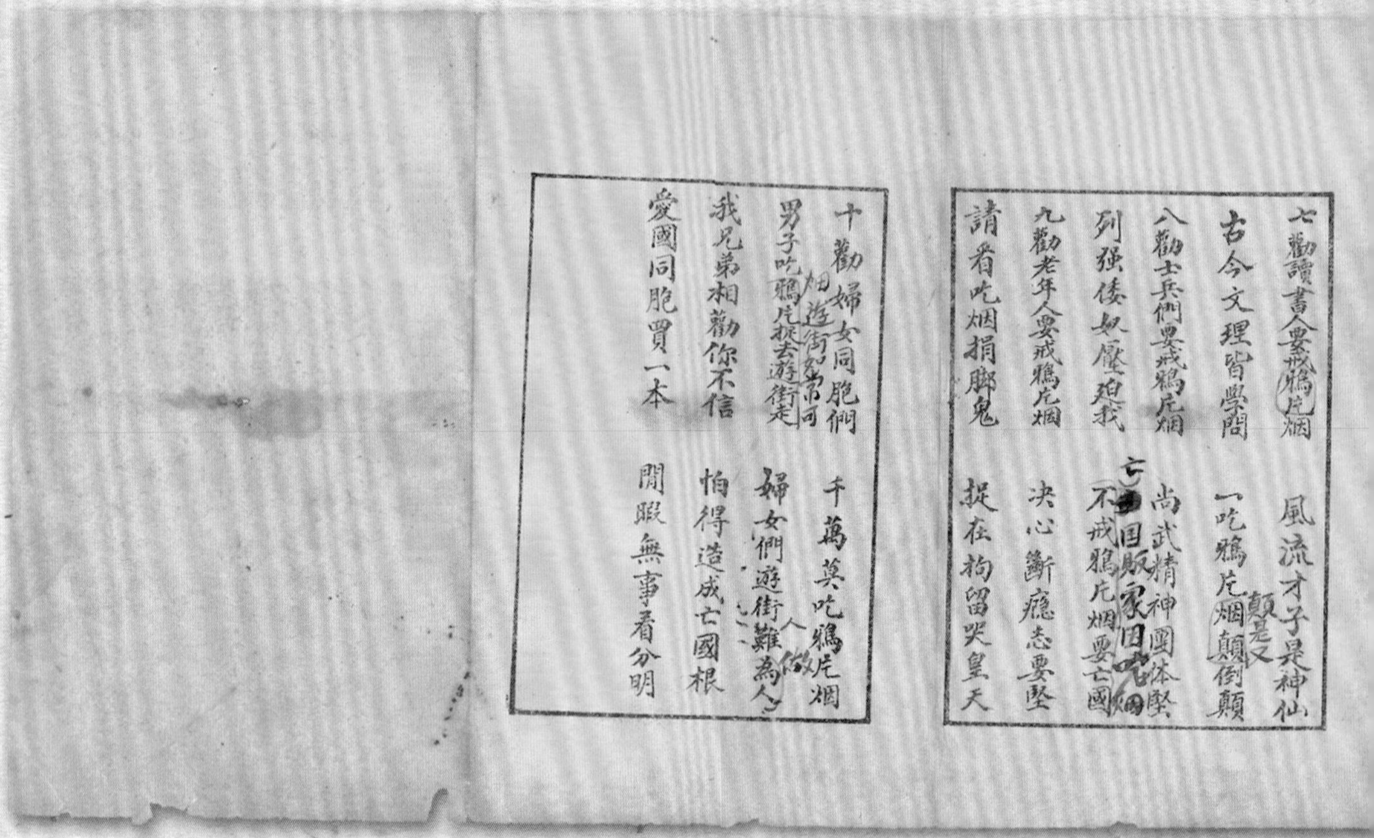
七勸讀書人要戒鴉片烟　風流才子是神仙
古今文理皆學問　一吃鴉片烟顛倒顛
八勸士兵們要戒鴉片烟　尚武精神國体堅
列强倭奴壓迫我　不戒鴉片烟要亡國
九勸老年人要戒鴉片烟　決心斷癮志要堅
請看吃烟捐鄉鬼　捉在拘留哭皇天
十勸婦女同胞們　千萬莫吃鴉片烟
男子吃鴉片捉去游街走　婦女們遊街難為人
我兄弟相勸你不信　怕得造成亡國根
愛國同胞買一本　閒暇無事看分明

十勸戒鴉片

《十勸戒鴉片》唱本，經折裝-長卷

印有「大家團結、同起抗日」宣傳抗戰口號《十勸戒鴉片》唱本內容，為向國民宣傳戒除鴉片毒癮

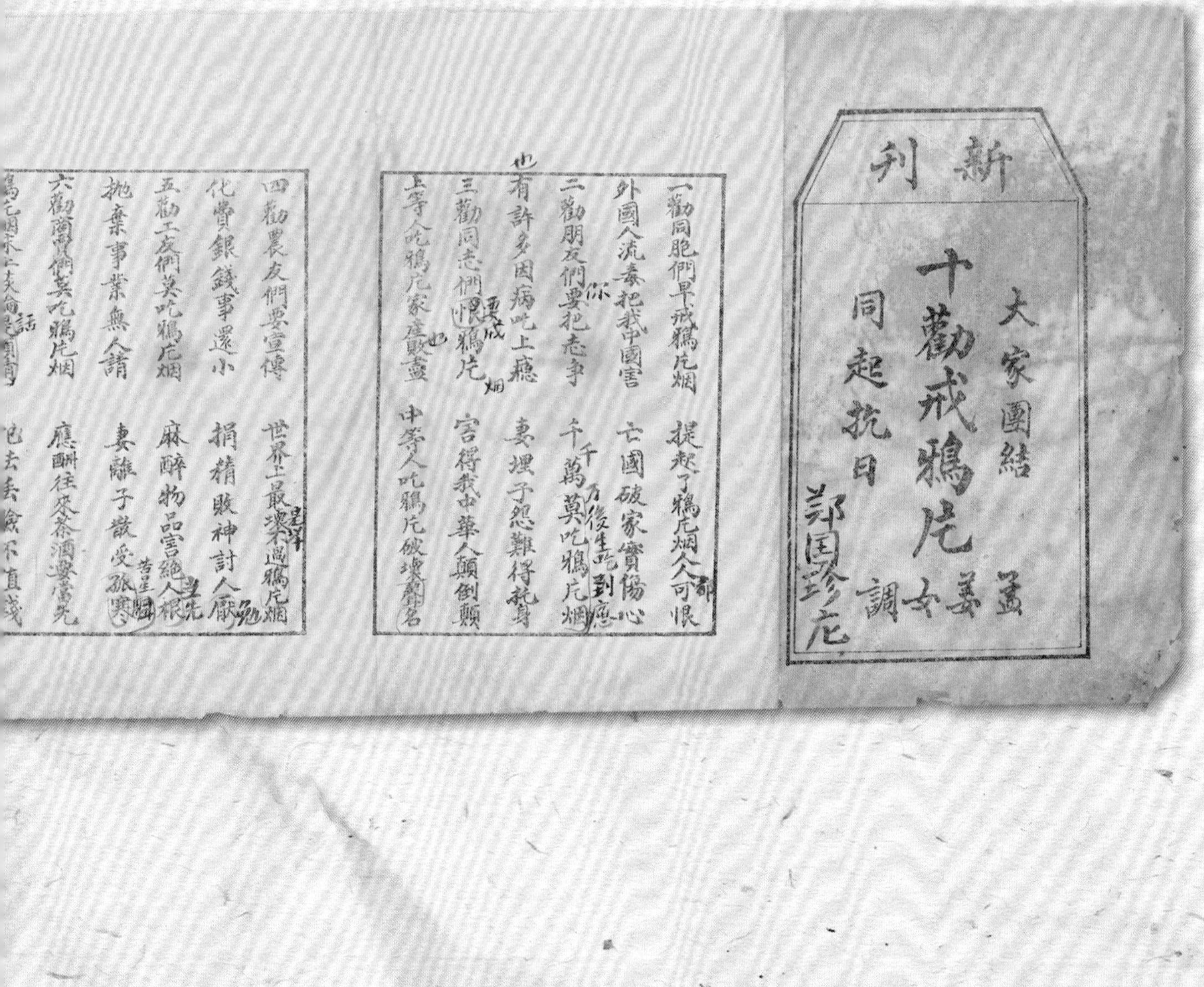
新刊
大家團結
同起抗日
十勸戒鴉片
盖姜女調
一勸同胞們早戒鴉片烟 提起了鴉片烟人人可恨
外國人流毒把我中國害 亡國破家實傷心
二勸朋友們要把志爭 千萬莫吃鴉片烟
有許多因病吃上癮 妻埋子怨難得翻身
三勸同志們恨鴉片 害得我中華人顛倒顛
上等人吃鴉片家産敗盡 中等人吃鴉片破壞聲名
四勸農友們要宣傳 世界上最壞不過鴉片烟
化費銀錢事還小 損精敗神討人厭
五勸工友們莫吃鴉片烟 麻醉物品害絶人根
拋棄事業無人請 妻離子散受孤寒
六勸商賈們莫吃鴉片烟 應酬往來茶酒當先

一勸同胞們　　六勸商賈們
二勸朋友們　　七勸讀書人
三勸同志們　　八勸士兵們
四勸農友們　　九勸老年人
五勸工友們　　十勸婦女同胞們

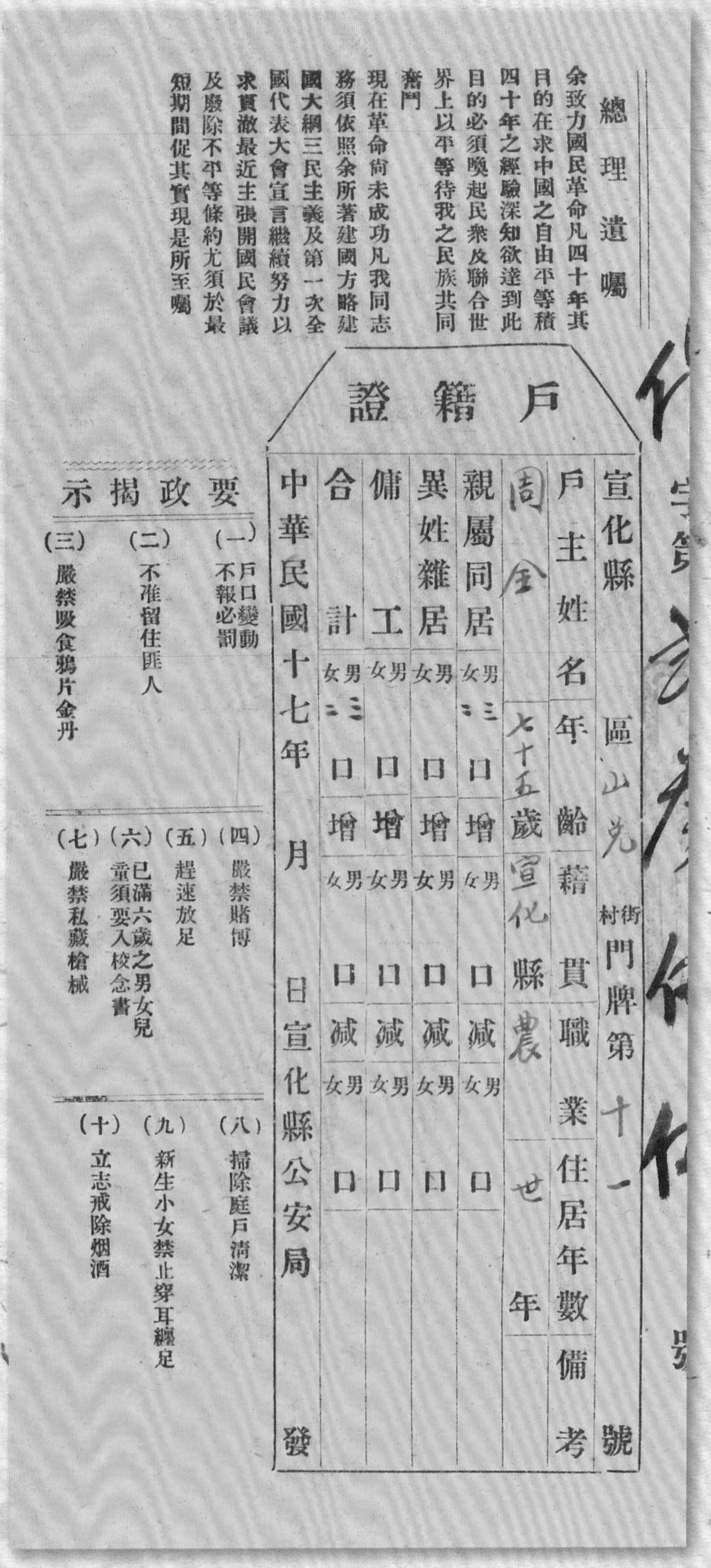

總理遺囑

余致力國民革命凡四十年其目的在求中國之自由平等積四十年之經驗深知欲達到此目的必須喚起民衆及聯合世界上以平等待我之民族共同奮鬥現在革命尚未成功凡我同志務須依照余所著建國方略建國大綱三民主義及第一次全國代表大會宣言繼續努力以求貫徹最近主張開國民會議及廢除不平等條約尤須於最短期間促其實現是所至囑

戶籍證

宣化縣　區　山先　街村　門牌第十一號

戶主姓名　周全

年齡　七十五歲

籍貫　宣化縣

職業　農

住居年數　廿年

備考

親屬同居　男三　女三　口　增　男　女　口　減　男　女　口

異姓雜居　男　女　口　增　男　女　口　減　男　女　口

傭工　男　女　口　增　男　女　口　減　男　女　口

合計　男三　女三　口　增　男　女　口　減　男　女　口

中華民國十七年　月　日　宣化縣公安局　發

要政揭示

（一）戶口變動不報必罰

（二）不准留住匪人

（三）嚴禁吸食鴉片金丹

（四）嚴禁賭博

（五）趕速放足

（六）已滿六歲之男女兒童須要入校念書

（七）嚴禁私藏槍械

（八）掃除庭戶清潔

（九）新生小女禁止穿耳纏足

（十）立志戒除烟酒

嚴禁吸食鴉片金丹

一九二八年（民國十七年）河北省宣化縣公安局發出「戶籍證」印有「要政揭示」多項，其中第三項為「嚴禁吸食鴉片金丹」

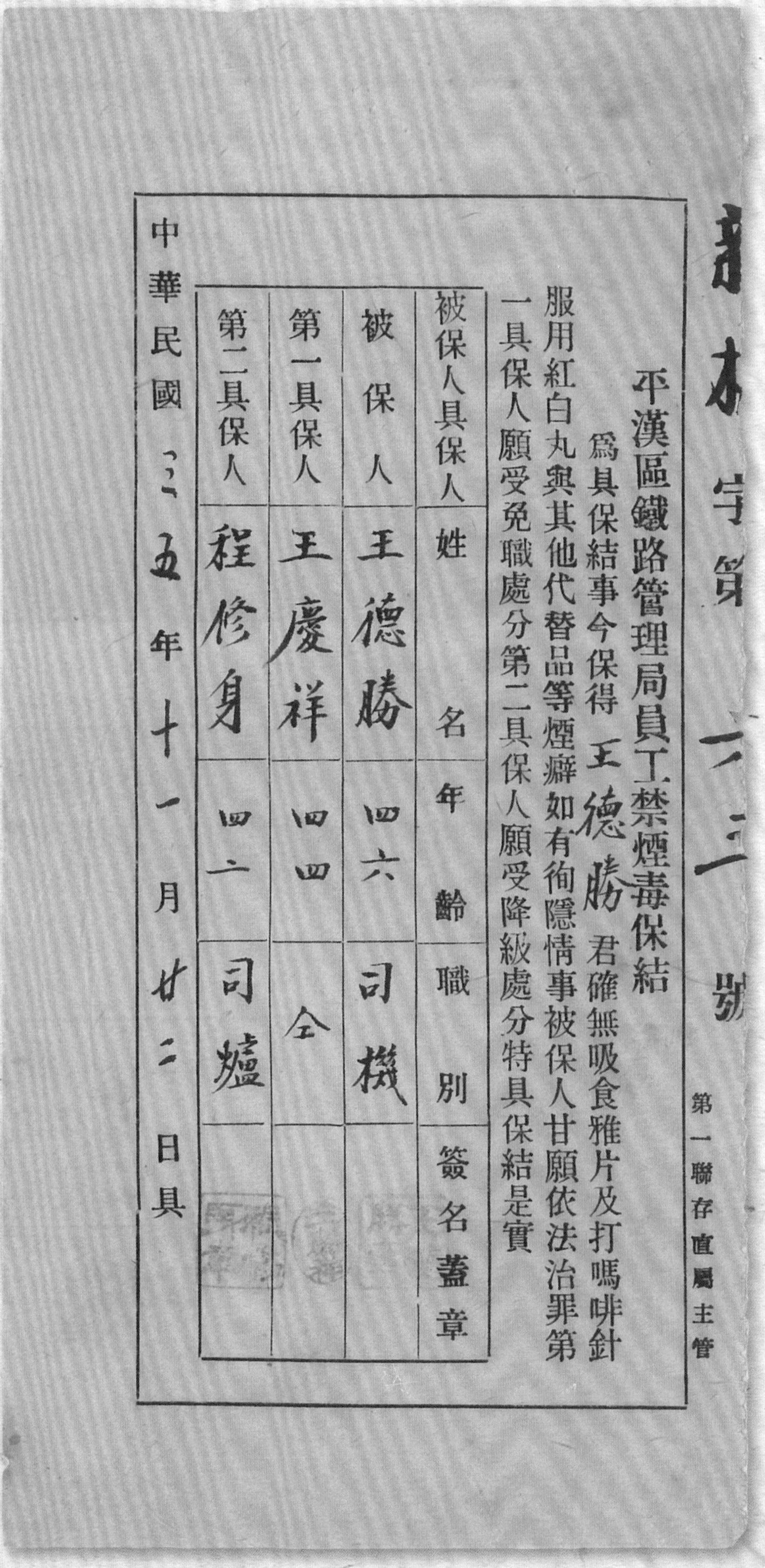
[illegible]字第[illegible]號

第一聯存直屬主管

平漢區鐵路管理局員工禁煙毒保結

爲具保結事今保得 王德勝 君確無吸食雅片及打嗎啡針服用紅白丸與其他代替品等煙癖如有徇隱情事被保人甘願依法治罪第一具保人願受免職處分第二具保人願受降級處分特具保結是實

被保人具保人	姓名	年齡	職別	簽名蓋章
被保人	王德勝	四六	司機	
第一具保人	王慶祥	四四	仝	
第二具保人	程修身	四二	司爐	

中華民國三五年十一月廿二日具

鐵路員工禁煙毒保結

一九四六年（民國三十五年）平漢區鐵路管理局員工禁煙毒保結印有具保確無吸食鴉片及打嗎啡針服用紅白丸與其他代替品等煙癖

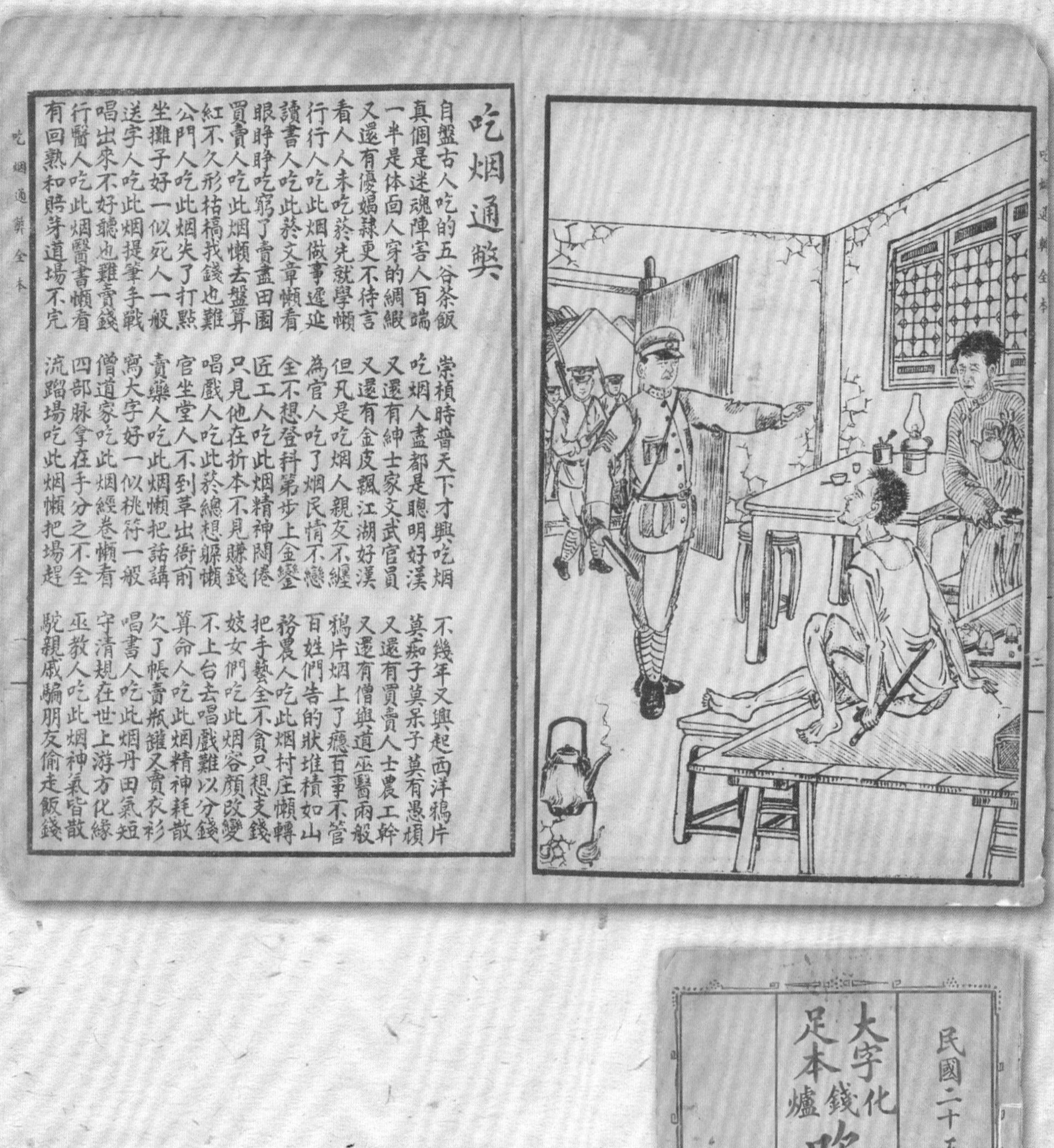

吃烟通弊

自盤古人吃的五谷茶飯
真個是迷魂陣害人百端
一半是体面人穿的綢緞
又還有優娼隸更不待言
看人人未吃菸先就學懶
行行人吃此烟做事遲延
讀書人吃此菸文章懶看
眼睜睜吃窮了賣盡田園
買賣人吃此烟懶去盤算
紅不久形枯槁找錢也難
公門人吃此烟失了打點
坐攤子好一似死人一般
送字人吃此烟提筆手戰
唱出來不好聽也難賣錢
行醫人吃此烟醫書懶看
有回熟和賠芽道場不完

崇楨時普天下才興吃烟
吃烟人盡都是聰明好漢
又還有紳士家文武官員
又還有金皮飄江湖好漢
但凡是吃烟人親友不纏
為官人吃了烟民情不戀
全不想登科第步上金鑾
匠工人吃此烟精神闞倦
只見他在折本不見賺錢
唱戲人吃此菸總想躲懶
官坐堂人不到草出衙前
賣藥人吃此烟懶把話講
寫大字好一似桃符一般
僧道家吃此烟經卷懶看
四部脉拿在手分之不全
流蹓場吃此烟懶把場趕

不幾年又興起西洋鴉片
莫痴子莫呆子莫有愚頑
又還有買賣人士農工幹
又還有僧與道巫醫兩般
鴉片烟上了癮百事不管
百姓們告的狀堆積如山
務農人吃此烟村庄懶轉
把手藝全不貪只想支錢
妓女們吃此烟容顏改變
不上台去唱戲難以分錢
算命人吃此烟精神耗散
欠了帳賣瓶罐又賣衣衫
唱書人吃此烟丹田氣短
守清規在世上游方化緣
巫教人吃此烟神氣皆散
駝親戚騙朋友偷走飯錢

吃烟通弊全本

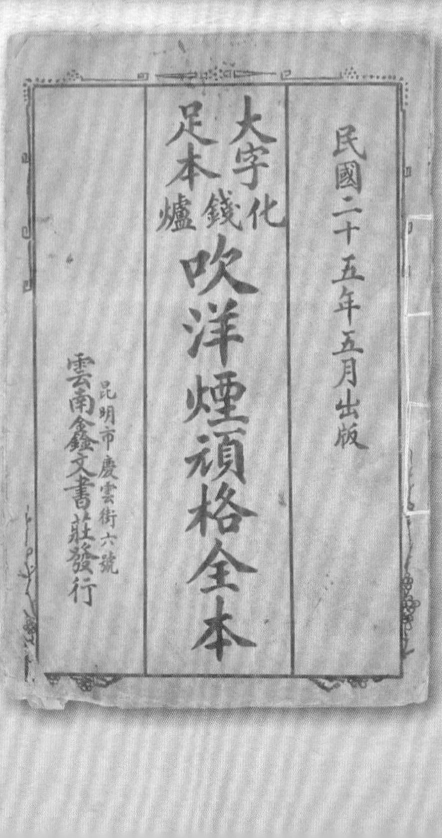

民國二十五年五月出版

大字足本化錢爐
吹洋煙頑格全本

昆明市慶雲街六號
雲南鑫文書莊發行

吃煙通弊

民國二十五年（1936年）雲南省昆明市民間禁煙刊物
滇新文化書店編校大字足本《化錢爐吹洋煙頑格全本》又名《吃煙通弊》

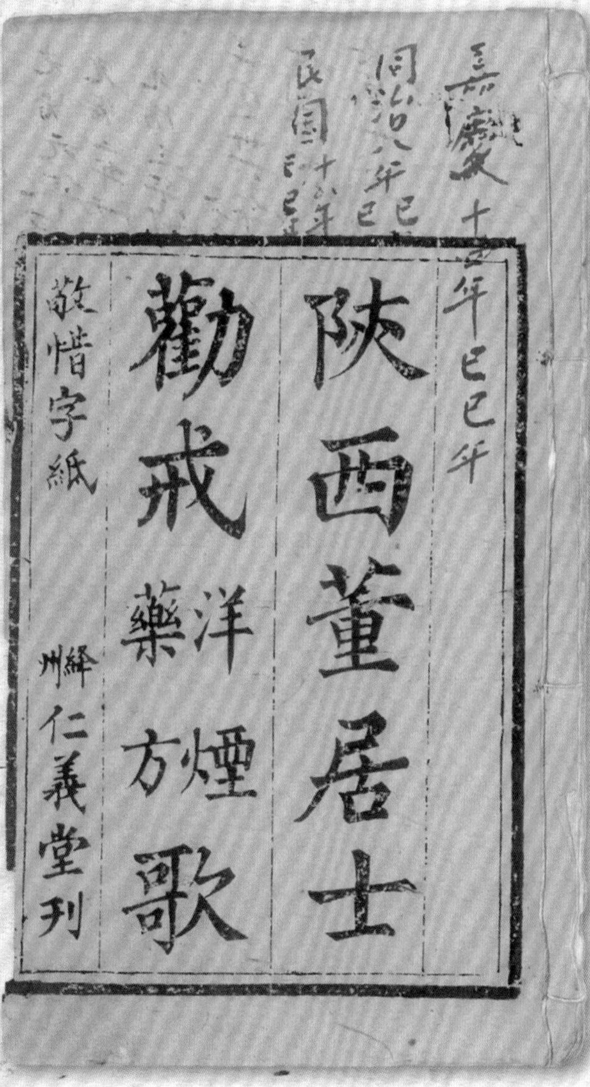

勸戒洋煙藥方歌

清末直隸絳州（今山西絳縣）《勸戒洋煙藥方歌》

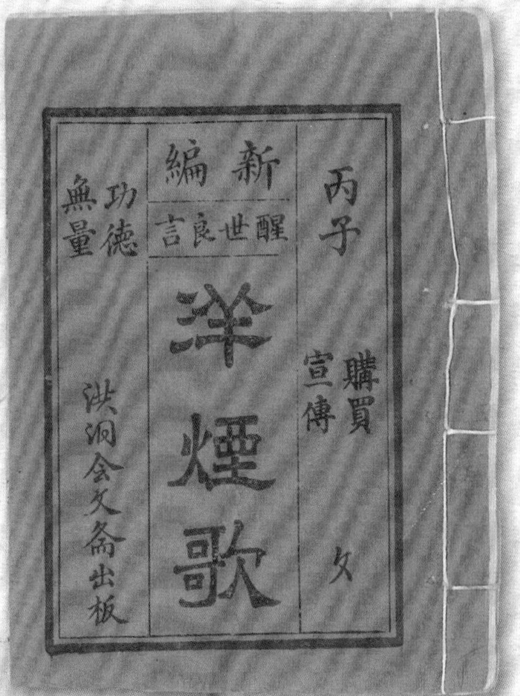

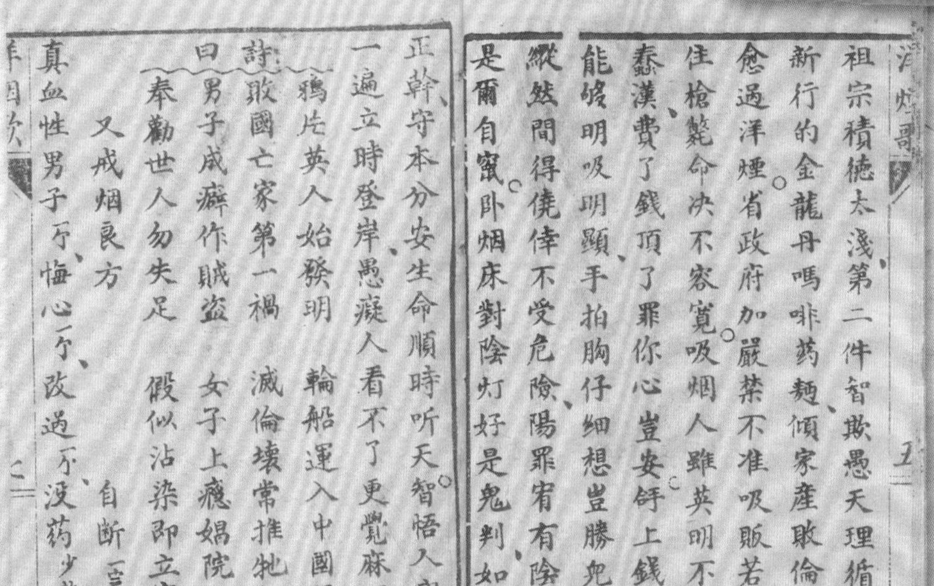

洋煙歌

民國時期山西洪洞縣會文齋出版新編《洋煙歌》

勸嗎啡

民國時期劉素珍唱本《勸嗎啡》

民國初年宣傳印戳

民國初年宣傳印戳「捲菸毒勝於鴉片願同胞莫再吸之」戳印於民國三年（一九一四年）的上海交通銀行伍元面額鈔票

解放初期的禁毒宣傳運動

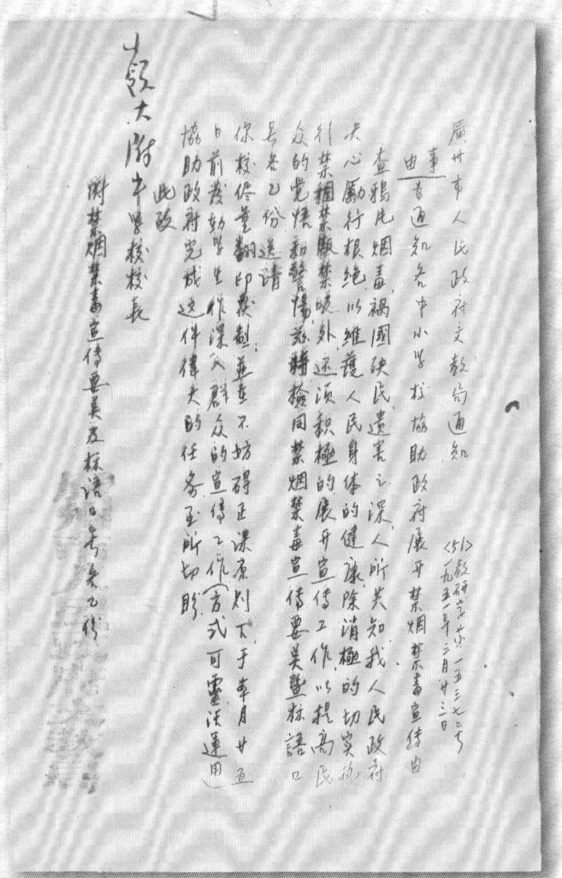

廣州市人民政府文教局通知 (51)教秘字第一五三七七號 一九五一年二月廿三日

事由：為通知各中小學校協助政府展開禁烟禁毒宣傳由

查鴉片烟毒，禍國殃民，遺害之深，人所共知。我人民政府決心厲行根絶，以維護人民身体的健康，除消極的切實執行禁種禁販禁吸外，還須積極的展開宣傳工作，以提高民众的覺悟和警惕，兹特檢同禁烟禁毒宣傳要點標語口号各乙份，送請

你校依量翻印張貼，並在不妨碍正課原則下，于本月廿五日前發動學生作深入群众的宣傳工作（方式可靈活運用）協助政府完成這件偉大的任務，至所切盼。

此致

大附中學校校長

附禁烟禁毒宣傳要點及標語口号各乙份

致各學校校長禁毒宣傳通知

一九五一年廣州市人民政府文教局致各學校校長有關「禁毒宣傳」通知

致各中學禁毒宣傳通知

一九五一年廣州市人民政府教育局致各公私立中學校「禁毒宣傳」通知

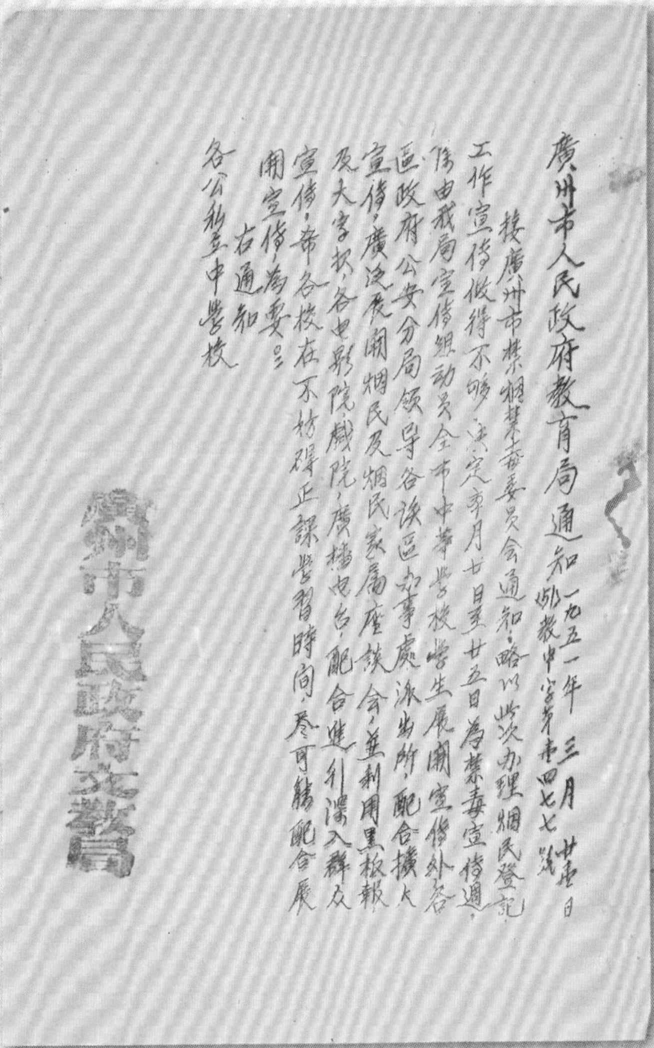

廣州市人民政府教育局通知 一九五一年三月廿五日 (51)教中字第四七七號

接廣州市禁烟禁毒委員會通知，略以此次办理烟民登記工作宣傳做得不够，決定本月廿日至廿五日為禁毒宣傳週，除由我局宣傳組動員全市中等學校學生展開宣傳外，各區政府公安分局領導各該區办事處派出所配合擴大宣傳，廣泛展開烟民及烟民家屬座談会，並利用黑板報及大字報，各电影院戲院，廣播电台配合進行深入群众宣傳，希各校在不妨碍正課學習時間，盡可能配合展開宣傳為要。

右通知

各公私立中學校

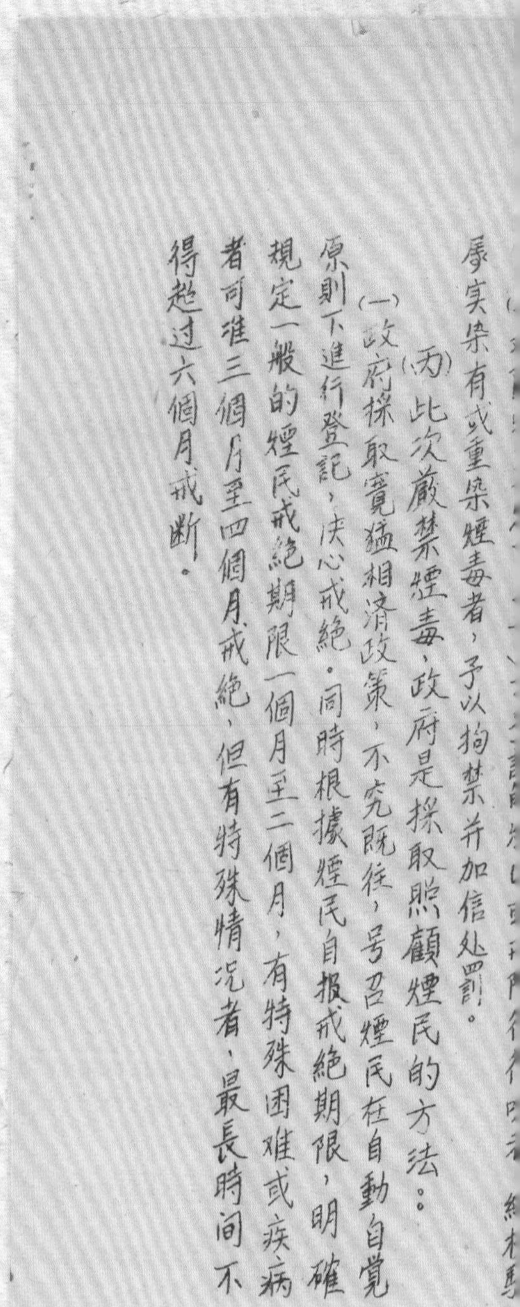

屢实染有或重染煙毒者，予以拘禁并加倍处罰。
(丙)此次嚴禁煙毒，政府是採取照顧煙民的方法：
(一)政府採取寬猛相濟政策，不究既往，号召煙民在自動自覺原則下進行登記，決心戒絕。同時根據煙民自报戒絕期限，明確規定一般的煙民戒絕期限一個月至二個月，有特殊困难或疾病者可准三個月至四個月戒絕，但有特殊情况者，最長時间不得超过六個月戒斷。

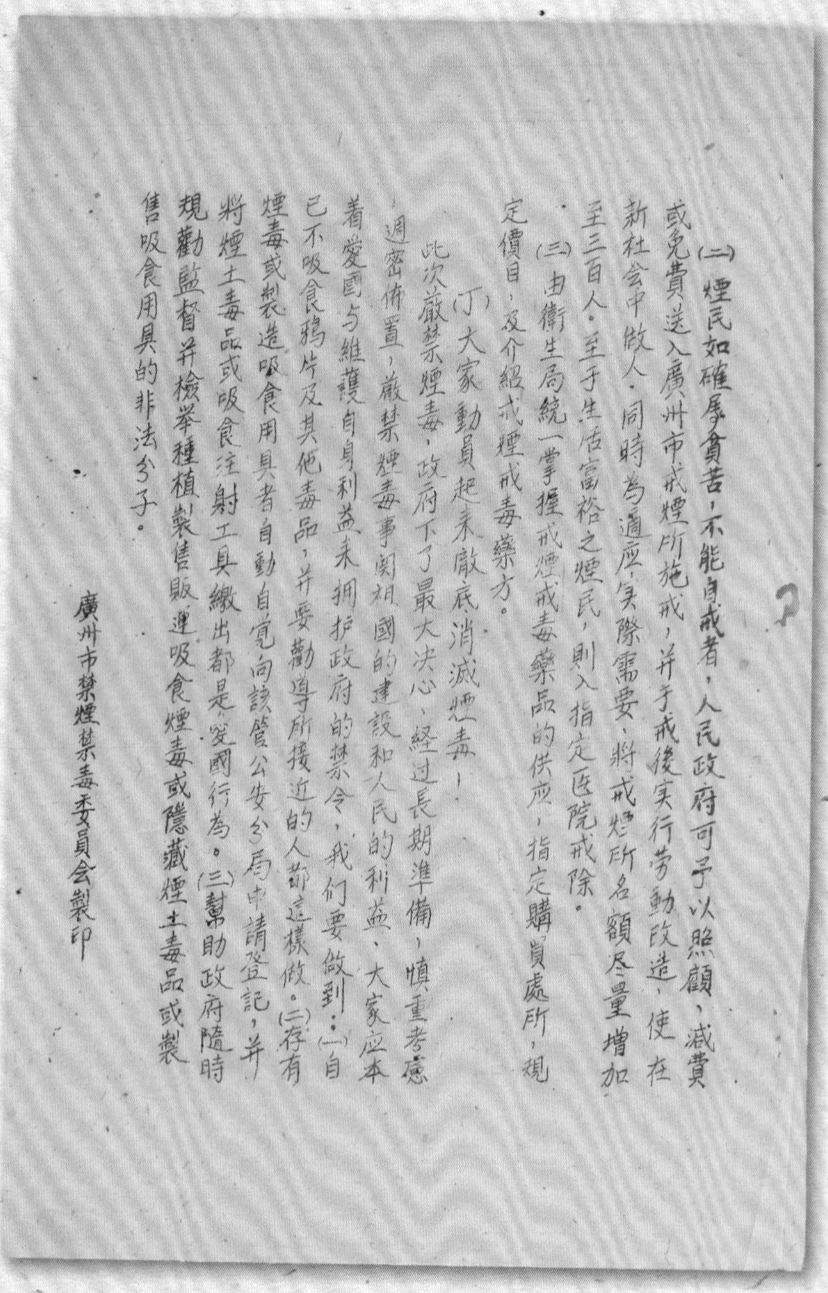

(二)煙民如確屬貧苦，不能自戒者，人民政府可予以照顧，減費或免費送入廣州市戒煙所施戒，并于戒後实行劳動改造，使在新社会中做人。同時為適应实際需要，將戒煙所名額尽量增加至三百人。至于生活富裕之煙民，則入指定医院戒除。
(三)由衛生局統一掌握戒煙戒毒藥品的供应，指定購買處所，規定價目，及介紹戒煙戒毒藥方。
(丁)大家動員起来徹底消滅煙毒！
此次嚴禁煙毒，政府下了最大決心，經过長期準備，慎重考慮週密佈置，嚴禁煙毒事關祖國的建設和人民的利益，大家应本着愛國与維護自身利益来拥护政府的禁令，我們要做到：(一)自已不吸食鴉片及其他毒品，并要勸導所接近的人都這樣做。(二)存有煙毒或製造吸食用具者自動自覺向該管公安分局申請登記，并將煙土毒品或吸食注射工具繳出，都是愛國行為。(三)幫助政府隨時規勸監督并檢举種植製售販運吸食煙毒或隱藏煙土毒品或製售吸食用具的非法分子。

廣州市禁煙禁毒委員会製印

禁煙禁毒宣傳要點

解放初期一九五〇年代廣州市禁煙禁毒委員會印《禁煙禁毒宣傳要點》單張

禁煙禁毒宣傳要点

(甲)為什麼要禁煙禁毒？

(一)一八四〇年英國对中國茇起了鴉片戰爭。大家都知道英國人到中國来賣鴉片，但差不多都忽略了美國也是一個鴉片販子，強迫輸入鴉片，為害我國已百有餘年。損身害業，破家蕩產者，何止千千万万。这血債，是由于帝國主義及其幫兇蔣介石匪幫，在中國人民身上所造成滔天罪悪之一部，故应徹底清算。

(二)煙毒損害身体，影响個人工作精神，变成頹廢，做社会的寄生虫，对公对私均屬有害，堅决清除，实為必要。

(三)只有封建買辦官僚軍閥的統治階級和依附統治階級的一些人們，过着荒𣍐無恥的腐爛生活，才嗜好鴉片煙毒。他們不但不禁止，反而強迫種植，尤其在日本帝國主義侵略下，曾有計劃地实行毒化中國，禁煙即是賣煙。現在全國人民已得到觧放，政府实事求是，决不坐視人民蒙受更大損害，為了保護人民康健，恢復与茇展生產，絕不容許鴉片煙毒的存在。

(乙)禁絕鴉片煙毒有充分把握

(一)現在人民逐漸覺悟，对鴉片煙毒的遺害，経有深刻認識，一切吸食煙毒的人以及販賣煙毒者，始終逃不出群衆雪亮的眼睛，遅早会被檢举的。

(二)為統一辦理嚴禁煙毒，成立廣州市禁煙禁毒委員会，負責領導全市禁煙禁毒事宜。

(三)嚴禁種植鴉片，以杜来源，違者除將煙苗剷除外，并送本市人民法院嚴重科刑。

(四)自三月廿五日以後，如仍有秘密進行製造(包括隱蔽形式的煙毒代用品及吸食注射用具)，販運，私存，或設档售賣煙土毒品者，一經查獲，[illegible]

宣傳標語口號

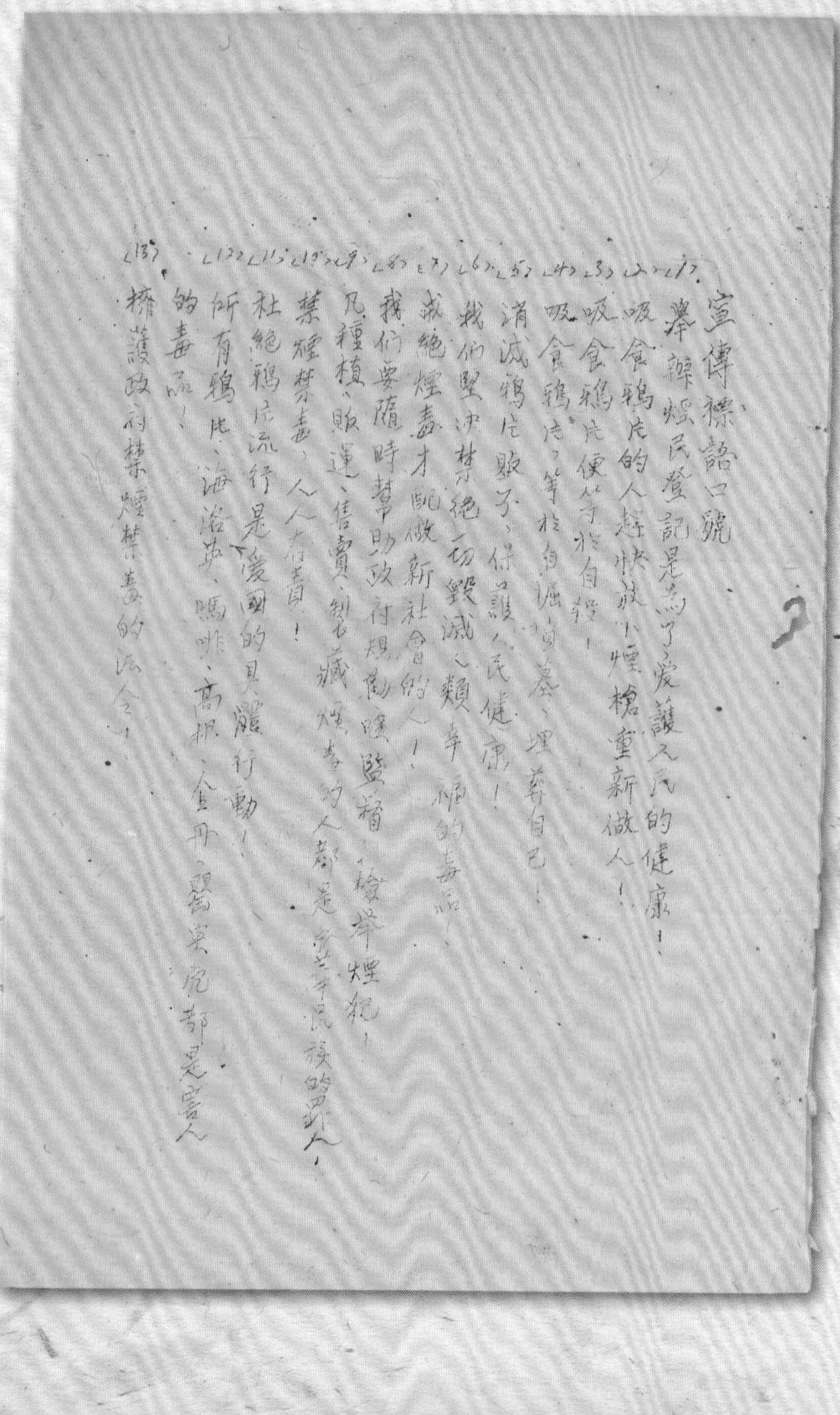

宣傳標語口號

(1) 舉辦煙民登記是為了愛護人民的健康！
(2) 吸食鴉片的人趕快放下煙槍重新做人！
(3) 吸食鴉片便等於自殺！
(4) 吸食鴉片等於自掘墳墓、埋葬自己！
(5) 消滅鴉片販子，保護人民健康！
(6) 我們堅決禁絕一切毀滅人類幸福的毒品！
(7) 戒絕煙毒才配做新社會的人！
(8) 我們要隨時幫助政府規勸、監督、檢舉煙犯！
(9) 凡種植、販運、售賣、製、藏煙毒的人都是害苦民族的罪人！
(10) 禁煙禁毒，人人有責！
(11) 杜絕鴉片流行是愛國的具體行動！
(12) 所有鴉片、海洛英、嗎啡、高根、金丹、罌粟殼都是害人的毒品！
(13) 擁護政府禁煙禁毒的法令！

解放初期一九五〇年代廣州市禁煙禁毒委員會印「宣傳標語口號」

澳門禁毒宣傳

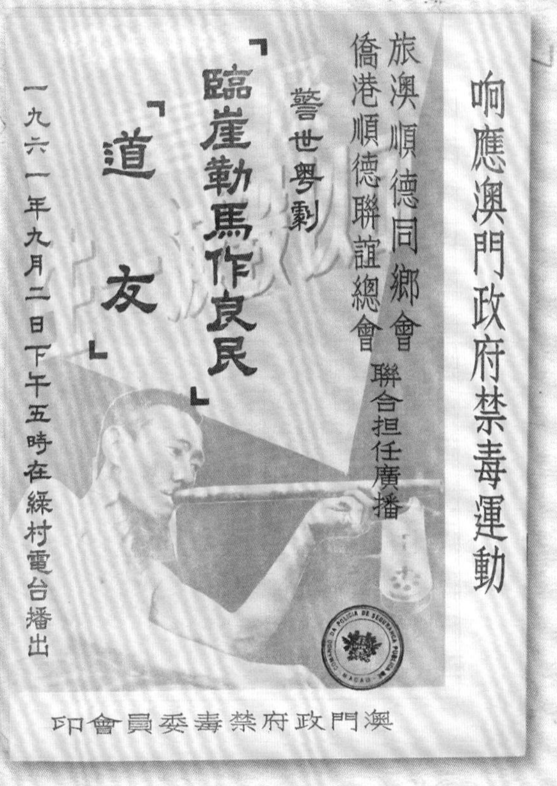

禁毒警世粵劇

一九六一年澳門禁毒委員會印製「禁毒警世粵劇」特刊響應澳門政府禁毒運動

撲滅販毒與吸毒運動

一九六二年澳門政府印務局印製禁毒委員會宣傳單張「撲滅販毒與吸毒運動」。

香港禁毒宣傳

香港政府上世紀五、六十年代印製的「掃除煙格毒窟製毒場所」宣傳單張

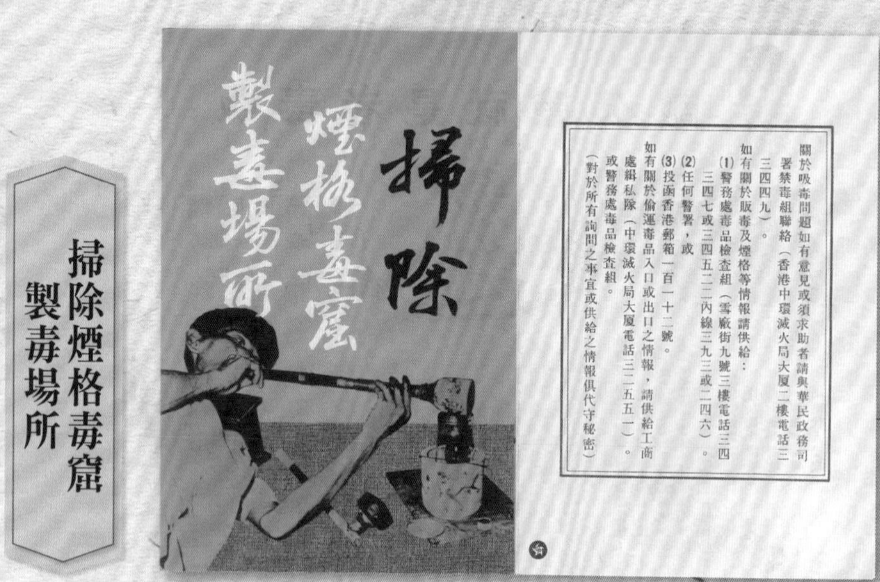

關於吸毒問題如有意見或須求助者請與華民政務司署禁毒組聯絡（香港中環滅火局大厦二樓電話三三四四九）。
如有關於販毒及煙格等情報請供給：
(1)警務處毒品檢查組（雪廠街九號三樓電話三四三四七或三四五二二內線三九三或二四六）。
(2)任何警署，或
(3)投函香港郵箱一百一十二號。
如有關於偷運毒品入口或出口之情報，請供給工商處緝私隊（中環滅火局大厦電話三二五五一）。或警務處毒品檢查組。
（對於所有詢問之事宜或供給之情報俱代守秘密）

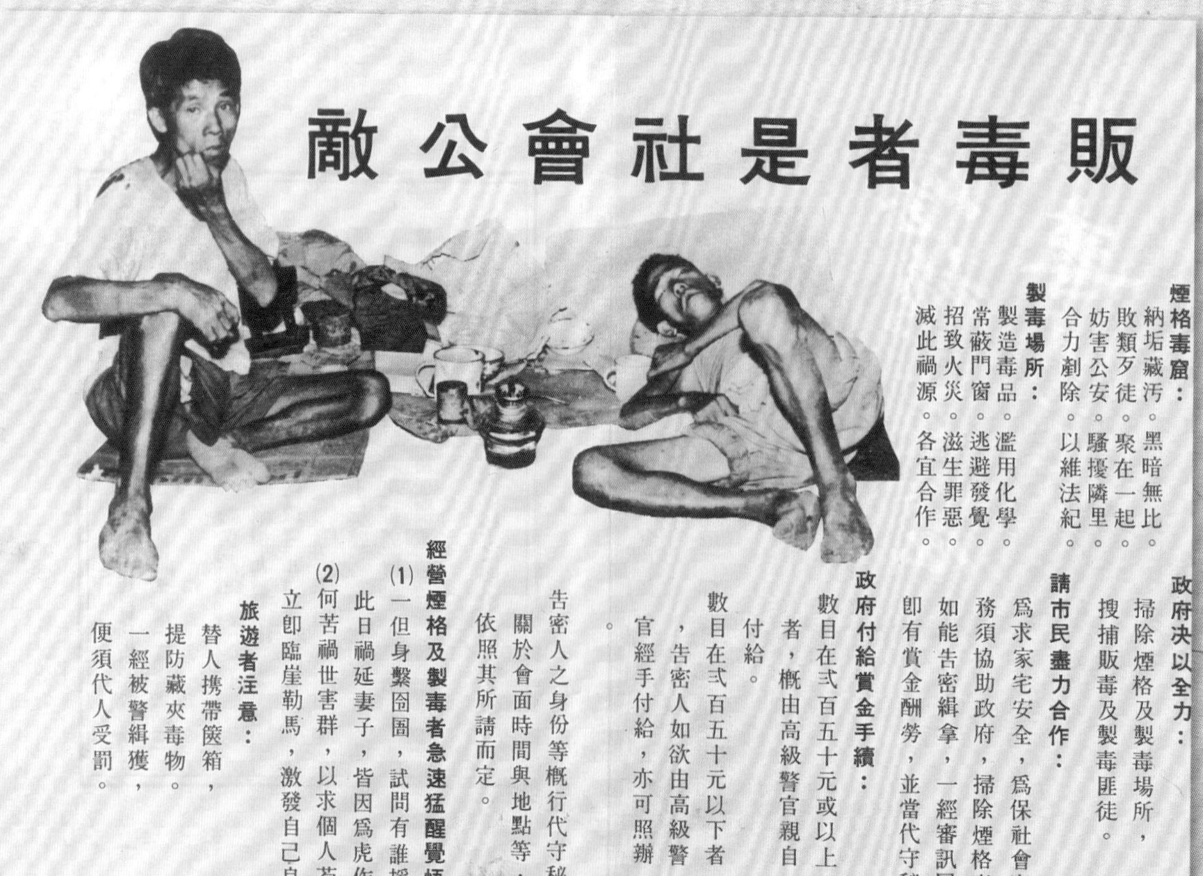

販毒者是社會公敵
煙格毒窟：
納垢藏污。黑暗無比。
敗類歹徒。聚在一起。
妨害公安。騷擾隣里。
合力剷除。以維法紀。
製毒場所：
製造毒品。濫用化學。
常蔽門窗。逃避發覺。
招致火災。滋生罪惡。
滅此禍源。各宜合作。
政府決以全力：
掃除煙格及製毒場所，
搜捕販毒及製毒匪徒。
請市民盡力合作：
爲求家宅安全，爲保社會
務須協助政府，掃除煙格
如能告密緝拿，一經審訊
即有賞金酬勞，並當代守秘
政府付給賞金手續：
數目在弍百五十元或以上
者，概由高級警官親自
付給。
數目在弍百五十元以下者
，告密人如欲由高級警
官經手付給，亦可照辦
。
告密人之身份等概行代守秘
關於會面時間與地點等，
依照其所請而定。
經營煙格及製毒者急速猛醒覺悟
(1)一但身繫囹圄，試問有誰援
此日禍延妻子，皆因爲虎作
(2)何苦禍世害群，以求個人苟
立即臨崖勒馬，激發自己良
旅遊者注意：
替人攜帶篋箱，
提防藏夾毒物。
一經被警緝獲，
便須代人受罰。

不准吸鴉片

一九六〇年代「不准吸鴉片」入境港口宣傳卡附印節錄《危險藥物條例》：不得藏有攻、管有、任何吸毒工具以及不得吸食、服用、注射任何毒品。

NO OPIUM SMOKING
不准吸鴉片
HONGKONG DANGEROUS DRUGS ORDINANCE (ORD. 10/60)
(excerpts)
Subsection (1) No person shall—
(a) have in his possession or custody or under his control any pipe, equipment or apparatus fit and intended for the smoking, consumption, ingestion or injection of any dangerous drug. . .
(b) smoke, consume, ingest or inject any dangerous drug in any divan. . .
PRODUCED BY NGAI YUEN CO., HONG KONG
TRADE MARK REGISTERED
翻印必究
註冊商標

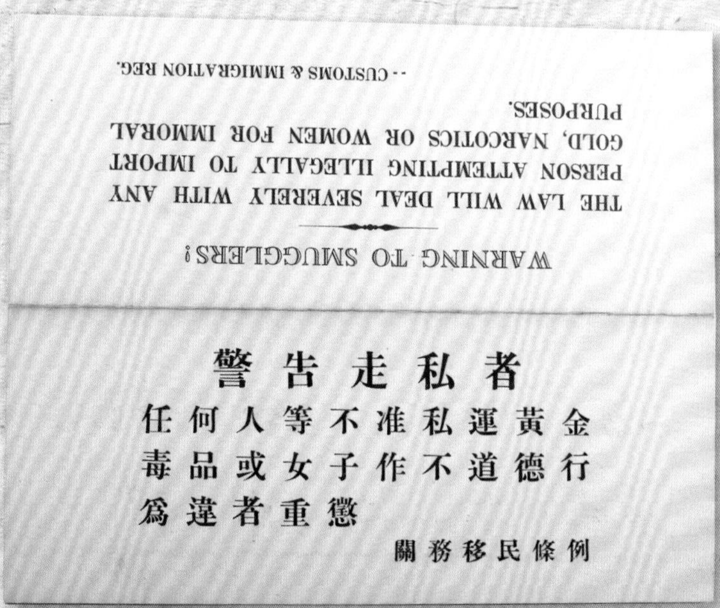
WARNING TO SMUGGLERS!
THE LAW WILL DEAL SEVERELY WITH ANY PERSON ATTEMPTING ILLEGALLY TO IMPORT GOLD, NARCOTICS OR WOMEN FOR IMMORAL PURPOSES.
-- CUSTOMS & IMMIGRATION REG.
警 告 走 私 者
任 何 人 等 不 准 私 運 黃 金
毒 品 或 女 子 作 不 道 德 行
爲 違 者 重 懲
關 務 移 民 條 例

警告走私者

一九六〇年代入境港口宣傳卡

製毒工場

一九六〇年代香港警方破獲海洛因制毒工場新聞發佈照片

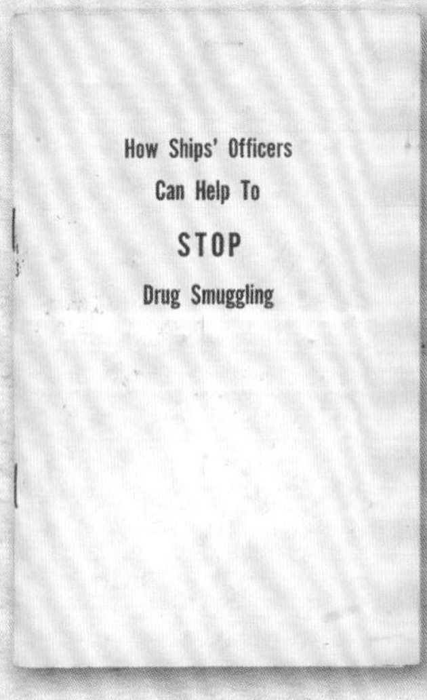

船員如何協助制止毒品走私

1950年代「英殖時期」香港政府印發的英文版宣傳小冊《船員如何協助制止毒品走私》(*How Ships' officers Can Help To Stop Drug Smuggling*)

此宣傳小冊是派發給進入香港水域的輪船上的人員

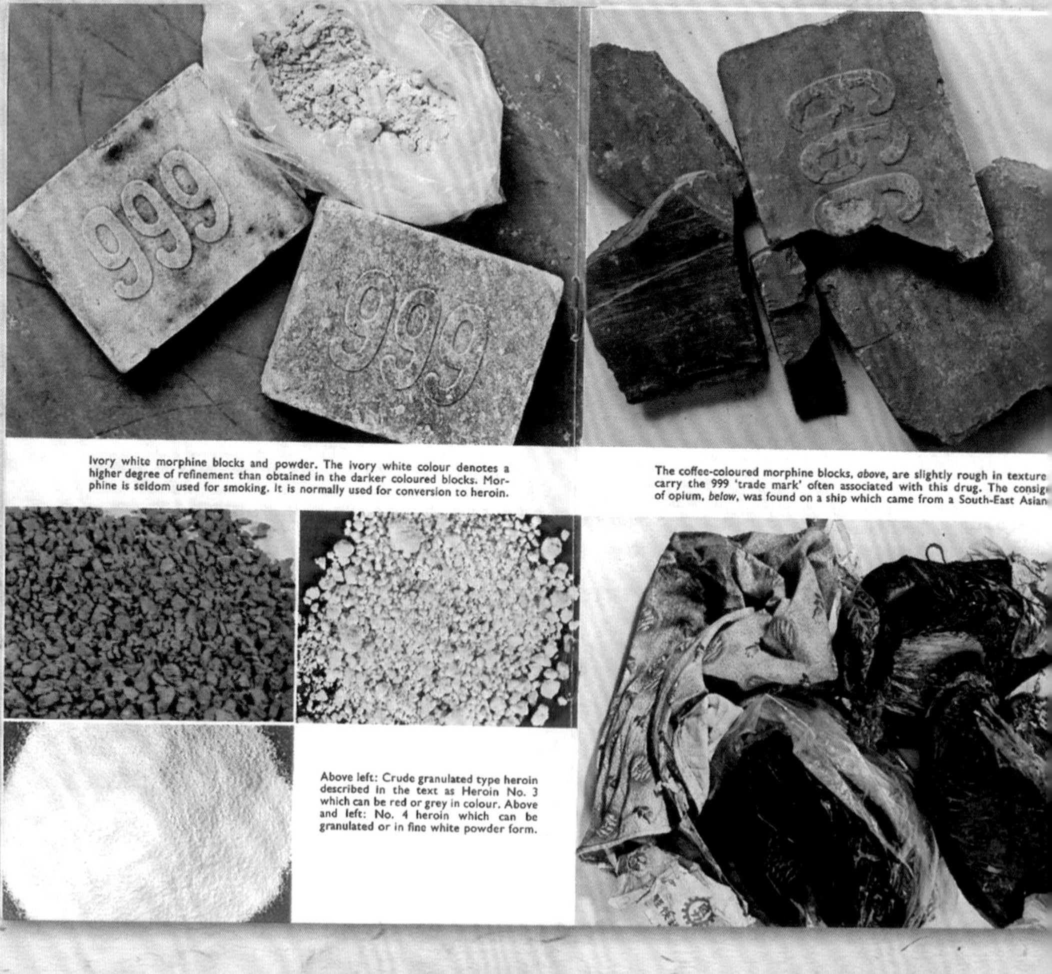

Ivory white morphine blocks and powder. The ivory white colour denotes a higher degree of refinement than obtained in the darker coloured blocks. Morphine is seldom used for smoking. It is normally used for conversion to heroin.

The coffee-coloured morphine blocks, *above*, are slightly rough in texture carry the 999 'trade mark' often associated with this drug. The consig of opium, *below*, was found on a ship which came from a South-East Asian

Above left: Crude granulated type heroin described in the text as Heroin No. 3 which can be red or grey in colour. Above and left: No. 4 heroin which can be granulated or in fine white powder form.

毒品種類

1950年代常見「毒品」種類

左上角 — 象牙白色的高純度「999」嗎啡磚
左中 — 紅色和灰白色的「三號」海洛因
左下角 — 白色的高純度「四號」海洛因，又稱「白粉」
右上角 — 咖啡色低純度「999」嗎啡磚

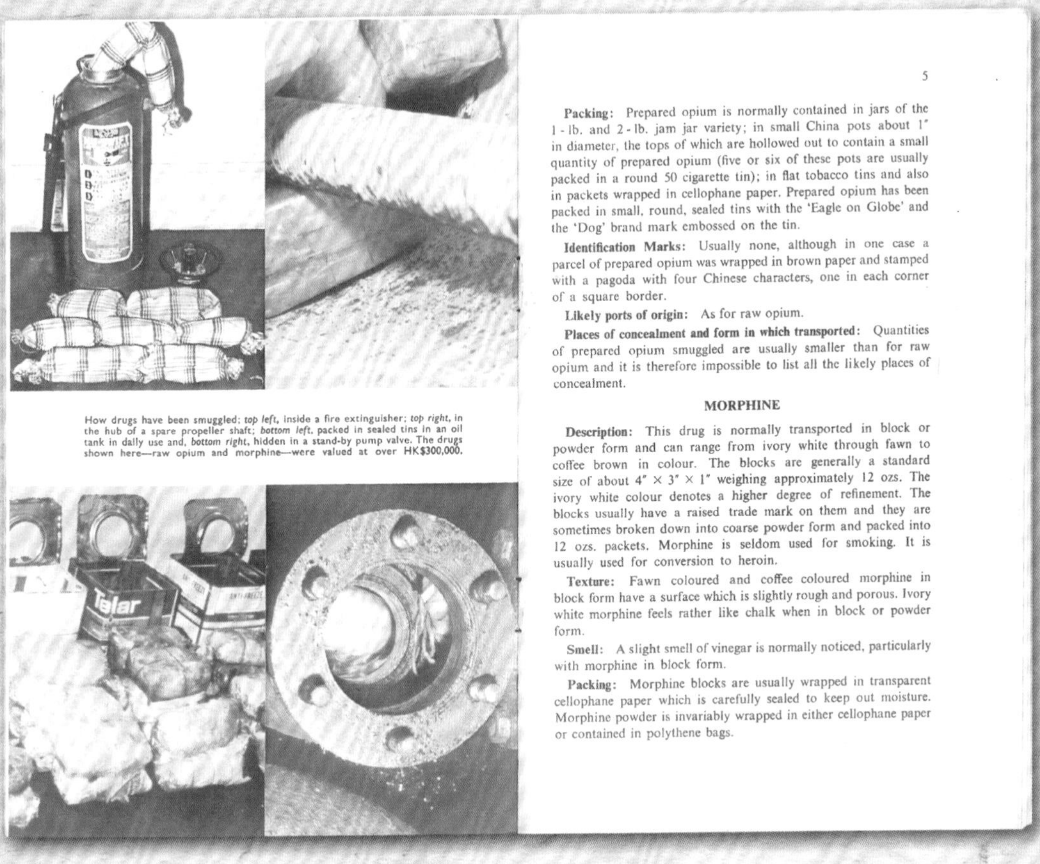

How drugs have been smuggled; *top left*, inside a fire extinguisher; *top right*, in the hub of a spare propeller shaft; *bottom left*, packed in sealed tins in an oil tank in daily use and, *bottom right*, hidden in a stand-by pump valve. The drugs shown here—raw opium and morphine—were valued at over HK$300,000.

5

Packing: Prepared opium is normally contained in jars of the 1-lb. and 2-lb. jam jar variety; in small China pots about 1" in diameter, the tops of which are hollowed out to contain a small quantity of prepared opium (five or six of these pots are usually packed in a round 50 cigarette tin); in flat tobacco tins and also in packets wrapped in cellophane paper. Prepared opium has been packed in small, round, sealed tins with the 'Eagle on Globe' and the 'Dog' brand mark embossed on the tin.

Identification Marks: Usually none, although in one case a parcel of prepared opium was wrapped in brown paper and stamped with a pagoda with four Chinese characters, one in each corner of a square border.

Likely ports of origin: As for raw opium.

Places of concealment and form in which transported: Quantities of prepared opium smuggled are usually smaller than for raw opium and it is therefore impossible to list all the likely places of concealment.

MORPHINE

Description: This drug is normally transported in block or powder form and can range from ivory white through fawn to coffee brown in colour. The blocks are generally a standard size of about 4" × 3" × 1" weighing approximately 12 ozs. The ivory white colour denotes a higher degree of refinement. The blocks usually have a raised trade mark on them and they are sometimes broken down into coarse powder form and packed into 12 ozs. packets. Morphine is seldom used for smoking. It is usually used for conversion to heroin.

Texture: Fawn coloured and coffee coloured morphine in block form have a surface which is slightly rough and porous. Ivory white morphine feels rather like chalk when in block or powder form.

Smell: A slight smell of vinegar is normally noticed, particularly with morphine in block form.

Packing: Morphine blocks are usually wrapped in transparent cellophane paper which is carefully sealed to keep out moisture. Morphine powder is invariably wrapped in either cellophane paper or contained in polythene bags.

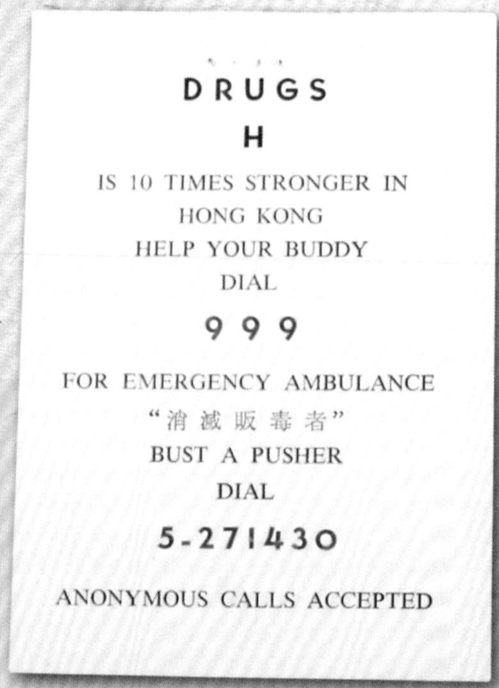

DRUGS
H
IS 10 TIMES STRONGER IN
HONG KONG
HELP YOUR BUDDY
DIAL
999
FOR EMERGENCY AMBULANCE
"消滅販毒者"
BUST A PUSHER
DIAL
5-271430
ANONYMOUS CALLS ACCEPTED

舉報毒品信息卡

香港五、六十年代「港英政府」印發給入境輪船海員的舉報毒品信息卡，內容以英、日文印製。